经济学研究方法

崔 强 / 著

东南大学出版社
SOUTHEAST UNIVERSITY PRESS
·南京·

内 容 提 要

本书系统介绍了经济学相关方法和经济学实证研究方面的相关基础知识与应用,涵盖了回归、投入产出方法、可计算一般均衡模型、综合评价、预测、效率评价、系统动力学等经济学研究方法以及MATLAB等常用工具,并附有相应的算例作为补充,有助于读者更好地理解。本书适合具有一定数理基础和经济管理学初步知识的读者学习。

除了突出理论层面的深入剖析,本书还注重方法在实际研究中的应用。因此,本书目标读者包括经济学相关专业的本科生和研究生,以及对经济学与其他交叉学科研究方法感兴趣的教师和科技工作者。

图书在版编目(CIP)数据

经济学研究方法 / 崔强著. —南京:东南大学出版社,2024.12. -- ISBN 978-7-5766-1708-5

Ⅰ. F0-3

中国国家版本馆 CIP 数据核字第 2024FK7128 号

责任编辑:史　静　　责任校对:张万莹　　封面设计:顾晓阳　　责任印制:周荣虎

经济学研究方法

Jingjixue Yanjiu Fangfa

著　　者	崔　强
出版发行	东南大学出版社
出 版 人	白云飞
社　　址	南京市四牌楼 2 号(邮编:210096　电话:025-83793330)
网　　址	http://www.seupress.com
电子邮箱	press@seupress.com
经　　销	全国各地新华书店
印　　刷	广东虎彩云印刷有限公司
开　　本	700mm×1000mm　1/16
印　　张	19
字　　数	310 千字
版　　次	2024 年 12 月第 1 版
印　　次	2024 年 12 月第 1 次印刷
书　　号	ISBN 978-7-5766-1708-5
定　　价	78.00 元

本社图书若有印装质量问题,请直接与营销部联系,电话:025-83791830。

PREFACE 前 言

经济学研究方法在经济学领域中扮演着至关重要的角色。经济学作为一门科学,需要系统地收集、分析和解释数据以深入了解经济现象和行为。在这一过程中,经济学研究方法在数据收集与整理、模型和理论构建、数据分析和统计推断、政策评估和政策建议以及学术研究和知识积累等方面都发挥着至关重要的作用。它不仅是经济学学术研究的基础,也是推动学科发展的关键。通过经济学研究方法,研究者能够不断积累经济学知识,推动学科的进步和创新。同时,这些方法也为我们更好地理解经济现象、制定政策以及推动学科发展提供了重要支持。因此,经济学研究方法在经济学研究中不可或缺,是整个领域的基础和支柱。

本书共包括13章。第1章和第2章旨在介绍经济学研究方法的相关背景和几个理论问题;第3章详细介绍了经济学的范围与目的;第4章深入探讨了基本回归模型的估计与检验;第5章则介绍了DEA方法;第6章和第7章分别专注于投入产出模型和可计算一般均衡模型;第8章提供了综合评价方法的介绍;而第9章、第10章和第11章分别探讨了基本预测方法、神经网络预测方法和统计预测方法;第12章则着重介绍了系统动力学及Vensim建模;而第13章则深入探讨了MATLAB在经济学研究方法中的应用。

本书源自笔者多年来承担东南大学经济学本科生专业基础课"经济学研究方法"的课堂教学经验,通过整理讲义和学生课程论文,结合最新的相关研究成果汇编而成。同时,本书介绍的方法也适用于管理学以及其他交叉学科领域。

本书由东南大学经济管理学院的崔强老师负责总体设计、通稿的撰写和全书的修改。俞丽婷、雷艺琳、陈斌、贾子可、郭蕾、石晓雪、孙煦杰等博士、硕士研究生在本书的编撰过程中提供了极大的帮助。本书得到了东南大学教材出版专项经费和国家自然科学基金项目(72374042)的大力资助,在此表示感谢。

在撰写本书的过程中，我们参考了大量国内外学者的著作和文章，在此向相关专家学者表示诚挚的谢意。如果有遗漏之处，敬请告知，我们将补充致谢。由于笔者水平有限，可能存在对相关领域知识和内容把握不足之处，因此欢迎广大读者批评与指正，并期待您的及时反馈，以便于本书的不断完善和改进。

崔　强

2024年2月15日于九龙湖

CONTENTS 目 录

1 绪论 ·· 001
　1.1 经济学研究方法论 ·· 002
　1.2 经济学的重要性 ··· 004
　1.3 为什么经济学总是变化 ··· 005
　1.4 经济学家所面临的问题 ··· 012

2 几个理论问题 ·· 015
　2.1 人的本性:家庭经济学 ·· 016
　2.2 与其他理论的相互关系:厂商理论 ························· 020
　2.3 宏观与微观的区别:信用配给 ································ 023
　2.4 模型的不确定性与货币政策 ·································· 026
　2.5 福利经济学 ··· 029

3 经济学的范围与目的 ·· 033
　3.1 经济学的性质与范围 ·· 034
　3.2 经济行为可以被分离出来吗 ·································· 039
　3.3 经济学的目的 ·· 043
　3.4 物理学与经济学 ··· 051
　3.5 经验对应物 ··· 055

4 基本回归模型的估计与检验 ·· 059
　4.1 一元线性回归模型 ··· 060
　4.2 线性回归模型的检验 ·· 063
　4.3 模型稳定性检验 ··· 067

5 DEA 方法介绍 ··· 071
- 5.1 DEA 方法简介 ······································ 072
- 5.2 DEA 的研究进展 ··································· 079
- 5.3 三阶段 DEA 模型介绍 ···························· 083

6 投入产出模型与其在经济学问题中的应用 ········ 087
- 6.1 投入产出模型介绍 ································ 088
- 6.2 投入产出模型分析结果 ··························· 094

7 可计算一般均衡模型与其在经济学问题中的应用 ········ 105
- 7.1 可计算一般均衡模型介绍 ······················· 106
- 7.2 可计算一般均衡模型算例介绍 ················· 115

8 基本综合评价方法介绍 ······························· 125
- 8.1 综合评价方法及其应用 ··························· 126
- 8.2 逼近理想点的排序方法(TOPSIS) ············ 131
- 8.3 综合评价模型的构建 ····························· 132
- 8.4 TOPSIS 法 ·· 139
- 8.5 熵值法 ··· 145

9 基本预测方法介绍 ···································· 151
- 9.1 什么是预测 ··· 152
- 9.2 定性预测 ·· 153
- 9.3 时间序列模型预测方法 ··························· 158
- 9.4 季节模型预测方法 ································ 171
- 9.5 因果关系模型预测方法 ··························· 180

10 神经网络预测方法介绍 ····························· 187
- 10.1 神经网络基本理论 ······························ 188
- 10.2 BP 神经网络 ······································ 192

10.3　神经网络控制的研究领域 …………………………………… 203

11　**统计预测方法介绍** …………………………………………………… 205
　　11.1　时间序列预测 ………………………………………………… 206
　　11.2　季节变动预测 ………………………………………………… 210
　　11.3　马尔可夫预测 ………………………………………………… 214
　　11.4　灰色预测模型 ………………………………………………… 219

12　**系统动力学及 Vensim 模拟** ………………………………………… 229
　　12.1　系统动力学简介 ……………………………………………… 230
　　12.2　系统动力学的学科基础 ……………………………………… 231
　　12.3　Vensim 软件简介 ……………………………………………… 233
　　12.4　因果链 ………………………………………………………… 236
　　12.5　简单系统与行为模式 ………………………………………… 243
　　12.6　Vensim 应用算例 ……………………………………………… 247

13　**MATLAB 在经济学研究方法中的应用** …………………………… 255
　　13.1　MATLAB 基础知识 …………………………………………… 256
　　13.2　MATLAB 在效率评价中的应用举例 ………………………… 258
　　13.3　MATLAB 在综合评价中的应用举例 ………………………… 272
　　13.4　MATLAB 在预测中的应用举例 ……………………………… 279

参考文献 …………………………………………………………………… 287

后记 ………………………………………………………………………… 295

1 绪论

1.1 经济学研究方法论

经济学方法论是经济学领域的一个重要分支，它关注的是研究经济现象和问题所采用的方法和理论框架。经济学方法论涉及经济学的本质、目的、范围以及理论和实证研究等方面的问题。它不仅关注如何进行经济学的研究，还包括对已有方法和理论的评价和反思，以及开发新的方法和理论。在狭义上，经济学方法论强调论证经济学理论正确性的原则和方法。例如，实证主义是一种广泛应用于现代经济学的方法论，它通过观察和分析实证数据来验证经济理论的有效性。而在广义上，经济学方法论涵盖了科学经济学理论的构建、经济分析方法的运用，以及经济理论创新的方法。它探索经济学作为一门科学的本质和特征，以及如何将这些方法应用于经济问题的研究和政策制定。

经济学方法论的思想贯穿于经济学理论的各个方面。从经济学的定义和研究范围到理论假设和基本原理，经济学方法论对经济学研究的方向和方法都起着指导作用。同时，经济学方法论也对政策主张和政策效果评估等方面产生影响。经济学方法论的发展始终与对现实经济问题的探索和研究密切相关，它不断推动着经济学的进步和创新。尽管经济学方法论作为一个相对独立的领域在时间上并不久远，但经济学家们从古希腊时期开始就一直重视对方法论的探讨和运用。亚里士多德(Aristotle)的《工具论》[1]是古希腊时期最早的一部系统探讨方法论问题的著作，它包括了范畴、解释、前后分析、论题和辩谬等六篇逻辑学著作，对后世的思想家和学者产生了深远的影响。

在中世纪，托马斯·阿奎那(Thomas Aquinas)提出了演绎法[2]，将哲学的演绎推理方法引入经济学领域，强调了逻辑推理的重要性。随后，在重商主义时期，经验总结法被广泛应用。重商主义经济学家通过对商业实践的观察和总结，试图实现国家财富的增长。与此同时，配第(William Petty)则提出了归纳法[3]，将实证观察和归纳推理应用于经济学研究，试图从具体现象中总结出一般规律和原理。休谟(David Hume)的经验主义怀疑论方法[4]对经济学方法论也产生了重要影响，他怀疑人们对因果关系的认知能力以及所有的知识都来自经验，并提出了关于经验和感觉的理论。

随后，亚当·斯密(Adam Smith)提出了二重方法论[5]，包括本质抽象法和现象描述法。本质抽象法强调从个体行为中抽象出一般规律和原理，而现象描述法则注重对现实经济现象的观察和描述。大卫·李嘉图(David Ricarde)在斯密的基础上继承和发展了抽象法[6]，进一步推动了经济学的理论建设和方法发展。随后，马克思(Karl Heinrich Marx)确立了科学抽象法[7]，他运用辩证唯物主义和历史唯物主义的观点，提出了以社会历史发展为基础的经济学分析方法。与此同时，李斯特(Friedrich List)提出了"国家经济学"的方法[8]，强调国家和社会利益在经济研究中的重要性，并将经济学与其他学科相结合，探索经济学的实践应用。这些经济学家和思想家的方法论观点和方法对经济学的发展和演进都起到了重要的作用，并丰富了经济学方法论的理论体系。因此，经济学方法论在历史中不断演进，各个阶段的贡献相互补充，推动了经济学的进步和创新。

在过去二三十年中，经济学方法论注重对科学方法在经济学中的解释和运用。然而，如今更加强调对经济学自身的探究。现代方法论的目标是基于经济学家的理论，构建一个关于方法的体系框架。这种转变反映了经济学方法论的演进和发展，从单纯的科学方法的运用转向了对经济学领域内独特问题的探讨和解决。现代方法论的关注点不再仅仅局限于方法的运用，而更加注重经济学自身的内在逻辑、理论的建设和方法体系的完善。通过这种探究，经济学方法论能够更好地指导经济学研究的方向和方法选择，为经济学家提供更有效的分析工具和思考框架。因此，现代经济学方法论的发展是为了解决经济学领域内日益复杂的问题和需求，使经济学成为一门更加严谨和富有应用性的学科。

1.2 经济学的重要性

在 1974 年 12 月 10 日的诺贝尔奖颁奖晚宴上,刚刚获得诺贝尔经济学奖的英国经济学家哈耶克(Friedrich August von Hayek)发表了以下观点,引发了广泛的讨论和反思:"如果有人问我当初是否支持设立诺贝尔经济学奖,我会毫不犹豫地反对。"哈耶克提出了两个理由,生动地展现了他的担忧与逻辑。首先,他担心这一奖项会引诱更多的人追逐科学的潮流和时髦。其次,他担忧这将导致一些经济学家过度关注追求奖项和声誉,而忽视真正有益于学科发展的研究方向。

哈耶克指出,诺贝尔奖给予了经济学家过于显赫的权威地位。他对比了物理学奖获得者和经济学奖获得者的影响范围。获得物理学奖的科学家仅对同行物理学家产生影响,而经济学奖获得者的影响则延伸到外行的政治家、记者、公务员和一般公众。人们都愿意倾听一位获得诺贝尔奖的经济学家在经济治理乃至国家治理方面的建议,而获奖者本人也很容易产生全知全能的错觉。这种情况引发了所谓的"知识的僭妄"。哈耶克认为,许多现实世界中不合适的政策实际上是经济学家傲慢自负的产物。通过这番话,哈耶克生动地表达了他对诺贝尔经济学奖设立的担忧,阐述了奖项引发的科学风潮追逐和经济学家权威性扩大的问题。他认为这可能导致经济学家在政策制定中表现出傲慢和过度自信,从而带来不适当的决策。

这个案例突出了两个问题:首先,经济学作为一门科学学科,其方法的应用越来越广泛,而方法的合理运用是经济学作为科学的基础;其次,经济学不仅仅会影响经济学家,而且会影响每个人。

对每一个普通人来说,经济学都会带来以下影响:

① 就业机会:经济状况决定了就业机会的数量和质量。当经济繁荣时,企业增加投资、扩大生产,创造更多的就业机会,提供更好的工资和福利;相反,当经济不景气时,失业率上升,人们找工作变得更加困难。

② 收入水平:经济的发展水平直接影响人们的收入。经济繁荣时,人们的收入水平通常会提高,因为企业利润增加,工资也会相应增加;相反,经济衰退时,企业利润下降,工资增长可能受到抑制,人们的收入可能下降。

③ 生活质量:经济状况对人们的生活质量有显著影响。在经济繁荣时期,人们通常拥有更大的购买力,可以购买更多的商品和服务,改善生活条件;经济衰退时,人们可能面临收入减少、物价上涨等问题,生活质量可能下降。

④ 教育和培训:经济状况也会影响人们接受教育和培训的机会。在经济繁荣时期,教育和培训资源通常更加充足,人们有更多的机会获取高质量的教育和培训,提高自身技能水平;经济衰退时,教育和培训资源可能减少,人们的学习机会可能受到限制。

⑤ 健康和社会福利:经济状况对人们的健康和社会福利也有重要影响。在经济繁荣时期,政府通常能够提供更多的医疗服务、社会福利和保障,人们的健康状况和生活质量得到改善;经济衰退时,政府的财政压力增加,可能减少对医疗服务和社会福利等的投入,对人们的健康状况和生活质量产生不利影响。

这些影响突出了经济学在解释和预测经济现象方面的重要性,并强调了经济学对于个人和社会福祉的深远影响。因此,了解经济学的基本原理和发展趋势,对每个人都至关重要。

1.3 为什么经济学总是变化

经济学变化的动因之一是学者们不断地对现有理论的缺陷进行批判,明确现有理论的不足,并阐明新理论如何改进这些不足。适应性预期和理性预期就是其中的两个例子。适应性预期(Adaptive expectations)认为[9],人们根据过去的经验和观察来形成对未来的预期。根据这个理论,人们会根据过去的事件和数据来调整他们对未来的预期。例如,如果过去几年的通货膨胀率一直较低,人们可能会预期未来的通货膨胀率也会保持较低水平。适应性预期假设人们对新信息的适应速度较慢,更多地依赖于过去的经验。而理性预期(Rational expectations)认为[10],人们基于所有可用的信息和经济模型来形成对未来的预期。根据这个理论,人们被认为是理性的决策者,会有效地利用他们所拥有的信息和经济理论来预测未来。理性预期假设人们会根据经济模型和可用信息进行分析和预测,并且他们的预期会相对准确地反映出真实的经济情况。

适应性预期和理性预期在经济学中被广泛应用于研究经济变量的预测和决策行为。适应性预期可能导致市场的惯性和经济政策的滞后性,因为人们相对较慢地更新他们的预期;而理性预期则强调人们主动地寻求和利用信息,使得市场和经济政策更具活力和灵敏度。总之,这两种预期形成方式对经济政策和市场预测都有重要的影响,因为它们可以解释为什么人们在面对新信息时会有不同的反应和行为。

(1) 为什么理性的人会发生错误?

在经济学中,理性人假设是一种常见的假设,用于描述经济主体(如消费者和生产者)的行为方式。这个假设认为经济主体在做出决策时会基于自身的利益和目标,并采用一种理性的方式进行思考和行动。需要注意的是,理性人假设并不意味着经济主体总是做出最优决策或没有错误。

在实际情况中,人们的决策可能受到各种因素的影响,从而产生偏离理性的行为。理性的人之所以会发生错误,有几个可能的原因。首先,理性的人在做决策时依赖于可用的信息,但由于信息的有限性,他们可能无法获得所有必要的信息,从而导致错误的判断和决策。其次,人类的思维过程受到认知偏差的影响,这些偏差可能导致人们在处理信息和做出决策时产生偏误,例如,确认偏误和过度自信等认知偏差会影响他们对风险和概率的评估。此外,情感和心理因素也会干扰理性人的决策过程,例如情绪、个人偏好和社会压力等。

然而,值得注意的是,对于"理性"一词含义的理解应该随着时间和理论的进步而变化。卢卡斯(Robert E. Lucas)的新增长理论(内生增长)为经济学提供了一种新的视角[11],该理论认为经济增长是由内部决策和技术进步所驱动的。不同于新古典模型基于理性人假设提出的"完全竞争""劳动和资本可以互相替代"以及"劳动和资本的边际生产力递减"等假设,卢卡斯的新增长理论引入了不完全竞争的假设,认识到市场并非完全有效,参与者的决策存在局限和偏差,并得出了结论:发展政策的核心在于人力资本。卢卡斯的新增长理论反映了"经济学的发展往往伴随着假设的变化"这一客观规律,体现了"术语的变化是理论的进步"这一特征。这种理论的出现代表了经济学理论的进步,并促使我们重新审视理性人为何会发生错误以及理性的含义如何随着时间和理论的演进而变化。

在宏观经济学领域,不完全竞争理论逐渐取代了基于完全竞争的假设,这被认为是宏观经济学理论上的一大进步。然而,大部分文献仍然停留在纯理论解释层面,或者使用模拟技术来替代经验验证,而不是通过实证事实来证明不完全竞争假设的真实性。

(2) 一个新的研究领域:实验经济学

传统上,经济学研究建立在人们受自身利益驱动并能做出理性决策的假设基础之上。长期以来,经济学被普遍认为是一种依赖于实际观察的经验科学,或者是建立在演绎推理方法基础上的思辨性哲学,而不是进行可控实验的实证科学。

实验经济学[12]是一种通过创造仿真实验室环境,在经济学家选择的受试对象参与下,按照游戏规则并提供物质报酬的方式进行的经济实验。这些实验通过不断改变实验参数,并对得到的数据进行分析和整理,旨在检验现有经济理论和前提假设的有效性,发现新的理论,或为决策提供理论分析。实验经济学的主要目的是对个人真实理性的程度进行检验,即对理性经济人概念进行经验验证。它所涉及的实验设计以人作为研究对象,以支持或反驳经济模型和理论的预测能力。这些实验还可以与博弈论的方法(如纳什均衡)进行比较,以解释经济决策者(实验中的研究对象)的行为。例如,博弈论表明纳什均衡对于自愿贡献公共物品的方案是等待"搭便车",即不做出贡献。而实验经济学家可以通过实验来确定这一均衡是否与人类行为相一致。通常,实验经济学使用统计方法对实验结果进行分析,并与理论模型的假设或预测结果进行比较。这有助于评估理论模型在实际情况下的适用性和有效性。通过实验经济学的研究,我们可以更好地理解经济行为和决策,并对经济理论进行进一步的验证和改进。

值得强调的是,实验经济学的影响力不仅限于经济学领域,其基本方法已经被广泛借鉴于管理学、政治学、法学和其他社会科学领域。例如,政治学家利用实验手段研究国际关系、竞选与选举、委员会与投票、公共政策以及法律决策等问题。这种跨学科的应用逐渐增多,越来越多借鉴实验经济学方法的相关论文发表在《美国经济评论》《计量经济学》《政治经济学期刊》《经济文献期刊》《公共经济学期刊》《管理学期刊》《法律研究期刊》和《心理学评论》等重要学术期刊上。

这种趋势表明实验经济学的方法和理念对于解决现实世界中的经济、管理、政治和法律问题具有广泛的适用性。通过实验经济学的研究方法,研究者们能够进行更加系统和可控的实证研究,从而得出更准确和可靠的结论。这进一步推动了各学科领域的理论发展和实践应用,为相关学科提供了新的研究方法和思路,也反映了实验经济学作为一种实证科学方法的受欢迎程度和重要性。

(3) 如果突破两个基本假设,经济学会如何发展?

微观经济学建立在两个基本假设上:理性人(经济人)假设和完全信息假设。完全信息假设是指假定市场参与者在做出经济决策时拥有完全的、准确的信息。根据这个假设,理性经济人可以获得有关市场条件、产品特性、价格、生产成本和竞争对手行为等方面的所有信息。在完全信息假设下,市场参与者能够准确地评估不同选择的利益和成本,做出最优决策。他们可以充分了解市场上的所有可行选择,以及这些选择对自己和其他市场参与者的影响。理性人假设和完全信息假设为经济学提供了一个简化的框架,用于分析个体经济行为和市场交互。尽管理性人假设和完全信息假设在理论分析中具有简化和便利的作用,但在实际经济活动中有限认知能力和信息不对称是常见的现象,因此,经济学家们发展了许多模型和理论来研究在信息有限的情况下,个体如何做出决策、市场如何形成和运行等问题。

然而,如果我们突破这两个假设,经济学将会有怎样的发展呢?这就引入了新制度经济学的基本假设。

新制度经济学[13]是一门经济学派别,强调制度对经济行为和经济结果的影响。它关注经济活动中的制度安排,包括法律、规则、契约、组织结构和社会习俗等。新制度经济学的核心观点是，制度的设计和功能对于经济的效率和发展具有重要作用。新制度经济学与传统经济学的主要区别在于它将重点放在制度环境下的经济行为和制度变迁的分析上。传统经济学通常将个体行为看作是理性的，忽视了制度对行为的约束和激励作用；而新制度经济学认为，制度对于个体行为的塑造和经济效果的产生起着关键的作用。

新制度经济学的基本假设包括以下几个方面：① 有限理性，即个体的认知能力是有限的，他们在面对复杂的信息和决策时可能只能做出有限理性的选择；② 机会主义，即个体在追求自身利益时可能会采取策略行为，寻求最大化自己的利益；③ 交易成本，即个体在进行经济交易时需要承担成本，包括信息获取成本、协商成本和执行成本等；④ 权力和利益冲突，即个体之间存在权力和利益的分配冲突，制度的设计和演化涉及权力关系和利益分配的安排。

在动机层面，新制度经济学认为，人们拥有着双重的行为动机。一方面，人们追求财富最大化，如机会主义假设，即人们具有随机应变、投机取巧、为自己谋求更大利益的行为倾向；但另一方面，人们也追求非财富最大化，如声誉、权力或美色。此外，新制度经济学还关注人与环境的关系，如有限理性，即人们在决策中受制于对环境的认知。

综上所述，新制度经济学提供了一种新的视角和框架，挑战了传统经济学对理性人和完全信息的假设。它强调了人类行为动机的双重性、有限理性以及机会主义倾向等因素，对经济理论提出了新的思考和改进的方向，即努力改进现有理论是经济学变化的内因，而信息技术以及相应的数据搜集与处理技术的进步是其变化的外因。计量经济学这一衍生学科的产生就是内外因素相互作用的结果。计量经济学是一门利用数学、统计学方法和计算机技术来建立经济计量模型，以定量分析具有随机性特征的经济变量关系的学科。计量经济学的发展是数据的可得性、数据处理的便利性与统计工具的发展的必然结果。因此，通过不断努力改进现有理论，并结合信息技术的进步和数据搜集与处理技术的提高，计量经济学得以快速发展。数据的可得性以及数据处理的便利性的提升，为计量经济学研究提供了更多的实证基础和精确度，而统计工具的发展则为针对经济变量之间的关系进行更准确的量化分析提供了支持。

（4）什么推动了经济学的发展？

在经济学的发展原因方面，卢卡斯在其研究中强调了技术进步对经济学发展的重要作用[14]。卢卡斯倡导和发展了理性预期与宏观经济学研究的运用理论,并对经济周期理论提出了独到的见解,由此获得1995年诺贝尔经济学奖。他认为"人们可以把经济体描述为一系列随机函数所构成的方程,各种参数可以从时间序列中估计出来",运用技术的能力就是构建"一般均衡的精确的数学模型"的能力,因此他把自己的理论归结为技术进步的结果。

技术的不断创新和应用将为解决当今热点问题提供新的思路和解决方案,同时也会带来新的机遇和挑战。例如,国际贸易保护主义的抬头导致的中美贸易争端的影响、碳达峰碳中和政策和新冠病毒感染等国际环境形势的变化的影响、不同年代的人的消费习惯差异等的影响、互联网和数字经济等技术环境变化带来的影响等。我们需要充分利用技术进步的力量,推动全球合作与创新,以应对这些复杂而紧迫的问题。

另一方面,经济体自身的变化也常常会引发技术变革和政治环境的变化,从而推动经济学的发展和演变。外部的冲击和社会的间断性变化使得经济的变革成为必然,例如:首先,在18世纪后期到19世纪后期,工业革命带来了大规模的生产力提升和工业化进程,使得经济产出和财富大幅增加。因此这一时期的古典经济学家关注着经济增长的驱动因素、财富分配以及财富对社会福利的影响,他们提出了一些理论观点,如李嘉图的劳动价值论和地租理论[15],亚当·斯密的分工和自由市场观点[16],试图解释经济增长和财富积累的机制。其次,在19世纪,经济学领域中发生了一场被称为"边际革命"的理论变革,将焦点从生产领域转向市场功能和经济效率问题。这一时期的经济学家开始关注个体的边际效用和边际成本,以及市场交换中的效率和资源配置问题。再其次,在20世纪30年代,在世界范围内爆发了一场极为严重的经济危机,因此引发了对失业问题的重要讨论,经济学家开始研究危机发生的原因以及解决办法。最后,在20世纪70年代,全球经济面临着一系列的挑战,包括石油危机、高通胀、经济衰退等政治、经济环境的变化,因此经济学家的关注点从政府干预问题转向了市场问题,开始追求市场的效率和有效性。这些变化和转变说明了经济学对经济体和社会变化的响应和适应能力,即经济学不仅是理论研究,也是对社会经济现象的解释和指导。

以货币政策方面的变化为例,20世纪50年代的英国货币当局和20世纪70年代的智利货币当局均采取了直接影响货币供给的措施,并在一定程度上取得了成功。在20世纪50年代，英国货币当局实施了一种被称为"量宽松"(easy monetary policy)的政策，通过增加货币供给来刺激经济增长和扩大信贷。这一政策措施对英国经济的复苏和稳定发挥了积极作用。而在20世纪70年代，智利面临着严重的通货膨胀问题，智利货币当局采取了一系列紧缩货币供给的措施，如加息、限制信贷等，以控制通货膨胀率并稳定经济。这些措施在一定程度上取得了成功，使通胀率得到一定的控制并促进了经济的稳定发展。这两个案例表明，在某些情况下，货币当局通过直接调控货币供给，能够对经济产生一定的影响并取得一定的成果。然而，需要注意的是，货币政策的效果受到多种因素的影响，包括经济结构、市场预期、政策执行能力等。因此，在制定和实施货币政策时，需要综合考虑多种因素，以灵活适应不同的经济环境。

货币供给到底是外生性问题还是内生性问题？学术界目前仍存在两种观点。一种普遍的认识是，在现代银行体系中直接控制货币供应量来对经济产生影响的做法往往难以奏效，因此货币当局必须采取间接的方式来施加对经济的影响。这种观点的背后反映了一种理论观点，即真实经济周期理论，其中基德兰德(Finn E. Kydland)和普雷斯科特(Edward C. Prescott)提出了一种解释，即货币对产量和就业量的影响并不重要，引起经济波动的主要因素是实际因素，如技术进步、能源供应、人口变动、气候条件以及战争等[17]。另一种观点认为，货币因素是主导经济波动的主要因素。根据乘数-加速数理论[18]，货币政策通过乘数效应和加速器效应对经济产生影响。其中，乘数效应指的是通过增加投资和消费支出来扩大经济总产出的效应；而加速器效应则指的是由于需求的变化而导致投资支出的波动，进而影响经济增长。

制度结构(如厂商、公共部门等)和习惯行为(如市场关系、预期的形成方式、默认行为等)也为经济活动和市场行为的变化提供了一定的理论依据。一方面，制度结构会对经济行为和资源配置产生直接影响；另一方面，习惯行为可以在经济主体之间形成稳定的信任和合作关系，也可以形成预期，从而影响个体的决策行为和市场的预期结果。

此外，当某些制度变迁是经济理论的产物时，情况会更复杂。由于经济理论的发展往往与实际经济中的制度安排和政策变化相互作用，并相互塑造，因此不同的制度结构和不同的知识背景会使人们的行为产生极大的差异。

1.4 经济学家所面临的问题

经济研究活动似乎总是在体现经济学主题的不断进步、经济知识的不断增加,那么是否所有的研究对知识增加的贡献都是相同的?在本节,我们将针对经济学家们面临的问题展开探讨。

(1) 经济学的选择困境:探索最佳研究方法与路径

在经济学研究中,使用一种分析方法意味着必然放弃运用另一种方法,选择一种理论框架就等同于放弃其他的理论框架。然而,当我们面临有限的研究资源时,我们需要思考如何选择最具生产力的研究路径。这可能包括选择一种框架并完善它,或者做出不同的选择。但在这个过程中,我们面临着一系列问题。首先,谁的方法更正确?是否存在学术界的共识?我们是否可以确定自己的选择是正确的?选择的依据又是什么?这些问题使我们陷入思考与权衡之中。

另一方面,经济学正朝着数学化的方向发展,这导致了分析方法的变化。数学化是否促进了经济学的进步,还是仅仅改变了理论的内容?这是一个需要深入思考的问题。数学化可以为经济学提供严谨的推理工具,但我们也需要注意不能把数学当作目的而忽略经济学的本质。我们需要明确哪种方式更好的判断标准是什么,这涉及我们对经济现象的解释能力、预测能力以及对社会进步的贡献等方面的综合评估。

因此,在经济学的研究路径选择中,我们需要权衡各种因素,如研究资源的有限性、理论的准确性与适用性、方法的可行性以及对经济学发展的整体贡献等因素,以制定最佳的研究策略。

(2) 经济学"俱乐部"的门槛:数学的力量与挑战

经济理论的核心任务是解释经济现象,因此,经济理论的逻辑推论必须与所要解释的现象相一致。逻辑有多种表现方式，通常大部分经济现象即使不使用数学也能清晰地讲述其因果关系。数学作为一种最为严谨的逻辑形式，具有其独特的优势，尤其是因为在运用语言时，逻辑容易出现不严谨之处；然而，数学只是一种工具，而非目的。它能够帮助我们逐步推演逻辑关系，但并非唯一的方法。我们不应将手段误认为目的，应当具备运用数学的能力，但不应被数学所束缚。在经济学研究领域，我们的目的/目标是解释和预测经济现象，以更好地了解社会并促进社会的进步。

此外，经济学应用数学也带来一定的代价。举例来说，某个企业在不同产量区间下的投入与产出之间存在不同的特性，因此在解释某一特定经济现象时，可能只涉及其中的一个区段，如果使用特定的数学函数来描述这一区段投入和产出的关系，这种做法是相对严谨的；然而，很难找到一个函数能够与实际生产的每个区段的特性完全一致，因此使用数学后有时难以获得明确的关系。此外，为了得到所需的结果，经常需要使用形式非常特殊的效用函数或生产函数。

关于不使用数学很难在优秀的经济学杂志上发表文章、进入主流经济学界的问题，林毅夫教授提出了一些观点。一方面，经济研究主要集中在最发达的市场经济国家，这些国家的社会经济相对成熟稳定，新的经济现象相对较少，可供研究的新问题也相对较少，而从事经济研究的人却很多，因此，大多数人倾向于侧重技巧性的研究。另一方面，数学也成为一个门槛。要想成为美国著名大学的教授，必须在顶级杂志上发表文章，而在缺乏新问题可供讨论时，数学的严谨性和难度往往成为文章选择的偏好。因此，数学发挥着经济学家"俱乐部"的门槛的作用。

（3）经济学的复杂变局：主题演变下的问题迷局

在经济学的复杂变局中，我们意识到评判理论优劣的标准虽然在某种程度上可以确定，但仍需进一步明确。随着经济学的发展演变，过去的理论可能仅适用于特定情况。以货币政策为例，在过去的经济学理论中，普遍认为在经济下行时采用宽松货币政策可以刺激需求，促进经济复苏。然而，实际情况并非总是如此简单。在2008年全球金融危机期间，多个国家面临经济下行和金融市场动荡，许多国家的中央银行采取了宽松货币政策，包括降低利率和增加货币供应，而这些措施虽然在一定程度上缓解了金融危机带来的冲击，但并没有完全解决经济问题。另一个例子是日本在20世纪90年代遭遇的经济衰退,那段时间被称为"失去的十年"。在这段时间里,日本央行采取了大规模的宽松货币政策,包括将利率降至零,并进行大规模的资产购买;然而,这些措施并未能有效刺激经济复苏,日本的经济依旧长期处于低增长和通缩状态。这些例子表明,在经济下行时是否必须采用宽松货币政策以及如何确定最佳时机并没有统一的答案。不同国家和时期的经济情况各异,所需的政策措施也不尽相同。经济学的发展演变意味着我们需要重新审视过去的理论,并结合实际情况进行全面评估。这要求经济学家和决策者持续关注经济数据、市场信号和学术研究,以更好地应对经济挑战。

　　经济学的主题不断变化,而变化中的经济环境也为理论研究提出了新的问题。在此过程中,我们需要探讨短期内经济是否存在稳定的结构状态,以及理论是否能够与经济结构变化的趋势相契合。此外,我们还需要探索如何描述经济组织及其行为。当经济环境稳定时,我们是否能对行为进行预期?当经济环境变得不稳定时,我们又该如何应对?为了通过预测将来而做出当前的行为选择,我们如何做才能最好地把握经济环境的变化?这些问题构成了经济学主题演变下的问题迷局,需要我们进行深入思考和研究。

2 几个理论问题

2.1 人的本性：家庭经济学

对人的本性进行理论化分析是一个复杂而深刻的研究问题，它涉及对人类行为和内在驱动力的认识。在这个问题上，不同的思想家和学者提出了不同的观点和理论。著名哲学家罗素(Bertrand Arthur William Russell)在他的研究中着重探讨了人类行为的原因和思想基础，他认为人的行为是基于他们的思想、信仰和价值观的结果。这一理论强调了思想对于人类行为的影响，认为人的思想基础是他们行为的重要驱动力之一。与此同时，心理学家劳伦斯·科尔伯格(Lawrence Kohlberg)关注的是人类行为中的情感因素[19]。他认为情感因素对人的本性具有重要的塑造作用，是人类行为的根本动力。而经济学家约翰·梅纳德·凯恩斯(John Maynard Keynes)则认为，人的本性包括思想和情感这两个关键因素，人的行为是思想和情感的综合体现，它们相互作用并共同塑造了人的行为和决策[20]。

那么，人的经济行为是否可以简单地归结为人类行为的理性方面？或者我们是否还需要考虑行为的情感方面并将其与理性结合起来？这种思考的出现是因为经济学家在建立理论模型时通常会假设人的行为是理性的，即个体会根据自身的利益和信息来做出决策。这种理性行为的假设在经济学中具有重要意义，使得经济学家能够对个体行为进行量化和预测，但往往过于理想化，缺乏与实际的结合。因此，经济学家需要对现实进行一定程度的抽象以构建关于个体行为的理论，化复杂为简单，使其能够被纳入理论框架中进行分析和解释。

然而，这种抽象化的过程也带来了一些挑战，其中之一就是如何处理人类行为的多样性和复杂性。将经济行为仅归因于理性方面可能是过于简化的观点，因为人的行为不仅受理性因素的影响，还受到情感和情绪等非理性因素的驱动。在经济学中,运用理性概念所指的是个体在做出决策时基于自身利益和信息,以合理的方式加以权衡和选择。这一概念并不排斥情感因素的存在,而是将情感因素与理性因素相结合,更准确地描述和解释人的行为。在研究中,经济学家们必须在抽象化和现实之间寻找平衡,以确保他们的理论模型既能够适应现实情况,又具备解释和预测的能力。这需要深入探究人类行为的多个方面,包括理性和情感等因素,并寻找它们之间的关联和互动。只有综合考虑理性和情感因素,我们才能更全面地理解和解释人的经济行为。

家庭经济学就是经济学家们研究人的本性的一个重要例子[21]。传统的微观经济理论通常将家庭视为一个整体单位,忽略了家庭内部的经济关系,假设个体在家庭之外追求利益最大化,而情感因素则被简化为偏好函数中的一部分。然而,实际情况是,家庭内部的行为与家庭外部的行为一样,都属于经济行为。在家庭内部,成员之间的行为不仅基于理性的经济考虑,还受到爱、合作和信任等情感因素的影响。家庭成员之间的经济活动涉及资源的分配、劳动的分工、消费的决策等方面,这些行为都受到家庭内部的情感关系和动态平衡的影响。近年来,经济学界对家庭内部经济行为的研究逐渐兴起,形成了家庭经济学这一专业领域。家庭经济学致力于探讨家庭内部成员之间的经济决策和行为,考察家庭中资源分配、劳动力市场参与、家庭生产、婚姻和离婚决策等方面的问题。通过分析家庭内部经济行为,家庭经济学为我们提供了更深入的理解,使我们能够更准确地预测和解释家庭经济活动的动态特征。

著名的经济学家和社会学家贝克尔(Gary Stanley Becker)在微观经济分析领域做出了重要的贡献,并将其扩大到包括非市场行为的人类行为和相互作用的广阔领域。正是因为他对经济学的深入探索,贝克尔于1992年获得了诺贝尔经济学奖的殊荣。其中,贝克尔的著作《家庭论》在哈佛大学出版社出版时被该社誉为贝克尔在家庭问题领域的划时代之作[22]。随后,这本书成为微观人口经济学的代表作,引领了研究家庭问题的潮流。贝克尔通过他的研究开辟了一个以往只有社会学家、人类学家和心理学家关注的研究领域,在扩展经济学边界方面取得了卓越成就,他也因此成为新学术领域的开拓者。贝克尔的工作不仅拓宽了经济学的研究范围,深入探讨了人类行为和相互作用的复杂性,强调了经济学对于非市场行为的重要性,为经济学家提供了新的研究视角和工具,还促进了不同学科之间的交流和合作。贝克尔的学术成就和开拓精神将激励后继的学者们继续探索经济学的边界,推动学科的进一步发展。

贝克尔的家庭经济理论分析建立在完整的市场假设的基础上,他认为现代社会的婚姻几乎都是出于自愿的,因此偏好理论和理性经济人假设在这方面是适用的。此外,贝克尔指出婚配过程类似于一般的市场模式,即在信息不完全的情况下,当事人进行选择和竞争的过程。因此,他认为婚姻关系可以被视为一种市场关系,并假设存在着一个自由竞争的婚姻市场。在这种假设下,一般市场模式中的成本收益分析和效用价值分析等原理也可以用于分析婚姻状况。基于以上假设,贝克尔首先对婚恋行为进行了分析。他将婚姻关系和婚恋行为视为市场关系和市场行为,并运用经济学工具构建了多种行为模型,解释了婚姻市场上的结婚、离婚和一夫一妻制等现象。从经济学的角度来看,贝克尔探讨了人们为什么要结婚的问题。他认为,具有不同专业化优势、在能力和收入方面存在较大差异的男性和女性之间的互补关系可以通过婚姻达到个人和双方收益的最大化。贝克尔认为这才是婚姻存在的真正理由。贝克尔的家庭经济理论为我们提供了一种新的角度来理解婚姻和家庭关系,并通过经济学的方法对其进行解释。他的研究为我们揭示了婚姻市场的运作机制以及人们在选择配偶和维持婚姻关系时的经济考虑,这种经济学的视角丰富了我们对家庭行为和社会关系的理解和认识。

然而,婚姻生活并不仅限于市场行为,情感的维系同样至关重要。在家庭中,家务劳动分工是一个重要的问题。根据社会成本理论,家务劳动通常由收入较低的配偶承担。而在现代社会中,越来越多的家庭意识到家务劳动的公平性和平衡性对于维持健康的家庭关系和个人幸福感的重要性,因此,家务劳动采取了共同分担家庭责任的方式,不再完全依赖于配偶的收入水平来决定分工。

此外,与市场理论相关的家庭经济学问题还有很多,譬如:为什么会存在一夫多妻的情况,而一妻多夫的情况很少见呢?为什么鲜花会插在牛粪上?为什么现在越来越多的人选择不婚主义呢?答案或许是五花八门的,例如男女性别在生物学和社会经济方面的差异,不同收益之间的替代和不同偏好的选择,以及了解一个人所需要面临的高昂的成本和风险等。戈登·塔洛克(Gordon Tullock)以博弈论的视角对婚姻问题进行了研究[23],他认为婚姻是一种家庭成员之间的合作博弈,其中家庭成员为持家和养育子女而进行的支出被视为公共物品。在他的模型中,离婚的法律规定是否允许单方面做出离婚决策对于合作博弈的运作至关重要。这取决于补偿机制的设计,尤其是决定家庭责任和子女抚养义务由谁承担的问题。由此可见,家庭内部分工和婚姻问题是经济学中一个重要的研究领域,涉及个体之间的经济决策、权衡和合作等方方面面。

贝克尔和塔洛克的研究以个人已知偏好为出发点,描述了每个个体在特定法律框架下追求效用最大化的行为方式,并对婚姻与离婚选择中的经济问题进行了研究。然而,这些方法在分析过程中将非经济因素视为既定因素,将其隐藏在偏好函数之中。经济学常常假设能够将所分析的经济行为与视为既定的非经济行为区分开来。在这一假设中,个体被认为在经济行为中是理性的,并根据自身效用函数来追求最大化效用。这种假设能够使得经济学家以更简化的方式对经济行为进行建模和分析。通过将非经济因素隐藏在偏好函数中,经济学家们能够更加专注地研究个体在特定法律框架下的经济决策,从而更好地理解个体的行为选择、预测其行为变化,并提供有关政策制定和社会福利的建议。然而,需要注意的是,将非经济因素视为既定因素并不代表这些因素在现实中没有影响。情感、道德、文化等非经济因素在实际经济行为中起着重要作用。因此,为了更全面、准确地理解人类行为,我们也需要考虑和研究非经济因素在经济决策中的影响和作用。

家庭经济学与其他经济学之间也存在着千丝万缕的区别与联系,如女权主义经济学。女权主义经济学家关注的是社会性别角色的形成和演变,以及这些角色如何影响经济决策、资源分配和社会福利,是在一定的社会条件下而不是在个人主义条件下分析这些经济关系的。贝克尔认为,妇女在家庭中比在家庭之外能够获得更多的收益,这是理性的,由于市场条件约束,男人在市场中获得的收益比女人要多得多。女权主义者想要探究的是产生这种市场条件的社会结构,在社会结构中社会习惯形成了家庭内部某种权力关系,进而分析社会习惯对家庭成员决策所产生的影响。这两种理论的着眼点是不同的。女权主义经济学家的观点提供了一种批判性的视角,强调社会结构对经济行为的影响,关注的是隐含在贝克尔理论中的偏好,更关注社会习惯;而贝克尔的理论关注改变家庭关系的经济因素(例如妇女平均收入的变化)。因此,基于不同着眼点的每一种理论所形成的结论在本质上也是不同的。贝克尔的理论与博弈论在一定的简化条件下得出的是鲜明的、确定的结果;而女权主义经济学(那些以强调社会结构因素为特征的理论)得出的是相对不确定的结果,但它不存在严格的简化了的前提条件。

2.2 与其他理论的相互关系：厂商理论

在传统的微观经济学教材中,厂商理论的部分常常采用标准的新古典观点,即企业被认为是受技术函数约束的实体。在完全竞争的环境中,企业主要关注与技术相关的问题,例如产品的生产选择和生产方式。然而,这一观点已经引起了后续相关理论的批评和挑战。新古典厂商理论存在一些被忽视的问题,其中主要有三个方面需要考虑:① 该理论未充分考虑激励问题,即企业内部的激励机制如何影响决策和行为;② 该理论未考虑企业的层级结构和组织安排问题,例如权威地位的归属和权力的分配;③ 该理论未考虑企业面临的成本上升和规模等因素对经营的影响。然而,通过引入新的管理层,这些问题可以得到解决。换句话说,新古典厂商理论将企业视为一个看不见内部细节的"技术黑箱",只关注原材料和资本的投入以及产品的产出,而没有对企业内部结构的安排、管理层和所有者之间的关系等方面进行充分分析。

因此,传统的新古典厂商理论未能充分考虑企业内部的组织结构和行为问题,从而忽视了激励机制、层级结构和成本上升等重要因素的影响。为了更全面地理解企业行为和内部决策,需要采用其他相关理论和分析框架,以探索企业内部的组织结构、权力分配和激励机制等方面的问题。这样的研究可以提供对企业经营和管理的更深入的洞察,并为制定更有效的经济政策提供理论基础。

关于激励问题,委托-代理理论提出了一种新的模型,即通过引入管理层并对其进行监督来解决激励问题,将所有权与经营权进行分离。该模型在本质上解决了资源分配的问题,即在引入管理层后重新分配剩余索取权的过程。然而由于信息不对称,对经营权的实施进行监管需要高昂的成本。因此,在该模型中,管理层的努力水平和引入管理层后的不确定性是关键因素。在这一领域的研究中,国内外学者已经取得了丰富的成果,多委托人、多代理人等问题都得到了深入研究和解决。

然而,委托-代理理论也面临着一些问题:首先,在企业内部,尽管信息不对称得到减少,但我们需要进一步了解信息不对称减少的原因和机制,需要考虑是否对雇员进行监督比独立承包人相互之间进行监督更加容易。其次,在企业合并之后,成本和利润的分摊变得更加容易,然而,我们需要弄清楚为什么在单一企业内部成本和利润的分摊是可能的,而在两个独立企业之间是不可能的。这些问题目前尚未得到明确的回答。

罗纳德·哈里·科斯(Ronald H. Coase)是新制度经济学的主要奠基人之一[24],也是1991年诺贝尔经济学奖的获得者。根据瑞典皇家科学院的公告,科斯的主要学术贡献在于揭示了交易价值在经济组织结构的产权和功能中的重要性。他的杰出贡献在于发现和阐明了交易成本和产权在经济组织和制度结构中的重要性,以及它们在经济活动中的作用。具体而言,科斯的研究强调了交易成本对于决定资源配置和合作的决策具有关键意义,同时强调了产权制度的设计对于促进经济效率和实现合作的重要性。

在《企业的性质》一文中[25],科斯独辟蹊径地讨论了产业企业存在的原因以及其扩展规模的界限问题,并创造性地提出了"交易成本"这一重要概念来解释这些问题。交易成本指的是利用价格机制进行交易的费用或利用市场交换手段进行交易的费用,包括提供价格的费用、讨价还价的费用以及订立和执行合同的费用等。科斯认为,当市场交易成本高于企业内部的管理协调成本时,企业便会产生,因为企业的存在可以节约市场交易费用,即用费用较低的企业内部交易代替费用较高的市场交易。此外,当市场交易的边际成本等于企业内部管理协调的边际成本时,就达到了企业规模扩张的界限。

威廉姆森(Oliver E. Williamson)被公认为"新制度经济学"的奠基者之一,他因对经济治理的分析,尤其是对公司经济治理边界的研究,于2009年获得诺贝尔经济学奖。威廉姆森在整合前人的研究成果的基础上,以交易作为基本的分析单位,对不同组织形式下的交易成本进行了具体的经济学分析。他的研究聚焦于企业和市场之间的相互替代关系，即制度问题。由于实现完全契约非常困难，厂商只能通过运用治理结构的手段来整合内部资源以实现生产目标，而治理结构是根据新的变化设计而来的。在研究中，威廉姆森指出市场机制存在交易成本，为了避免这些交易成本，在厂商内部进行资源配置是一种可选择的方式[26]。他强调了交易成本的存在导致完全契约难以实现，这一观点成为现代经济文献中的一个突出特点。

此外，科斯的交易成本理论将产权研究引入厂商理论的范畴中[27]，该理论认识到交易成本的存在，从而激发了哈特（Oliver Hart）对不完备合同的理论构建。哈特的观点包括以下几个方面：① 在一个复杂且难以预测的世界中，人们难以准确预测未来并做出全面计划；② 即使能够制订计划，合约各方也很难达成一致，因为难以找到共同的语言来描述交易细节；③ 即使各方达成协议并制定计划，也很难将其详细写入合同以便第三方了解。哈特的理论强调了信息不完备性的存在以及由此带来的合约制定和执行的困难，这为解释为什么企业以及其内部的组织结构在现实经济中起到重要作用提供了理论依据[28]。

基于上述观点，哈特进一步提出了不完备合同理论，指出人们很难预测未来的各种情况并将其纳入合同中。换句话说，已达成的合同都是不完备的。不完备合同理论涉及激励问题，例如经理层和普通员工的激励，以及在经理层和股东之间分配权力等方面。在研究企业合并等问题时，还需要考虑企业内部结构的安排。在激励方面，不完备合同理论与委托-代理理论存在相似之处。因此，不完备合同理论成为厂商理论的最新发展。不完备合同理论通过关注信息不完备性和激励问题，揭示了企业内部组织结构和治理机制的重要性，为解释企业行为和经济组织提供了有力的分析框架。

对于厂商的内部运作与厂商作为整体行为之间的分离程度，我们还需要进一步探讨其程度和影响，即深入研究厂商内部的组织结构、决策过程、权力分配等方面的内容，以及深入理解厂商内部的运作方式及其对整体行为的影响等等。另一方面，如果厂商的内部运作涉及稀缺资源的配置，经济理论是否应将其作为直接研究对象也是一个值得考虑的问题。在传统的经济理论中，资源配置通常被看作是市场机制的结果，而厂商被视为在市场上进行交换的实体。然而，随着对厂商内部运作的关注增加，学者们开始认识到，厂商内部的资源配置决策对于经济活动的效率和产出的分配具有重要影响，因此，将厂商内部资源配置作为经济理论的直接研究对象是具有一定合理性的。后续的研究可以进一步发展和完善相关的理论框架,以解释和分析厂商内部的资源配置决策、优化问题以及其对整体经济效果的影响,从而更好地理解和评估厂商的作用和经济组织的效果。

综上所述,合同问题对经济学的影响是多维度的,研究合同问题能够激发我们对经济行为、组织和制度的深入思考,为我们探索经济学领域更丰富和更复杂的问题提供有益线索。

2.3 宏观与微观的区别:信用配给

银行信贷合同属于潜在的完全市场合同,当借款人不能履行合同时,银行就需要面对各种各样的风险,例如信用风险、利率风险、流动性风险、法律和合规风险以及市场风险等。因此,银行需要进行风险管理和风险评估,以便及时识别、量化和控制这些风险,并采取适当的措施来减轻其对银行的潜在影响。这些风险评估与借款人不能履约的后果势必会要求银行形成预期。

斯蒂格利茨(Joseph Eugene Stiglitz)和维斯(Andrew Weiss)提出了一个分析框架,将借款人的违约风险与银行贷款的预期收益相联系[29]。该研究重点关注了银行信贷市场中的不完全信息问题,特别是在借款人无法履约的情况下。在这个框架中,银行在考虑是否向借款人提供贷款时会评估借款人的信用状况、还款能力和其他相关因素,以确定借款人的违约概率。同时,银行也会估计贷款的预期收益,即在考虑借款人违约风险的情况下,预计能从贷款中获得的收益。通过将违约风险和预期收益联系在一起,银行可以更好地评估贷款的风险与回报,并做出相应的决策。这个分析框架为银行提供了一种理论基础，以便于其在不完全信息环境下进行信贷活动，并更有效地管理风险。

海曼·明斯基(Hyman Minsky)，美国经济学家，金融理论的开创者，在当代金融危机的研究中拥有着权威性地位。明斯基把他的"金融不稳定假说"定义为债务对经济行为影响的理论。经济主体对投资项目进行债务融资，能否偿还债务取决于他们对未来预期的准确程度。该假说认为，以商业银行为代表的信用创造机构和借款人相关的特征使金融体系具有天然的内在不稳定性，即不稳定性是现代金融制度的基本特征[30]。

明斯基进一步指出，企业与银行之间的贷款合同是基于相互信任的基础，并且这种信任建立在彼此的预期和信心上。然而，经济周期的系统性波动会影响人们的预期和信心，从而导致贷款总量的波动。根据明斯基的观点，低估不能履约的风险将会促进信用规模在经济上升时期的过度增长，从而会导致金融系统的脆弱性增加。最终，这种情况可能发生逆转，导致银行信心减弱，银行借款的意愿下降。

换句话说，当经济处于上升阶段时，人们可能会低估不能履约的风险，并过度扩大信贷规模。然而，一旦经济情况发生逆转，风险暴露的增加可能导致银行信心下降，进而降低银行愿意进行借款的意愿。这种观点强调了信心、风险评估和贷款行为之间的相互作用，以及它们对金融系统和经济稳定性的影响。它提醒我们在分析和监测金融系统时要考虑到信心因素，并警示我们在经济上升时期要注意不要出现过度扩张的情况。明斯基把金融危机在很大程度上归因于经济的周期性波动，但其潜在和更重要的内涵在于表明金融危机是与金融自身内在的特征紧紧相关的，即金融的内在不稳定性使得金融本身也是金融危机产生的一个重要原因。明斯基承认银行脆弱、银行危机和经济周期发展的内生性，银行和经济运行的周期变化为市场经济的自我调节，认为政府干预不能从根本上消除银行脆弱性。

在案例研究方面，明斯基的理论可以较好地解释20世纪30年代美国金融危机的爆发和恶化、80年代末90年代初日本"泡沫经济"金融危机，以及1997年东南亚金融危机中泰国的情况。在20世纪30年代的美国，信心下降和风险增加导致了银行债务的违约和贷款收缩。由于金融机构对借贷的谨慎态度，信用供给减少，企业面临资金紧缺的困境，进而加剧了经济的下行压力。类似地,80年代末90年代初的日本也经历了一场金融危机,被称为"泡沫经济破裂"。在这一时期,金融市场的过度放松和信用扩张,银行大规模放贷,导致了资产泡沫的形成。然而,当泡沫破裂时,信心受到严重打击,银行陷入困境,贷款收缩严重,经济陷入了长期停滞。1997年的东南亚金融危机中,泰国是受害最深的国家之一。在危机爆发之前,泰国的信贷市场经历了快速增长,银行和企业大规模借贷。然而,当危机爆发时,投资者的信心急剧下降,外资大规模撤离,导致泰国货币贬值、金融体系崩溃,银行遭受重大损失,信贷紧缩,企业破产,失业率飙升。这些案例表明了明斯基关于信心和贷款行为的理论观点在描述金融危机和经济崩溃时的有效性。在这些情况下,由于信心的破裂和风险的增加,金融系统受到严重冲击,导致贷款收缩和经济的恶化。

综上所述,无论是信贷配给理论还是金融不稳定性假说,它们都尝试将微观经济学的理论应用于宏观经济问题的分析中。这种应用的原因在于它们都考虑了制度变化,并认识到这种制度变化对整个经济领域都具有普遍适用性。具体而言,信贷配给理论重点关注的是信贷市场中资源的分配问题,例如在金融市场的改革或监管的变化的背景下,信贷供给和需求之间的关系发生的变化。金融不稳定性假说则强调了金融市场中的不稳定性和波动性,即金融市场中的制度变化和市场参与者的行为可能导致金融危机和波动。

这两个理论都认识到微观经济学中的制度变化对宏观经济的重要性。它们将制度变化视为影响经济体系整体运行的关键因素,而不仅仅是个别市场或部门的问题。因此,将微观经济学的理论运用到宏观问题的分析中,有助于我们更好地理解和解释经济现象的整体效应和动态变化。

同时,明斯基的理论表明,像货币政策行为一样,金融系统的运作也不仅仅是宏观层面的问题,而是根植于微观层面的机制和行为。他认为,个体和机构的预期置信度对金融系统的稳定性和演化具有重要影响,并指出这种置信度不可能在个体层面得到完美的解释,需要结合宏观层面的因素来加以理解,即需要考虑个体和机构的行为动力、信息不对称、风险偏好等微观层面的因素,并将其与宏观层面的政策环境和制度安排相结合,才能更好地理解和解释金融系统的复杂性和动态演化。

2.4 模型的不确定性与货币政策

随着我们对不同问题的探讨的展开,我们越来越意识到预期形成对于构建理论的重要性,特别是在如何理解不确定性概念方面。预期不仅会影响家庭、企业和银行的行为,同时对于政策制定者也至关重要。经验表明,无论是对于政策制定者还是每个人来说,预期都可能出现系统性的错误,这意味着错误并非偶然或随机发生。

以往的研究认为预测错误是其他条件变化的结果,即人们认为预测模型假设的其他条件能够保持不变,然而实际情况中却往往因未充分考虑到其他条件的变化,从而导致系统性影响,进而产生系统性预测错误。以英国货币超额增长为例,可以进一步解释如下:银行业竞争的加剧导致了信用扩张的出现,而该现象并未被事先预测到;同时,由于英镑坚挺而经济疲软,需要通过降低利率来刺激经济增长。这两个因素相互作用,从而导致了英国出现货币超额增长的现象。因此,为了尽可能减少错误的范围,理想情况下应该将尽可能多的影响因素纳入货币政策模型中进行考量。

在20世纪50年代至70年代这一时期,宏观经济计量学经历了其发展的黄金时期。许多国家的学者们建立了宏观经济计量模型,这些模型成为经济预测和经济政策分析的重要工具。随着时间推移,到了60年代末期,宏观经济模型不仅具备了影响力,而且呈现出越来越大型化的趋势,并采用了先进的经济计量方法。这些模型包含越来越多的复杂动态性,吸收了经济学界最杰出的成就,充满新思想,譬如分布滞后、调整成本、适应性预期和理性预期、自然失业率以及货币最优数量等,这些新思想对宏观经济模型的发展产生了深远的影响。

在当时的英国和美国，学者们热衷于采用多元方程构建宏观模型，其中方程的大型化和多元化成为显著特征。克莱因-戈德伯格（Klein-Goldberger）模型在20世纪50年代以及布鲁金斯学会-社会科学研究理事会的美国经济模型在60年代成为当时的经典模型[31]。克莱因-戈德伯格模型通过有限信息极大似然法（Limited information maximun likelihood method，LIML）对1929—1941年和1946—1952年的数据进行拟合，该模型由15个结构方程、5个恒等式和5个税赋转移辅助关系组成。布鲁金斯模型是60年代最大且高度分解的模型，通常包含超过200个方程，最高时曾达到400个方程，其显著特点是综合了投入产出系统和宏观经济计量模型的方法论。这些大型而多元的模型在当时的经济研究中发挥了极为重要的作用。

而在随后，宏观经济理论的重点发生了转变，学者们开始倾向于采用一组小型模型进行研究，更加关注这些小型模型之间的互补关系，而不再仅仅关注模型的规模大小。这种多元化的研究战略需要解决一系列的重要问题，诸如如何选择适合的模型组合、如何将这些模型相互连接，以及如何有机地结合不同类型的知识等等。由于一组宏观模型可以被看作互相替代的而非互补的模型，学者们应当采用哪一个或哪一组模型进行具体的研究分析存在着较大的不确定性。

那么考虑到这些不确定性，政策制定者又该如何在这些模型中作出选择呢？

托马斯·萨金特（Thomas J. Sargent），美国经济学家，自20世纪70年代初以来一直是理性预期学派的领袖人物，他对新古典宏观经济学体系的建立和发展做出了杰出的贡献，在宏观经济模型中预期的作用、动态经济理论以及时间序列分析的关系等方面开展了开创性的研究工作。萨金特广泛涉猎现代经济学和金融学的多个领域，而他的学术专长则主要集中在动态宏观经济学和计量经济学领域。通过对经济系统中预期行为的深入研究，萨金特为我们理解经济活动的动态特征和宏观经济现象的演化提供了重要的见解。

萨金特运用强控制理论提供了选择错误模型后使损失最小化的方法，这里的损失是指货币目标变量的变化导致中央银行政策效用的损失[32]。与最优化控制理论不同的是，该理论把政策定义为一种强制，即当现实对理论值出现了系统偏离时的一种强制。尤其应当指出的是，该理论的目标是运用标准的技术手段,保证损失最小化的货币政策行为。

然而,任何模型都存在不完备性,并且往往会伴随着前提条件的错误(由于突发变化而导致相关条件的错误,即系统性错误)。因此,为了能够保证损失最小化的函数的可实现性,对可能出现错误的前提条件进行一定的限制是必要的。为了确保模型的系统可操作性,在处理模型与现实之间的关系时,必须强调采用相当严格的条件。在强控制理论中,不确定性并不表示不知道哪个模型是最好的,而是指不知道严格的边界,即条件错误的范围。换言之,对于强控制理论而言,不确定性并非表示我们不知道应选择哪个模型,而是指我们对条件错误的严格界限存在一定的不确定性。

卢德布什(Glenn D. Rudebusch)曾指出,尽管我们能够对每个模型可能产生的结果(即每个模型的正确性可能性)做出合理的评估,但在实际操作中,我们很难实现这一点。因此,当面对一组特定模型时,我们只能采用简单的规则代替复杂的评估过程[33]。

譬如,关于货币政策安排,究竟应该采用激变的方法还是渐变的方法,学术界存在着不同的看法。支持激变货币政策的学者认为,在面临紧急经济状况或需要快速反应时,渐变的方法可能会导致政策反应不及时或过于缓慢,因此应当采取快速、明确和有力的政策举措来应对经济挑战,以迅速纠正不稳定和促进经济复苏。激变的方法注重灵活性和紧急性,以应对突发的经济变化和挑战。另一方面,渐变方法的支持者认为,在货币政策的执行过程中,逐步和渐进的调整是更合适的,过于激进的政策变化可能会引起市场的不稳定和不确定性,进而产生负面影响,因此应当采取渐进的政策调整,以避免剧烈的市场波动和不可预测的经济后果。渐变的方法强调平稳过渡和政策的可预测性,以确保经济体能够适应政策变化。需要注意的是,货币政策安排的选择取决于具体的经济情况、政策目标和政策制定者的偏好。不同的观点和方法在不同的时期和环境下可能具有不同的适用性。因此,根据具体的经济背景和目标,政策制定者需要权衡各种观点和方法,并采取适当的政策措施。

综合上面的分析,我们不难发现,对模型不确定性的直接讨论教会了我们一个道理,即需要用心去思考如何选择模型,以及在多大程度上相信自己选择的模型,这就涉及方法论的内容。在方法论的层面上,我们可以采用一些统计方法和模型比较方法,如贝叶斯模型选择[34]、信息准则[35]等,来辅助模型选择过程,为选择模型提供更为科学和系统的依据,从而提高对所选择模型的信任程度和决策的准确性。

2.5 福利经济学

福利经济学是研究社会经济福利的一种经济学理论体系,是西方经济学家从福利观点或最大化原则出发,对经济体系的运行予以社会评价的一门经济学分支学科。该学科的起源可以追溯到20世纪20年代,由英国经济学家霍布斯(Thomas Hobbes)和庇古(Arthur C. Pigou)创立,旨在通过评估社会福利来指导经济政策的制定。庇古在他的代表作《福利经济学》《产业变动论》和《财政学研究》中率先提出了"经济福利"的概念[36],通过构建效用基数论等理论框架强调了经济福利的重要性,并提出了在追求经济效率的同时,应关注收入分配的公平性和社会福利的最大化。

福利经济学旨在通过经济分析和评估,确定社会经济活动的目标和标准。研究内容主要包括以下几点:① 对经济行为所产生的结果和效果进行评估,以确定其对社会福利的影响;② 如何通过经济活动来提高社会福利,并衡量不同政策和决策对社会福利的影响;③ 实现社会经济目标所需的条件,包括但不局限于对生产、交换和分配等经济活动的一般最适条件的探讨;④ 通过分析不同的经济环境和市场结构,为资源配置、效率和公平性提供相应的政策建议,以实现最优的社会经济结果。

帕累托最优状态[37]和马歇尔(Alfred Marshall)的"消费者剩余"概念[38]是福利经济学中重要的分析工具之一。帕累托最优状态指的是在某种状态下,任何改变都不能使某人的境况变好而不使其他人的境况变坏。按照这个定义,如果一项改变使每个人的福利增加,或者使一些人的福利增加而其他人的福利不减少,那么这个改变是有利的;相反地,如果一项改变使每个人的福利减少,或者使一些人的福利增加而其他人的福利减少,那么这个改变就是不利的。另一方面,新福利经济学认为,帕累托最优状态在实践中具有一定的限制性,容易导致经济变革中产生不平等和冲突问题。为了扩大帕累托最优条件的适用性,一些新福利经济学家致力于研究福利标准和补偿原则。补偿原则是指当一项经济改革使一些人的福利增加而其他人的福利减少时,应当通过适当的补偿来实现整体福利的提高,从而减轻不平等和社会冲突的影响。

近年来,西方经济学家对福利经济学的多个领域进行了深入探讨[39],包括外部经济理论、次优理论、相对福利学说、公平和效率交替学说以及宏观福利理论。一方面,这些"新"理论强调了政府在资源配置中的作用,主张政府干预以实现经济效益和社会福利的双重目标,即现代西方国家可以通过政府干预来调节价格和产量,从而实现资源的合理配置,并对福利产生外部经济影响。另一方面,这些理论也揭示了分配制度改变的复杂性,指出人为地改善分配状况和增进福利的措施可能是无效的,因为它们可能导致更糟糕的结果。在帕累托最优的条件下,存在次优理论,即现代西方国家的分配制度虽然存在不合理之处,但如果进行改变,则可能导致更不合理的结果。此外,这些理论还探讨了公平和效率之间的相互关系,认为二者是相互对立又统一的,即在追求效率的同时必须考虑公平的因素。最后,宏观福利理论指出政府应当承担福利责任,通过制定相关政策来增进整体福利。

劳伦斯·萨默斯(Lawrence Summers),美国著名经济学家,美国国家经济委员会主任,在克林顿时期担任第71任美国财政部长,因在宏观经济领域的研究成就而获得克拉克奖[40]。作为一名研究员,萨默斯在经济、公共财政、劳工经济、金融经济及宏观经济等各方面均做出了重要贡献。在另一方面,他也活跃于国际经济、经济人口学、经济历史及发展经济学领域。在担任世界银行首席经济学家期间,萨默斯基于福利经济学的理论基础,提交了一份关于有毒物质所形成的环境污染全球配置的备忘录[41]。在基于帕累托原则的框架下,该备忘录对发达国家向尚未受到污染的发展中国家输出污染产业的情况进行了深入分析,其主要观点是:这种污染产业输出不仅使得发达国家因减少污染而获得巨大收益,而且在对发展中国家因承受污染进行适当补偿后,仍能进一步显著改善发达国家的福利状况。

针对这一观点的解释原因,该备忘录表明对发展中国家的补偿费用可以在污染交易中通过有效的价格机制进行确定。由于发展中国家的平均污染水平较低,因此污染的边际负效用低于污染较严重的发达国家。此外,发展中国家对清洁空气的需求具有很高的弹性。更广泛地说,污染对预期寿命的影响越大,用健康指数表示的污染的边际成本也越高。尽管在发展中国家,污染对健康造成了损害,但是相对于发达国家,机会成本(即通过承受污染换取收益)要低得多。因此,萨默斯认为这种对全球污染的重新分配有助于增加全球人民的福利。

萨默斯的观点一经发出就引起了公众的愤怒,因为根据常理和自然公正原则,全球污染的成本应由污染者承担。然而,上述备忘录提出的独特建议似乎嘲弄了这一自然公正原则。显而易见的是,在备忘录中并未明确讨论道德问题。经济学家通常将经济学定义为一门实证科学,不涉及价值判断,而价值判断是政治家的责任。经济学家的贡献在于评估某些政策措施的机会成本、效率等因素,这些因素在决策过程中至关重要。因此,经济学研究者在进行真正的实证分析时,需要理解公众对于道德问题的关注,确保在制定环境政策和经济决策时,价值观和公平原则得到适当的考虑。既要避免经济学模糊了价值观,也不应让价值观的不明确阻碍了经济学真正的实证分析。

3
经济学的范围与目的

3.1 经济学的性质与范围

入门教科书常常以稀缺性原理为基础,对经济学的研究范围进行界定。该原理认识到资源有限,而人类需求是无限的,因此人们需要在有限资源下做出选择。此界定方法在经济学的教学和研究中得到广泛应用。同时,马歇尔在《经济学原理》中对经济学进行了界定[42],即经济学是一门研究人类日常商业行为的学问。这个定义强调了经济学关注个体和社会的行为,特别是与商业活动和财富有关的行为;也反映了经济学关注个体是如何做出选择、交换和生产等相关决策的。同时,经济学的研究也包括个体行为如何与社会行为相互关联,以及人们如何利用物质要素作为财富的一部分等问题。

然而,根据罗宾斯(Lionel Robbins)的观点[43],将经济学仅仅理解为关注物质财富的学问是片面的,因为这并没有涵盖经济学所要解释的所有问题。罗宾斯主张一个良好的经济学定义不应将物质福利与非物质福利加以区分,而应关注如何利用有限的稀缺资源来满足人们多样化的需求。他的贡献体现在经济学的四个方面,即经济理论、经济政策理论、经济学方法论和经济思想史。

在经济理论层面,罗宾斯强调经济学应该关注人们的行为和决策,以及如何通过有限资源的分配来实现效率和效用的最大化。他提出了边际效用和边际成本的概念,并将其应用于需求和供给的分析中,为经济学理论奠定了基础。在经济政策理论层面,他着重研究了经济学在指导政策制定方面的作用,认为经济学应该提供政策建议,以促进经济的稳定和发展。在经济学方法论层面,罗宾斯认为经济学研究应该基于实证分析和逻辑推理,将经济学建立在严谨的理论框架之上。此外,罗宾斯在经济思想史方面的贡献也不容忽视。他对经济思想的演变和发展进行了深入研究,探讨了不同经济思想派别的观点和方法,从而丰富了经济学思想的多样性,为深刻理解经济学发展的历史脉络提供了重要线索。

罗宾斯的著作《经济科学的性质和意义》[44]是他经济学方法论的核心代表之一,对经济学领域主要做出了七个方面的贡献:

第一,提出了经济学基本命题的基础问题。罗宾斯关注经济学的核心问题,探讨了经济学研究的基本命题以及其在实践中的关联。

第二,意识到这些命题与实践之间的密切关系。罗宾斯强调经济学的研究应当与实际经济问题相结合,追求理论与实践的紧密联系。

第三,摒弃了历史归纳方法的解释。罗宾斯对历史归纳方法提出了质疑,主张采用更加系统和逻辑的方法来解释经济现象。

第四,认识到受人控制的经济学实验具有局限性。罗宾斯指出,由于经济活动涉及众多复杂因素,仅依靠受人控制的实验无法全面解释经济学问题。

第五,认识到微观经济学的正确性并不依赖于特定的心理学原理。罗宾斯强调,尽管心理学原理在经济学中有一定的作用,但微观经济学的正确性并不依赖于特定的心理学假设。

第六,认识到经济学不依赖于伦理上恰当的个人评价。罗宾斯强调经济学应该超越伦理评价,追求客观性和科学性的研究。

第七,强调了抽象的作用,指出经济学中的抽象是基于特定的假设构建的。罗宾斯认为,通过适当的抽象,经济学能够简化和理解复杂的经济现象,并提供对现实世界的解释和预测。

罗宾斯对经济学的定义进行了调整,从强调选择转向强调稀缺性,这旨在使经济学的定义更具普遍性和广泛适用性。经济学家贝克尔赞同这个观点,并将罗宾斯的经济学概念应用于过去被认为是经济学范畴之外的领域,例如家庭行为。在社会科学领域,经济学与其他学科的区别不在于其研究对象的差异,而在于其独特的研究方法和分析框架。贝克尔的贡献在于将经济学方法论的思想与其他学科相结合,探索了经济学在更广泛的社会环境中的适用性和实用性。他通过应用经济学的分析工具和概念,为理解人类行为和社会交互提供了新的视角。尽管贝克尔没有提出独立的经济学定义,但他的工作为经济学的发展和应用开辟了新的方向。

从方法的角度给出经济学的定义,我们可以采用罗宾斯的方法论来界定经济学的研究范围。根据罗宾斯的观点，经济学是一门社会科学，其研究方法主要基于以下几个方面：

其一，抽象和逻辑推理。经济学使用抽象的模型和逻辑推理来分析经济现象。通过构建假设和推导出合理的推论，经济学家可以更好地理解和解释复杂的经济关系。

其二，人类行为研究。经济学关注人类行为中的决策和选择过程，它研究人们在面临稀缺资源时如何做出决策，并探究他们如何追求自身利益、权衡成本与效益、反应激励等。

其三，无需特定心理学原理支撑。罗宾斯认为，经济学的正确性并不依赖于特定的心理学原理。经济学家可以使用不同的心理学假设或者对人类行为进行较为简化的假设，以便研究经济问题。

其四，实践和应用。经济学的研究不仅关注理论推导，还与实际问题和实践紧密相关。经济学家通过对现实经济情况的观察和分析，提供政策建议和经济决策的指导。

基于以上方法论，我们可以将经济学定义为一门利用抽象模型和逻辑推理研究人类行为、决策和资源配置的学科，即通过分析经济现象的原因和后果，以及制定实践性的经济政策，理解和解释个体和社会在面临稀缺资源时的行为和选择。

经济学的研究对象可以包括经济发展、非自愿失业等与经济活动和资源配置密切相关的领域。从研究对象的角度来看，经济学的定义可以有相当广泛的选择，因为经济学研究的领域十分多样且广泛。经济学家可以选择研究不同的现象、问题和领域，例如经济增长、劳动市场、货币政策、环境经济学、国际贸易等等。

不同的研究对象往往需要采用不同的研究方法和技术。经济学方法的选择取决于研究问题的性质、可用的数据、理论框架以及经济学家的个人倾向。例如，一些经济学家可能使用计量经济学的方法，利用统计数据进行实证研究；而另一些经济学家可能更倾向于理论建模和模拟分析，以推导经济学原理和解释现象。

不同的研究方法在经济学中有广泛的应用，包括经济实证分析、实验经济学、理论建模、计量经济学、比较静态分析、动态模型等等。这些方法的选择取决于研究问题的特点和研究者的偏好。因此,从研究对象的角度来看,经济学的定义可以是多样的,而不同的研究对象往往需要采用不同的研究方法和技术来进行深入研究。这种多样性使得经济学成为一个富有活力和广泛适用的学科,能够研究和解释各种与经济活动和资源配置相关的现象和问题。

当我们研究经济学的目的在于解释现实经济问题时,确实存在将理论与研究对象割裂开的危险。这种危险可能导致研究成果与实际情况脱节,使得经济理论的适用性和实用性受到质疑。为了避免这种割裂,经济学研究需要保持与实际经济现象的密切联系,并将理论与实证研究相结合。以下一些方法可以帮助我们应对这一危险:

其一,经验验证。经济学研究需要与实际数据和经验进行验证。研究者应该使用可靠的数据和实证方法,确保他们的理论和模型能够解释和预测现实经济现象。

其二,实证研究。经济学需要依赖实证研究,通过对实际经济现象的观察和分析来验证理论假设。如可以使用计量经济学的方法来估计经济关系和效应,或者进行实验研究以验证理论预测。

其三,政策应用。经济学的研究应该与经济政策和实践密切相关。经济学家应该关注实际政策问题,并提供基于经济理论和实证研究的政策建议,以促进经济的可持续增长和社会福利的提高。

其四,理论与现实的反馈。经济学的理论发展应该受到实际经济现象的反馈。经济学家应该不断从实践中学习,修正和发展理论,以更好地解释和预测经济现象。将理论与实证研究相结合,并与实际经济问题保持紧密联系,是确保经济学理论的实用性和适用性的关键。

尽管经济学的研究方法多样,但它们都聚焦于生产、消费、分配和交换这些核心经济活动。不同的经济学方法可能强调不同的方面或运用不同的工具,但它们共同关注经济系统中的这些基本要素。无论是微观经济学还是宏观经济学,无论是理论建模还是实证分析,都旨在理解和解释经济行为和经济现象。通过关注生产,我们研究资源如何被组织和利用,以产生产品和服务;通过关注消费,我们研究人们如何做出购买决策,满足他们的需求和欲望;通过关注分配,我们研究资源和收入如何在个体和群体之间分配;通过关注交换,我们研究市场如何发挥作用,促进买卖双方的交易。这些方法共同关注的核心要素使得不同的经济学方法能够互相补充和丰富，共同促进对现实经济问题的理解和解决，提供不同的视角和工具，帮助我们更好地分析经济系统的运行机制、预测经济变动、评估政策影响等。

鲍尔丁(Kenneth E. Boulding)对经济学的定义强调了经济分析法原有的四个要素——生产、消费、分配和交换[45]，这四个要素仍然是经济学研究的基础，尽管它们可能在研究中被相互分离。这一观点表明，尽管经济学研究可以关注这些要素中的某一个或几个，但它们之间的相互关系和互动仍然是重要的。首先，生产是经济学研究的核心要素之一，它涉及资源的组织和利用，以生产产品和提供服务。生产过程包括生产要素的组合、技术选择、生产效率等方面的研究。其次，消费是经济学的另一个要素，它研究人们如何做出消费决策、满足需求和欲望，并涉及个体和家庭在资源有限的情况下如何进行最优的消费选择。再其次，分配是经济学研究的一个关键要素，它涉及资源和收入在个体和群体之间的分配方式。经济学家关注不同的分配机制，如市场交换、政府干预等，以及分配公平和效率之间的权衡。最后，交换是经济学的核心概念之一。它研究市场如何发挥作用，促进买卖双方的交易。交换涉及价格形成、供求关系、市场竞争等方面的研究。鲍尔丁指出，虽然这四个要素可以在研究中相互分离，但它们之间的相互作用仍然是经济学研究的重要考虑因素。这种相互关系和互动使得经济学能够更好地解释和解决现实经济问题，为经济政策制定者和决策者提供有价值的见解和指导。

上述定义包含了不同经济学思想派别的所有方法（这些派别有新古典学派[46]、后凯恩斯主义[47]、新奥地利学派[48]、马克思主义[49]、制度学派[50]等等），可以作为界定经济学研究范围的基础。不同的经济学思想派别，都以不同的方式解释和研究经济现象。

这些不同派别在理论和方法上可能存在差异，但它们共同关注生产、消费、分配和交换等经济活动，以及这些活动对经济系统和社会的影响。通过对这些要素和关系的研究，这些派别提供了不同的经济学方法和理论框架，用于解释和理解经济现象。例如，新古典学派注重供求关系、边际分析和效用理论等经济学方法[51]，以解释市场交换和资源配置；后凯恩斯主义强调需求管理和政府干预的重要性，关注宏观经济稳定和就业等问题；新奥地利学派关注市场过程和个体行为，强调市场竞争和企业家精神对经济发展的作用；马克思主义关注阶级关系、剩余价值和资本主义制度的矛盾等方面;制度学派强调制度安排和规则对经济行为和经济发展的影响。

3.2 经济行为可以被分离出来吗

罗宾斯的定义中提出了"各种目的"以强调经济学的研究范畴,将其与其他社会科学区分开来[52]。但是他对于目的所包含的内容却没有讨论,这些目的既可以是物质的(如食物、衣物等),也可以是非物质的(如快乐、自由等)。因此,"各种目的"本身的含义就显得非常重要,但是无论是哪种目的,它们都需要有效地利用稀缺的资源来实现。通过将经济学的目的与资源稀缺性联系起来,罗宾斯强调了经济学的实用性和分析性质。经济学家致力于研究如何最好地利用有限的资源来满足人类的各种需求和目标,这涉及资源分配、决策制定和效率等方面的分析。因此,罗宾斯认为赋予"各种目的"经济意义是因为达到这些目的要面对资源稀缺性,这就提供了一个判定标准。

然而,罗宾斯的经济学定义主要侧重于经济学的目标和方法,而对于具体的范围问题并没有提供详细的讨论。在19世纪末,随着经济学家对个人经济行为理论的建构,经济学的范围问题开始受到学者们的广泛关注。1848年,穆勒(John Stuart Mill)在其著作《政治经济学原理》(*Principles of Political Economy*)中首次发表了"追求快乐的动机和效用的最大化"这一观点[53]。他将边沁(Jeremy Bentham)的功利主义原理应用于经济学中,认为经济行为受到快乐最大化和痛苦最小化的驱动,也就是效用最大化原则。这表明穆勒将经济学的研究重点放在个体的效用或快乐的追求上,从而在经济生活中应用了效用最大化原则。尽管边沁的快乐-痛苦原理可以应用于所有行为,但穆勒在运用效用最大化原则时仅将其局限于经济生活领域。

随后，穆勒提出了一种更系统和可操作的经济分析方法[54]，即通过构建一个可分离的、抽象的概念来反映人类本性的某一方面，以给经济人赋予特定内涵，并将经济行为与其他影响因素分离开来。这种方法简化了经济学的分析和研究，使其更可操作和可量化。将经济人行为与非经济因素分离，有助于集中研究和理解经济行为本身的规律性和特点。这种分离使经济学家能够专注研究经济人的决策过程、理性行为和利益追求等特征，摆脱其他社会、心理和文化因素的影响。因此，在此背景下，穆勒指出，政治经济学的研究对象并不包括受社会状况影响的全部人类本性，也不涵盖社会中人们的全部行为。相反，政治经济学主要关注那些渴望获得财富的个体，这些个体具备在不同有效方式之间做出判断的能力。在穆勒的著作《政治经济学原理》中，他彻底排除了其他所有人类情感和动物性动机，仅保留了与财富追求相关的原则，如对劳动的逃避和对即期享受的过度沉迷。

穆勒构建的抽象经济体可以被视为现代经济学中所提到的"理性经济人"的前身，体现了理性公理的概念。在这一概念中，理性经济人被定义为具有各种偏好的个体，而这些偏好则具备完备性和可转换性的特征，即理性经济人能够充分了解可用的选项，能够将不同的选项、商品或服务彼此之间进行全面的比较，并根据自己的偏好和利益做出相应的决策。通过引入理性公理中的完备性和可转换性，穆勒将经济行为建模为一个理性且明确的过程。这种抽象模型为经济学提供了一个分析框架，使研究者能够更系统地研究和理解个体决策行为以及市场交互中的结果。

然而，需要注意的是，这种理性经济人模型在现实中可能并不完全适用，因为现实中的决策行为受到更多的因素的影响和限制。为了建立一个更具备逻辑和一致性的理论框架，需要引入其他公理。其中，无差异曲线就是经济学中的一个重要公理。该公理表明，个体在面临不同选择时，有能力对不同选择的偏好进行排列，并且能够表达出其偏好的相对程度。无差异曲线图形化地展示了个体在满足其需求的情况下所面临的取舍，反映了个体对不同商品或服务组合的偏好程度，为经济学家提供了研究消费者决策的工具。另一个重要的公理是偏好连续性，即当个体面临一系列选项时，即使这些选项非常接近，个体仍然能够表达出对它们之间微小差异的偏好。除了无差异曲线和偏好连续性，还有其他公理和原则，如可加性、传递性等，它们一起构成了经济学中的公理系统。

这些公理的引入使得经济学理论更加严谨和一致,能够提供更准确地预测和解释经济现象的能力。

法国著名经济学家瓦尔拉斯(Léon Walras)也是经济学中对理性经济人概念发展做出重要贡献的人物之一[55]。瓦尔拉斯在发展经济人模型的过程中将最优化行为所必需的完备知识假定与一般市场出清结果相结合。与穆勒类似,瓦尔拉斯也致力于经济人的拟制,他的经济人模型基于理性决策和效用最大化的假设,即将经济人视为理性决策者,追求个人效用的最大化,并在面临各种选择时做出最优决策。这种经济人的行为模式区别于现实世界中的道德考虑、情感因素或其他非经济因素,从而使得经济人的行为更具有逻辑和可预测性。

然而,马歇尔并没有照搬这种对经济行为和非经济行为所做的一个行为分离[56]。与穆勒和瓦尔拉斯相比,马歇尔在经济学研究中更注重将经济学与现实生活相结合,将人视为有血有肉的个体,而不仅仅是理性经济人的抽象概念。马歇尔认为,经济学家在研究经济行为时应该将人看作真实的人类,而不是简单地将其抽象为理性经济人。马歇尔强调人的行为受到多种因素的影响,包括社会、心理、文化等非经济因素。人的行为是复杂的,受动机和情感的驱使,这些因素在不同情境下会发生变化。因此,马歇尔主张经济学家应该在科学分析的基础上,将经济行为作为一种可预测的行为,将其与其他社会科学领域相结合,以更全面地理解人类行为和经济现象。因此,马歇尔目的在于分析现实的行为而不是虚拟的行为。

但是,我们也注意到,马歇尔的观点清楚地表明,他认为经济行为是经常发生的,并且是可以预测的行为,因此,我们观察到的具有经常性的现实行为就是人类行为的经济方面。一方面,这种观点意味着经济行为可以与其他行为做经验上的区分;而事实上,经济因素与非经济因素之间存在着相互关联和相互影响,经济行为很难被完全隔离出来,人类行为往往是综合性的,因此这种区分很难被明确识别。另一方面,如果说科学关注的是作为预测基础的经常性事件,那么,马歇尔的观点表明,如果社会科学要成为科学,那经济学则最有条件成为科学;这种观点显然是不够严谨并且有争议的。此外,马歇尔还强调了预测的标准问题,他认为科学的预测应该基于广泛的观察和详细的数据收集,以及对经济现象背后的基本原理和因果关系的深入理解;强调了对细节的关注和对经济现象复杂性的认识,从而建立更精确和可靠的预测模型。这一观点提醒了我们,在经济学中,预测的可靠性和准确性是科学性的一个重要方面,因此需要不断努力提高预测方法和技术,同时保持对不确定性和复杂性的谦虚认识。

那么我们应该如何正确地理解经济行为呢？这个重要问题与我们如何构建经济学的分析框架密不可分。

倘若我们接受穆勒的观点(即经济人),那么经济理论的核心在于运用逻辑分析方法来解释个体经济行为,并将其从其他行为类型中独立出来(理论主义)。这种观点引出了方法论上的关键问题,即如何将虚拟的理论结论应用于实际问题的分析。根据这一观点,评判一个理论是否优秀的主要标准在于逻辑的一致性。在这个框架下,经济学致力于研究个体经济行为的规律性和特征,强调个体的理性决策和利益追求。具体而言,就是通过逻辑推理和模型构建来解释经济行为,揭示经济现象的内在规律;同时保持逻辑的一致性,以确保理论的有效性和解释力。

马歇尔的观点则强调了经济学的实证性质,认为经济学的范围应该由我们能够观察到的经验上的重复性来界定,这为经济学提供了一种基于实证研究和验证的方法论基础。从这个角度来看,经济学家关注的是那些在现实世界中经常出现且具有重复性的经济行为。马歇尔认为,经济学的研究应该基于观察和实证,而不仅仅是纯粹的逻辑推理。如果马歇尔的观点(不仅仅是经济人)是正确的,那么,我们能够观察到的经验上的重复性规定了经济学的范围(实证主义)。

在这两个观点的交叉点上,我们可以看到理论与现实的一致性成为经济学的中心任务,并且成功地预测成为经济学的合理目标。通过逻辑一致性的理论构建和基于实证观察的经验验证,经济学力求揭示经济行为的规律性,并且通过预测经济现象的变化来为决策制定者提供有用的信息。因此,经济学家不仅致力于构建具有逻辑一致性的理论模型,还追求将这些模型与实际经济问题相结合,以实现对经济现象的准确预测和解释。

因此,经济学定义与经济学方法有着密切的联系,也就是说,经济学是怎样的,经济学应该怎样,如何知道经济学的构建以及如何对经济学做出评价,这些问题都是密切相关的。同时,它们也与经济学的目的问题密切相关。而这一个问题的核心涉及两个论题：首先,经济学的研究目的究竟是解释还是预测；其次,经济学应当为政策建议提供一个规范分析基础,还是应当提供一个实证分析基础。

3.3　经济学的目的

那么真实面纱下的经济学究竟是"解释大师"还是"预测先知"呢？

在实际情况中，我们似乎发现解释和预测在经济学中存在一种互补关系，但却很难做到兼得。理论在经济学中扮演着两种重要角色：一方面，它用于解释为何经济体或某个市场会按照特定的方式发展和变化；另一方面，它用于预测经济变量的未来值。然而，实际上很难找到一种理论或方法能够同时在解释和预测两个方面都表现出色。这是因为解释强调对已发生事件的理解和解释，需要对过去和现在的数据进行分析和解释。而预测则侧重于对未来事件的推测和预估，需要依赖于现有数据和趋势的分析，以及对未来可能影响的预测。因此，经济学家需要在解释和预测之间做出权衡和选择，根据具体情况和需求确定采用何种方法和理论，以在特定领域取得最佳结果。

能够证明这一观点的案例并不少见，达尔文（Charles Robert Darwin）的进化论就是其中的一个例子。通过观察物种灭绝的事实，达尔文得出了物种适应环境和竞争压力的理论[57]，并提出了自然选择的概念。这一理论解释了物种多样性和适应性的形成，并为生物进化提供了合理的解释框架。然而，尽管进化论能够解释物种灭绝和生物多样性的现象，但它并不能准确预测下一个物种的出现。预测新物种的出现涉及许多复杂的因素，包括环境变化、遗传变异和适应性等，这些因素难以完全预测和控制。因此，尽管进化论在解释生物进化方面非常有价值，但它在预测新物种的出现方面依然存在一定的局限性。

在医疗领域也存在类似的情况。基于诊所的治疗经验，意味着医生在临床实践中积累了某种药品对健康的功效的经验，这些经验可以帮助医生预测药品在患者身上的效果，例如对疾病的治疗效果或症状的缓解程度。然而，尽管我们能够观察到药物的效果，我们却并不一定能够完全理解其作用机理，这是因为药物的作用机理涉及复杂的生物化学和生理学过程，其中包括与分子、细胞和组织的相互作用。虽然我们可以通过实验证据来推断药物的作用机理，但对于某些药物或特定的生物过程，我们可能仍然缺乏完全的理解。

在劳动力市场中，教育的作用引发了一个类似的两难问题。选择理论提供了对个人接受教育原因的解释，但是在用于检验理论和作为预测基础的简化方程式中存在许多缺陷。举例来说，通过运用简化方程式预测政策结果，我们可以得出继续推进教育的确定政策结论，简化方程式考虑了教育对劳动力市场的积极影响，并认为通过增加教育水平的方式可以提高就业机会、提升薪资水平以及促进经济增长。然而，用简化的方程式形式进行解释却面临很大困难，这是因为方程式建立在一些假设和简化的前提条件上，例如假设教育提供的技能和知识能够直接转化为就业机会，假设劳动力市场对高学历人才的需求趋于稳定等等。这些假设和前提条件可能无法完全反映真实的复杂现实情况，从而导致简化方程式得出的结论可能存在一定的限制和局限性。因此，要综合考虑其他因素和数据，如劳动力市场的供求关系、产业结构的变化、技术进步对就业的影响等，以获得更全面准确的政策决策依据。

关于"解释"与"预测"之间的关系，学术界主要存在着两种观点。弗里德曼（Milton Friedman）认为在经济学中，预测和解释是两个截然不同的目标，应该被看作是互补而非替代的关系。根据弗里德曼的观点，预测的目标是为了对未来事件进行准确的预测和对预测结果的验证，即建立在对已有数据和趋势的观察和分析基础上，通过推断和模型构建来预测未来的可能情况，从而为决策者提供指导，使其能够做出合理的决策和规划。相比之下，解释的目标是对已经发生的现象或事件进行解释和理解。解释力图揭示事件发生的原因和机制，并建立理论框架来解释已有的观察结果，其目的在于增进对经济现象的理论认识和理解，从而为经济学的发展和知识积累做出贡献。

此外，弗里德曼的观点还强调了成功的预测能力是理论选择的主要评判标准[58]。理论应该能够通过对现实进行有效的抽象来进行准确的预测，而预测结果可以用来评估抽象的有效性。从方法论的角度来看，弗里德曼认为理论是一种用于预测的工具，即工具主义的观点。这意味着理论应该被视为一种方法或工具,通过其能力来预测和解释经济现象,从而为决策者提供指导。这一观点强调了理论的应用性和实用性,认为理论的价值取决于其能否准确预测现实世界中的经济事件。

而相反的观点则认为,解释与预测存在着替代关系,并且理论除了预测外还应有解释的功能。萨缪尔森(Paul A. Samuelson)主张解释优先于预测,因为解释包括描述性内容和理论自身的经验证明[59]。萨缪尔森的观点意味着在经济学研究中,解释经济现象和理论的内在结构是更重要的目标,而不仅仅是对未来进行准确的预测。一方面,解释能够帮助我们理解经济现象的原因和机制,并提供关于经济问题的洞察和见解;另一方面,解释的重要性在于揭示经济现象的本质和基本原理,从而帮助我们建立更好的理论框架和模型。此外,经验证明也是一个关键的标准,它要求理论能够通过实证研究和数据分析来验证其有效性和适用性。

在萨缪尔森的观点的基础上,基德兰德对其进行了一定的修正[60]。基德兰德指出,萨缪尔森的方法基于传统的判断标准,即什么是经验证明以及什么是最好的理论。然而,基德兰德认为,虽然解释和经验证明在经济学中非常重要,但预测也有其独特的价值和作用。预测可以用于指导政策制定和决策,帮助决策者更好地应对不确定性和风险。在实际应用中,经济学的预测能力对于决策的成功与否至关重要。基德兰德认为,解释的目标是理解经济现象的原因和机制,而预测的目标是对未来经济变化进行预测,两者相辅相成,互相支持。因此,基德兰德主张解释和预测应该相互结合,以提供更全面和实用的经济分析。

在实际中,弗里德曼本人已经超越了成功预测的简单标准,他为了说服别人接受自己的货币理论,运用理性选择阐释货币需求,从而也反映出解释是内在于理论之中的。此外,弗里德曼的"解释"源自于对"一价定律"(绝对购买力平价理论)模型的说明[61]。

一价定律是指在理想情况下,不考虑交易成本和市场摩擦的情况下,同一商品在不同地区和时间的价格应当相等。弗里德曼通过对一价定律的研究和解释,揭示了货币购买力和物价之间的关系,从而进一步支持了他的货币理论。弗里德曼的解释不仅仅是为了成功预测,更是为了更深入地理解和解释经济现象。他的解释源自于对经济学模型和理论的说明和推导,以及对个体行为和决策的分析。通过运用理性选择和一价定律的概念,弗里德曼能够更准确地解释货币需求背后的逻辑和机制,其研究和解释不仅在学术界产生了深远的影响,也对实际经济政策的制定和实施产生了重要的指导作用,对货币政策和通货膨胀等重大经济问题的研究提供了新的视角和思考方式。

然而,当涉及实际生活中的偶发机制时,这些机制的作用可能会破坏我们所做的成功预测。这正是理论的功能所在,它能够捕捉到这些偶发机制。尽管成功的预测是一个良好的起点,但我们必须认识到理论的价值远远超过预测工具的作用。只有当理论能够捕捉到现实世界中的或然因果关系时,我们才能拥有一个真正优秀的工具。

在计量经济学导论中,我们了解到相关性并不意味着存在因果关系。相关性只是表明两个变量之间存在一种关联或者同时变化的趋势,并不能确定其中一个变量是因为另一个变量的变化而发生变化的。因此,在经济学研究中,我们不能简单地根据变量之间的相关性就断定它们之间存在因果关系。举例来说,弗里德曼和施瓦茨(Anna J. Schwartz)在他们的著作《美国货币史(1867—1960)》(*A monetary history of the United States*,1867—1960)中[62],通过对美国货币历史的深入研究,探讨了货币供给和名义收入之间的相关性。他们的研究表明,货币供给的增加会对名义收入产生影响,并提出了货币供给在宏观经济中的重要作用。这一研究成果引起了广泛的关注和讨论,在20世纪80年代,货币主义成为主流经济学思潮之一。货币主义强调货币供给的重要性,认为通过调控货币供给量,可以对经济活动产生影响,特别是对于控制通货膨胀和实现经济稳定具有重要意义。弗里德曼和施瓦茨的研究为货币主义提供了理论基础和实证支持,推动了货币政策的转变和发展。然而,需要指出的是,虽然弗里德曼和施瓦茨的研究对货币主义的兴起产生了重要影响,但并不意味着货币供给和名义收入之间的相关性就是因果关系。在经济研究中,确定因果关系需要更深入的分析和更严格的方法,相关性只是表明两个变量之间存在某种关联,而不一定能推断出其中的因果方向。因此,仅仅基于相关性来断定因果关系是不准确的。

为了更准确地确定因果关系,我们需要深入研究和分析,采用更为严谨的方法。珀尔(Judea Pearl)在他的著作《因果论:模型、推理与推断》(*Causality: Models, reasoning and inference*)中指出[63],要理解变量间的因果关系,需要对因果机制形成一定程度的认知。换句话说,在我们构建一个理论模型或进行因果推断之前,我们需要了解变量之间的因果机制是如何运作的。珀尔认为,仅仅依赖相关性分析是不足以确定因果关系的,因为相关性只是表明两个变量之间存在一种关联,但并不能确定其中的因果方向。为了更好地理解因果关系,我们需要深入研究变量之间的机制,并基于机制的理解来进行推断和解释,只有通过深入研究因果机制,我们才能更准确地解释现象,并对未来的变化进行预测。

对于工具主义者而言,一个理论如果在预测方面表现良好,那么它同时也是解释方面表现良好的理论。换句话说,在某种程度上,预测和解释是紧密相关的。一个理论能够准确地预测未来事件的发展趋势,说明它对于解释过去和当前事件的原因和机制也有很好的解释力。当我们思考理论的假设是否符合真实性时,纳格尔(Ernest Nagel)提出了三种可能的原因来解释假设失去真实性的情况[64]:

第一种,错觉。有时我们的假设可能是基于某种错误的观察或认知,导致我们对真实情况产生了误解,例如,假设货币供给是由能够适应环境的货币当局直接控制的;然而,在实际情况中,货币供给往往受到许多复杂因素的影响,例如金融市场的活动、商业银行的贷款行为、货币政策的执行以及国际金融交易等因素都会对货币供给产生影响。或者是基于经济学中的二元经济模型假设,即假设世界上的国际贸易仅涉及两种商品,以便更容易进行分析和推导经济理论;然而,实际情况远比假设更复杂,国际贸易涉及成千上万种不同的商品和服务,包括农产品、矿产资源、制造品、技术、金融服务等等。

第二种,理想化的类型。有时我们的假设是基于对经济机构或个体行为的理想化假设,例如,假设经济机构是"理性的经济人",或者假设厂商处在完全竞争市场条件下;然而,实际情况可能存在各种复杂的因素和行为方式,远非理想化的假设所能涵盖,例如,在许多国家,电信市场往往由少数几家大型公司垄断或寡头垄断,而这些公司拥有着巨大的市场份额和垄断地位,能够操纵价格和控制市场,此外,电信行业的产品和服务往往具有差异化,例如网络覆盖范围、速度和质量等方面存在差异,这使得市场不符合完全竞争市场的假设。

第三种,简化。有时我们的假设是为了简化分析过程,而忽略了现实中的个体差异和复杂性。虽然现实中的个体可能千差万别,但在分析中我们常常采用相似性处理方式，即假设个体之间存在相似的行为和特征。这种假设可以有效地简化分析过程，使经济问题更容易被理解和解释。通过将个体归类为相似的群体，我们可以更容易地推导出一般规律和结论，而不必考虑每个个体的特征和它们的差异。

对待理想化假定的另一种方式是将其视为参照标准。理想化假设通常是为了简化分析或建立理论模型而引入的，以便更好地理解和解释经济现象，这可能涉及对个体行为、市场机制或制度安排的简化或理想化描述。将理想化假设视为参照标准意味着我们将其作为一种基准或比较对象，用于评估现实世界的经济行为和制度的表现。通过将现实世界与理想化模型进行比较，我们可以识别现实中存在的偏差和不完善，并提出改进和改革的建议。这种比较有助于我们更好地理解经济现象的本质，并指导政策制定和决策。通过将理想化模型作为参照标准，我们可以衡量现实世界中的经济行为和制度在多大程度上符合我们期望的标准，并识别可能的问题和局限性。因此，即使在实际中几乎没有完全竞争的市场，但对完全竞争市场的分析可以作为真实市场的一个有价值的参考标准。

在对天文学史进行研究时，亚当·斯密提出了一种心理学理论，旨在解释驱使研究者进行探索的动机[65]。根据他的理论，当某个解释性预期无法成功验证时，这将引发困惑。这种困惑通常源于对统计数据关系的理解，不仅是一种认知上的不适，也激发了研究者进一步探索和解决困惑的动机。亚当·斯密的观点凸显了科学研究中的心理过程：研究者在探索未知领域时，往往抱有某种预期或解释性假设。然而，如果这些预期未能得到验证，就会产生困惑和疑问。这种心理学理论为我们理解科学研究的动机和进程提供了重要的视角，强调了困惑和统计数据关系在科学探索中的作用，提示了研究者需要持续调整和改进他们的解释假设，以逐渐接近真相，帮助我们更好地理解科学活动的本质。

当科学家提出新理论时，他们需要通过说服其他科学家接受这个理论来验证其正确性，因为理论本身无法自证其正确性。这样的说服过程构成了经济思想的历史，始作俑者首先说服其他经济学家，然后他们再去说服其他人。一个例子是穆斯（John Muth）提出的完全信息能够形成预期的理性预期思想[66]，虽然他的文章是关于厂商内部管理行为的研究，而非个人利益最大化问题。科学界的知识进步是通过辩论、讨论和证据的积累来实现的。当一个科学家提出新的理论时,他们需要通过展示该理论在解释现象、预测结果或解决问题方面的优势来说服其他科学家。这通常需要详细的论证、实证研究和逻辑推理,以确保理论的可靠性和有效性。经济学作为一门社会科学,也遵循着这个说服的过程。经济学家们通过发表研究论文、参与学术会议、进行学术辩论等方式来推动新理论的接受。这种说服过程不仅要面对学术界的同行评审和批评,还需要争取更广泛的认可和接受,包括政策制定者、学生和公众。

亚当·斯密也提出过类似的观点,他认为人们可以被共同认可的解释所说服,而这种共识可以归结为方法论问题。换句话说,为什么人们会接受某种解释,可以追溯到所采用的方法论。举个例子,基于最大化行为的理论往往比基于制度变迁的理论更具有说服力。这是因为基于最大化行为的理论假设个体在做出决策时会追求自身利益的最大化,即人们在经济活动中会理性地权衡成本和收益,并寻求最佳的决策。由于这种理论与人们普遍的观察和经验相符,它在经济学中得到了广泛的接受和应用。相比之下,基于制度变迁的理论强调社会和制度环境对经济行为的影响,这种理论重点关注制度的演变和变迁对经济发展的影响,并认为制度的变化是推动经济变革的关键因素,能够为解释一些经济现象和现实情况提供不同的视角。不同的方法论对于解释经济现象和问题提供了不同的视角和解决方案。在学术界和学术讨论中,经济学家们不断评估和探索不同方法论的优缺点,以寻求更全面和准确的经济理解。

故此,由于方法论的不同,解释的范畴本身也存在巨大差异,这导致我们无法得出经济学中解释和预测之间的一般结论。不同的方法论意味着经济学家们采用不同的理论框架、观点和假设来解释经济现象。每种方法论都有其自身的优势和局限性,以及解释的重点和侧重点。因此,不同方法论之间可能存在根本性的分歧和争议。这种方法论上的差异导致了经济学中多样的解释和观点。某种解释在一种方法论下可能被视为合理和可接受的,但在另一种方法论下可能被质疑或否定。这使得经济学中的解释变得多样化,而无法得出一般性的结论。同样,由于方法论的不同,预测的有效性和可靠性也会受到影响。不同的方法论可能会导致不同的预测结果,甚至相互矛盾。因此,无法简单地将解释和预测二者的作用进行一般性的对应。在经济学中,解释和预测是相互关联的,但并不意味着它们具有一致的作用。解释旨在理解和解释经济现象的原因和机制,而预测旨在对未来的经济发展和趋势进行推测。不同的方法论和理论对于解释和预测的重要性和可行性存在不同的看法。

如果我们将经济学的目标定为提供政府改善社会福利的建议,那么经济学家的任务就是回答应该采取哪些行动以实现这一目标(一种规范表达),或者描述不同政策措施的后果(一种实证表达)。在经济学家中存在着一种普遍观点,即经济学应该是实证的。然而,这引发了一个先决性问题,即实证经济学是否具有实际可行性。弗里德曼认为,以预测结果作为判断标准要求经济学是实证的[67]。举例来说,无论经济学家出于何种目的推动提高最低生活水平,仍然可以研究探讨最低工资法可能产生的后果问题。这表明经济学家可以采用实证的方法来解决这些问题,以评估政策的效果和影响。

关于经济学这门科学的定位和方法论问题,学者们的观点也不尽相同。古典经济学被认为是道德科学,即将道德哲学的原则应用于经济领域。然而,约翰·内维尔·凯恩斯(John Nevill Keynes)通过设定参数和提出新的原理,将经济学中的实证问题与道德问题进行了分离,他主张经济学应该以实证和科学的方法来研究经济现象,而不仅仅依赖于道德观点和价值判断。凯恩斯的贡献使经济学成为一门更加客观和科学的学科,注重对经济现象的实证分析和预测,而不仅仅是道德和伦理的讨论。如果从理论的视点来看政治经济学,就是为了增进社会进步,所有与该主题无关的或者不成熟的争论都应该消失,这一点至关重要。经济学中侵入了伦理学不仅不能消除争议,而且会放大争议,并且使争议永久性地存在下去。

然而,目前阶段到了必须面对这些问题的时候了,我们没有理由不把经济学看成实证科学,从而使之独立于其他学科。罗宾斯就是这一观点的强烈支持者,他把经济学家比作实践理性选择的机器,并认为伦理问题被经济学家们带入到了实际经济问题中,这是一种偏好,对此必须采用理性选择的办法,用实证经济理论取而代之[68]。罗宾斯还认为,经济学需要完全独立于伦理、超越伦理的考虑,并成功地界定与实际问题相关的因果机制。因此,根据罗宾斯的观点,经济学家的职责是使用实证经济理论来分析和解决实际的经济问题,而不受主观偏见和道德观点的影响。

3.4 物理学与经济学

经济学家试图建立关于特定问题的系统知识体系,以期将经济学确立为一门科学。他们希望通过构建这样的知识体系,使经济学具备科学性,并展现出一定的体系和组织形式。在这方面,艾奇纳(Alfred S. Eichner)将经验内容视为经济学的主要特征,因此将其视为一门科学[69]。然而,我们已经注意到,尝试用"解释"的方法来构建科学的知识体系可能会遇到一些困难。实际上,知识本身是基于一定的哲学观念或方法论的,这意味着经济学的构建需要更深入的思考和方法论的支持。

如果经济学家之间对经济学知识达不成共识,这是否意味着经济学就不是科学呢?19世纪末,经济学变成一个独立的学科时,物理学已经相当完善,为渴望使经济学成为科学的经济学家提供了一个科学的范式。物理学的成功激发了他们在经济学中采用类似的科学方法和理论构建的愿望。然而,经济学作为一门社会科学,其研究对象和方法与自然科学领域存在显著差异,因此在方法论和理论框架上可能不同于物理学。尽管如此,经济学仍然可以被视为科学,因为它运用系统的方法和理论,通过观察和实证分析来研究经济现象,并试图提供解释和预测。不同的学者可能会采用不同的方法和理论,但这并不妨碍经济学作为一门科学的存在和进步。在经济学中,学者们通过辩论和交流来推动知识的发展,并逐步迈向更深入的理解和共识。

事实上,在经济研究中运用模型成为一种相当普遍的做法。边际主义理论的创始人杰文斯(William Stanley Jevons)指出,经济理论的表现形式类似于物理学中的静态机制,而交易法则则类似于力学原理中的均衡法则[70]。他认为通过研究微小变动中的个体满足和痛苦的体验,可以说明价值与财富的性质,类似于物理学中基于微小能量平衡的静态理论。费雪(Irving Fisher)将个体组织比作微粒,效用比作能量,商品比作场景,以此明确将经济学与物理学进行类比。米罗维斯基(Philip Mirowski)对长期以来经济学对物理学的崇拜进行了详细的阐述。这些观点强调了在经济学中借鉴物理学的一些概念和方法,以构建经济模型和理论的做法。通过运用类比和类似性,经济学家试图将经济现象抽象化为可观察和可量化的模型,并使用物理学的思维框架来解释经济行为和市场交互[71]。

经济学家试图将经济学建设成与物理学类似的科学,使其明显偏离了经济学作为道德科学的原有内涵。这种思维路径推动了效用理论的发展,有助于将经济学转变为一门实证科学。帕累托(Vilfredo Pareto)指出,这一切要归功于数学的运用,数学为经济学提供了一种完整的理论框架,使经济学家能够更准确地描述和分析经济现象。通过运用数学方法进行建模和推导,经济学家能够得出更具有逻辑性和预测能力的结论,不再仅仅依赖于经验事实。换言之,经济理论是建立在对个体差异性的考察基础上的,个体之间的相互作用决定了商品数量,这种研究形成了理论基础。因此,经济科学的理论需要严格的理性机制,而不仅仅依靠经验进行抽象的演绎,也不再涉及形而上学的内容。

在这个转变的过程中,不必惊讶,过去看似哲学的经济学如今在物理学方法的指导下变得越来越像物理学。类似地,物理学本身也经历过一个远离价值判断从而变成实证科学的过程,而数学表达式就是这一过程中的重要组成部分。这种方法论的转变有助于经济学朝向更加科学化的方向发展,使经济学家能够更好地应用数学工具和实证研究方法来理解和解释经济现象,提供更准确的预测和决策支持。

有一种被称为"实证主义"的哲学,它基于逻辑力量形成命题,并通过与事实对照来检验命题是否为真理。其最具影响力的流派是逻辑实证主义,它能明确区分科学和非科学的领域。逻辑实证主义者认为,只有那些既具备真理性定义,又能通过事实验证的原理才能被视为有意义的表达。在方法论的争论中,一个重要而被广泛接受的观点是逻辑实证主义排除了所有形而上学的论述,即那些无法经受可靠检验的论述。值得补充的是,逻辑实证主义强调了科学的经验基础和可观测性,并主张以观察事实和经验证据为基础进行理论建构。这种思想流派在哲学和科学研究中产生了深远的影响,推动了实证科学的发展和科

3 经济学的范围与目的

学方法的进步。

然而实际上,"理论与事实相印证"是一项相当困难的任务。例如,在医学领域中,研究人员可能提出某种新药物的理论,并预测它可以治疗某种疾病。然而,要验证这个理论是否与事实相一致,需要进行一系列严格的实证研究和临床试验。这些研究需要收集大量的数据,包括药物的药效、副作用、安全性等方面的信息,并与实际的患者状况进行比较。如果实证研究的结果与理论的预测相符合,那么可以认为理论与事实相印证。然而,在实践中,可能会遇到各种困难,如样本选择偏差、干扰因素的存在、数据收集的难度等,这些因素都会影响理论与实际观察之间的一致性。因此,确保理论与事实相印证是一项相当具有挑战性的任务,需要严谨的科学方法和全面的实证研究来支持。

实证主义还提出了关于事实本质的哲学问题。一些物理学家提出了一些关键问题,例如用于描述观察到的现象的语言的地位是什么?观察到的现象是否必然独立于观察者?换句话说,是否存在一系列具有独立性的事实可用于理论检验?例如,海森堡不确定性原理是量子理论中最重要的原理之一[72],它指出无法同时精确测量粒子的动量和位置,因为测量过程中使用的仪器会干扰测量,测量动量就会改变位置,反之亦然。此外,对于"理性"进行实验也存在困难。过于关注人们的某种行为可能会导致人们行为发生变化。因此,在实证主义的框架下,虽然理论与事实相印证是一个重要目标,但在实践中可能会面临一些限制和困难。通过一些改进,可以使段落更加连贯和准确地表达实证主义在经验与理论关系中的观点,并突出其中的哲学问题和实际应用中的困难。

那么经济学与物理学之间的主要区别是什么呢?经济学的主题随着时间的变化而变化,经济学的研究方法也随之演变。相比之下,物理学在探索事物之间的法则关系方面具有更大的发展空间,并且其知识更具确定性。同时,与人类行为研究不同,物理学在方法论上极少涉及价值判断。物理学采用实验方法作为其主要研究手段,这是与经济学最明显的区别。实验作为一种实践形式,将我们与研究对象之间的某些关系割裂开来。而经济学则需要借助其他技术来分离不同要素之间的相互关系。

像逻辑分析一样,统计技术可以根据所关注问题的不同特征将它们区分开来。例如,我们想要确定接受高水平教育对收入的影响,统计分析可以通过排除其他因素的影响,如居住地、就业部门、性别和家庭大小等,来分析教育对收入的效应。在这个分析过程中,核心问题是确定这些其他因素与教育之间的关联程度。通过这样的分析,我们将收入与教育之间的关系限制在一个更加狭窄的范围内,并剥离出其中的一些关系。

无论是在物理学还是社会科学领域,在不考虑外部影响的情况下,科学家们能够在多大程度上进行有效实验呢?而实验的结果又该如何应用于实际生活中?如果实验所得出的因果机制在应用过程中受到其他因果机制的改变或反作用影响,那么实验的结果就不具备充分的价值。在人类行为研究中,外部影响和行为变化往往会带来更加显著的非随机性社会干扰因素,因此经济学在进行实验或采用统计技术进行因素剥离时都面临着更多的困难。

2007年诺贝尔经济学奖得主迈尔森(Roger B. Myerson)曾经说过:"对于如何设计物理系统来利用反射性物质,人们已经懂得很多,但是对如何创造社会体制来调节冲突中的人类行为却做得不够。"这段话表达了一个重要的观点:尽管人类在自然科学领域取得了许多成就,但在处理人类行为中的冲突以及创造良好的社会机制方面仍有不足之处。现代社会的发展使得人与人之间的互动变得至关重要,有时甚至比自然科学的进步更具影响力。例如,核战争可能对人类造成毁灭性的后果。这引发了一个社会悖论:我们可以征服太空、往返月球,但却无法解决邻居之间的冲突(如以色列和巴勒斯坦的冲突)。因此,那些将自然科学置于至高无上地位、忽视经济学乃至其他社会科学的人需要深思。

诺贝尔经济学奖获得者肯尼斯·阿罗(Kenneth J. Arrow)在市场理论、资源有效利用以及信息不对称等方面作出了开创性的贡献,并对一般均衡理论进行了系统的阐述。他致力于运用数学模型来解释复杂的经济行为,特别是在资源分配和福利经济学领域的研究卓有成效。阿罗曾指出,经济学中的模型构建与解释经验数据的方法在某种程度上与科学研究中的模型方法相似。对于他来说,经济学的研究也提供了探索人类社会规律的独特视角。

同样是诺贝尔经济学奖得主的弗里德曼则说:"我相信经济学所具有的科学成分和物理学、化学或其他自然科学成分在性质上并没有什么不同。股票(期货)市场价格涨落的物理本质就是在某一区域的构成介质发生失稳,并伴随有应变能的加速释放。要有效地跟踪其市场价格波动,就要从非线性动力学这个角度,来观察分析股票(期货)市场的价格波动问题,并对这一失稳过程进行分析研究。"弗里德曼强调了经济学和自然科学之间的相似性,并使用非线性动力学来解释股票(期货)市场价格的波动。他认为,通过运用物理学的概念和方法,可以对经济现象进行深入分析和研究,从而提供对市场行为的更准确理解。这一观点强调了经济学的科学性质以及对跨学科方法和理论的应用。

3.5　经验对应物

经济学家哈奇森(Terence W. Hutchison)是最早将逻辑实证主义引入经济学领域的学者之一[73]。哈奇森提出了一个重要观点,即经济理论的结果必须经得起经验的检验。他特别关注理性选择理论中假设的经验正确性问题,并认为这一问题对该理论的假设提出了挑战。对那些脱离经验事实的抽象方法,哈奇森持批评态度,因为这类方法使经济学理论与现实中的"经济力量"脱节,无法通过经验验证。哈奇森的观点强调了经济理论与实证之间的紧密联系,他认为经济学理论应能解释现实世界中的经济现象,并且这些解释必须经过经验检验。他主张经济学理论应直接与现实相联系,而非脱离实际情况进行纯粹的抽象推理。通过强调经验检验的重要性,哈奇森提出了对经济理论进行实证测试的要求,他认为经济学家在建立理论时应基于实证数据,并确保理论的假设与实际观测结果一致。

逻辑实证主义强调经济学应当关注可被量化的对象,即那些可以通过观察和实证研究进行测量和验证的现象和变量。这种观点凸显了经验验证和可量化性在经济学研究中的重要性。然而,有时候逻辑实证主义的应用可能会走向极端,即认为经济学应仅限于可被量化的对象和现象,而忽视了其他非量化的因素和影响。这种极端观点可能会导致经济学研究的局限性和片面性。举例来说,逻辑实证主义倾向于将经济福利归结为可量化的指标,如国内生产总值

(Gross Domestic Product，GDP)。根据这种观点，经济的增长和GDP的增加被认为是衡量福利改善的重要指标。然而，这种单一的量化指标无法完全捕捉到人们的福祉和生活质量的方方面面，如环境质量、社会公平、教育水平、健康状况等非经济因素对人们福祉的影响。因此，将GDP作为唯一的福利标准可能忽视了人们生活中的其他重要方面。

研究有酬劳动而非家庭劳动是另一个例子。逻辑实证主义在经济学中强调应该将注意力集中在可以被量化和观察到的经济活动上，因此更倾向于研究有报酬的劳动，也就是市场交换中的劳动。这种偏重于有报酬劳动的研究忽视了家庭劳动和非市场劳动的重要性。然而事实并非如此，家庭劳动在社会中扮演着重要的角色，如照顾家庭成员、做饭、打扫卫生等，而这些劳动并不通过市场交换的方式进行。

因此，在社会科学领域，并不存在严格可量化的标准。逻辑实证主义在经济学中强调量化研究，使用可测量的指标和数据来支持理论。这种方法论追求客观性和可验证性，但社会科学中人类行为和社会现象的复杂性使其难以完全量化。许多社会科学问题涉及主观价值观、文化差异和社会关系等无法直接量化的因素，因此，仅仅关注可量化的对象无法全面覆盖社会科学研究的复杂性和多样性。逻辑实证主义提供了一种理论定义和研究范畴，但社会科学需要更广泛的方法论来探索和理解非量化的因素和现象。这包括使用质性研究方法、深入访谈、观察和分析非结构化数据等来捕捉社会科学中的复杂性和多样性。因而，将社会科学仅仅限定于可量化的标准是不准确的，我们需要采用更广泛的方法来研究和理解人类行为和社会现象的多维性。

那么，怎么样才能提高量化研究的准确性呢？在引入效用理论的同时，经济学家们也开始思考一个关键问题：我们是否能够准确地度量效用这一概念？经过深入研究，一般来说，直接度量效用是不可能的。效用是个人主观感受的抽象概念，因此无法直接通过客观的尺度或单位来衡量。然而，虽然直接度量效用存在困难，但我们可以采用另一种间接的方式来验证效用理论的有效性。这种间接的验证方法就是通过观察人们的行为来推断他们的效用偏好，并判断其是否与效用理论相一致。如果一个人的行为可以合理解释为在追求最大化自身效用的基础上做出的决策，那么可以认为该人的行为与效用理论具有一致性。例如，在购买决策中，人们往往选择对他们来说效用最大化的选项。通过对大量人员的行为进行观察和分析,我们可以检验效用理论对于解释和预测人们行为的有效性。

然而,这种间接检验也存在一定的限制和挑战。人们的行为受到多种因素的影响,包括个体特征、环境条件、社会影响等,因此,仅仅依靠人们的行为来判断效用理论的准确性可能存在误差。此外,人们的行为可能会受到局限性和有限理性的影响,这会导致其行为与效用理论并非完全一致。因此,在进行间接检验时需要注意控制其他可能影响人们行为的因素,以尽可能准确地评估效用理论的适用性。

尽管经济学中关注的许多问题都涉及可度量的变量,如通货膨胀、失业和相关价格等,但这些变量本身只是因果机制的结果,而并非经验世界中直接可观察到的现象。我们无法在实际经验中找到与这些变量完全对应的事物。在因果机制中,有些部分是可以被度量的,例如我们可以度量工人的受教育水平,这是因果关系中的一个可观察变量。然而,显然我们无法度量因果关系中的所有方面。因果关系往往是复杂而多维的,涉及许多无法直接观测或度量的因素,如个体的态度、信念、价值观和心理过程等,这些因素在经济学中起着重要的作用,但往往难以直接度量或观察。尽管我们无法完全度量因果关系的所有方面,但我们仍然可以通过其他手段来研究和理解它们。经济学家常常运用各种经济模型和统计方法,以及采用实证研究的方法来探索和推断因果关系。通过收集和分析相关的数据,结合经济理论和实证研究的结果,我们可以获得对因果机制的一定程度的理解。而如果数据不能够证明假说,或者,如果数据同时证明了两个相矛盾的假说,就会出现如何去修正假说的问题。

作为经济学研究的最终关注点,社会福利确实是一个不能完全被度量的概念。在这方面,奥地利学派提出了一种明确且强烈的观点,并以其个人主义方法论而闻名。奥地利学派的个人主义方法论强调个体的主观价值和选择,认为经济行为和决策是由个人的知识、信念和偏好所驱动的。他们认为,个体对于其自身福祉和利益的评估是多样化的,并且因人而异。此外,奥地利学派还认为人们所处的环境是基于主观判断的结果。根据这一观点,数据,尤其是宏观总量数据的含义是相当有限的,因为社会福利的实现无法简单地通过宏观经济指标或总量数据来衡量和量化。

新奥地利学派在经济研究中确实倾向于使用案例分析而非传统的实证研

究方法[74]。他们认为,尽管存在一些微观层面的事实,但在更宏观的层面上,所谓的"某些事实"并不存在。这体现了新奥地利学派的主观主义观点。此外,新奥地利学派强调个体行为的主观性和多样性,认为个体的知识、信念和偏好在经济决策中起着关键作用。经济行为和现象是由个体的主观判断和解释所驱动的,而这些主观因素无法简单地通过客观的实证研究方法来捕捉和量化。因此,新奥地利学派更倾向于使用案例分析等质性研究方法,以深入理解个体行为的背后逻辑和动机,通过对具体案例的详细分析和解释,揭示个体决策和经济现象的复杂性和多样性。这种方法强调了个体行为的主观性和个体间的差异,为理解经济现象中的多样性和非线性关系提供了一种有力的工具。

然而,在主观主义观点和客观主义观点之间,还存在另一种观点。这种观点认为"事实"无外乎是理论的阶梯,即我们选择什么去观察以及我们如何去观察,都是出于对理论的需要。在经济学领域,对于经济学任务的明确性问题,经济学家之间尚未形成共识。同时,关于"预测"与"解释"哪一方面更为重要的问题,也存在着不同的观点。

4

基本回归模型的估计与检验

4.1 一元线性回归模型

(1) 模型设定

一元线性回归模型的形式为

$$y_i = \beta_0 + \beta_1 x_i + u_i (i=1,2,\cdots,n) \tag{4.1}$$

其中，y 为被解释变量，也被称为因变量；x 为解释变量或自变量；n 为样本个数；u 为随机误差项或称随机扰动项，它表示除了 x 之外影响 y 的因素，即 y 的变化中未被 x 所解释的部分。

该模型具有以下 5 个特征：① u 是随机变量；② $E(u_i)=0$；③ $\mathrm{Var}(u_i)=\sigma^2$；④ 各 u 间相互独立；⑤ u 与自变量无关。

(2) 实际值、拟合值和残差

估计方程为

$$y_i^* = \hat{\beta}_0 + \hat{\beta}_1 x \tag{4.2}$$

其中，y_t^* 表示的是 y_t 的拟合值；$\hat{\beta}_0$ 和 $\hat{\beta}_1 x$ 分别表示的是 β_0 和 β_1 的估计量。

实际值指的是回归模型中被解释变量 y 的原始观测数据；拟合值就是通过回归模型计算出来的 y 的预测值。

通常情况下，将含有多个解释变量的线性回归模型（多元线性回归模型）写成如下形式：

$$y_i = \beta_0 + \beta_1 x_{1i} + \beta_2 x_{2i} + \beta_3 x_{3i} + \cdots + \beta_k x_{ki} + u_i (i=1,2,\cdots,n) \tag{4.3}$$

其中，y 为被解释变量，也被称为因变量；x 为解释变量或自变量；u 为随机误差项，也被称为误差项或扰动项；n 为样本个数。

在多元线性回归模型中，要求解释变量 $x_1, x_2, \cdots, x_k$ 之间互不相关，即该模型不存在多重共线性问题。如果有两个变量完全相关,就出现了完全多重共线性,这时参数是不可识别的,模型无法估计。

例4.1:消费函数

本例是用中国1978—2006年的数据建立的居民消费方程:

$$csp_t = \alpha + \beta \times inc_t + u_t \tag{4.4}$$

其中,csp 是实际居民消费;inc 是实际可支配收入;α 代表自发消费,表示收入等于零时的消费水平;而 β 代表边际消费倾向,$0<\beta<1$,即收入每增加1元,消费将增加 β 元。

(3) EViews统计分析基础教程

依次选择工作文件窗口工具栏中的"Object""New Object""Equation"选项,在如图4.1所示的对话框中输入方程变量。

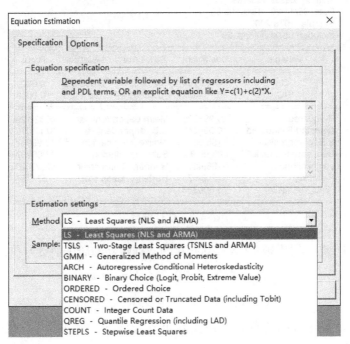

图4.1 EViews 工作文件窗口工具栏

EViews8 提供了10种估计方法,下面列出其中8种:

"LS"为最小二乘法;

"TSLS"为两阶段最小二乘法;

"GMM"为广义矩法；

"ARCH"为自回归条件异方差；

"BINARY"为二元选择模型，其中包括 Logit 模型、Probit 模型和极端值模型；

"ORDERED"为有序选择模型；

"CENSORED"为截取回归模型；

"COUNT"为计数模型。

标准的单方程回归用最小二乘估计。其他的方法在以后的章节中介绍。

在方程说明对话框中单击"OK"后，EViews 显示估计结果（如图 4.2 所示）。

```
Dependent Variable: CSP
Method: Least Squares
Date: 06/11/20   Time: 09:58
Sample: 1978 2006
Included observations: 29
```

Variable	Coefficient	Std. Error	t-Statistic	Prob.
C	449.0704	52.00327	8.635425	0.0000
INC	0.734492	0.005824	126.1120	0.0000

R-squared	0.998305	Mean dependent var		5902.129
Adjusted R-squared	0.998242	S.D. dependent var		3711.076
S.E. of regression	155.5801	Akaike info criterion		12.99867
Sum squared resid	653539.2	Schwarz criterion		13.09297
Log likelihood	−186.4807	Hannan-Quinn criter.		13.02820
F-statistic	15904.25	Durbin-Watson stat		0.531757
Prob(F-statistic)	0.000000			

图 4.2   估计结果

例 4.1(续)：用中国 1978—2006 年的数据建立的居民消费方程：

$$csp_t = 449.07 + 0.734 \times inc_t + \hat{u}_t$$

$$R^2 = 0.998 \qquad D.W. = 0.53$$

其中，csp 是实际居民消费；inc 是实际可支配收入；$\alpha=449.07$，代表自发消费，表示收入等于零时的消费水平；而 $\beta=0.734$，代表边际消费倾向，$0<\beta<1$，即收入每增加 1 元，消费将增加 β 元。从系数中可以看出边际消费倾向是 0.734。

4.2 线性回归模型的检验

(1) 拟合优度检验

$$TTS = \sum (y_i - y^-)^2 \qquad (4.5)$$

$$ESS = \sum (\hat{y_i} - y^-)^2 \qquad (4.6)$$

$$RSS = \sum (y_i - \hat{y_i})^2 \qquad (4.7)$$

三者的关系为

$$TSS = ESS + RSS \qquad (4.8)$$

其中，TSS 为总体平方和，ESS 为回归平方和，RSS 为残差平方和。

TSS 反映了样本观测值总体离差的大小，也被称为离差平方和。

ESS 反映了拟合值总体离差的大小，这个拟合值是根据模型解释变量算出来的。

RSS 说明的是样本观测值与估计值偏离的程度，反映了因变量总的波动中未被回归模型所解释的部分。

拟合优度 R^2 的计算公式为

$$R^2 = ESS/TSS = 1 - RSS/TSS \qquad (4.9)$$

当 ESS 与 TSS 较为接近时，模型的拟合程度较好；反之，则模型的拟合程度较差。因此，模型的拟合程度可通过这两个指标来表示。

R^2 越大，说明模型对因变量拟合得越好，R^2 只会接近 1，不能完全等于 1（拟合值和实际值相等时）。

(2) 显著性检验

① 变量显著性检验（t 检验）

检验中的原假设为：$H_0: \beta_i = 0$；

备择假设为：$H_1:\beta_i \neq 0$。

如果原假设成立，表明解释变量 x 对被解释变量 y 没有显著的影响；当原假设不成立时，表明解释变量 x 对被解释变量 y 有显著的影响，此时接受备择假设。

② 方程显著性检验（F 检验）

原假设为：$H_0:\beta_1=0,\beta_2=0,\cdots,\beta_k=0$；

备择假设为：$H_1:\beta_i$ 中至少有一个不为 0。

如果原假设成立，表明解释变量 x 对被解释变量 y 没有显著的影响；当原假设不成立时，表明解释变量 x 对被解释变量 y 有显著的影响，此时接受备择假设。

F 统计量为：

$$F=\frac{ESS/k}{RSS/(n-k-1)}\sim F(k,n-k-1) \quad (4.10)$$

该统计量服从自由度为 $(k,n-k-1)$ 的 F 分布。给定一个显著性水平 α，当 F 统计量的 P 值小于给定的显著性水平，则拒绝原假设 H_0，即模型通过了方程的显著性检验，模型的线性关系显著成立。

注意：

① 遗漏变量检验要求在原始方程中和检验方程中观测值数相等。如果要加入变量的任一序列与原方程样本相比，含有缺失观测值（当加入滞后变量时这种情况常见），检验统计量将无法建立。

② 遗漏变量检验可应用于线性 LS、TSLS、ARCH、BINARY、ORDERED、CENSORED、COUNT 模型估计方程。只有通过列表法列出回归因子定义方程而不能通过公式，检验才可以进行。

③ 遗漏变量检验：依次选择"View""Coefficient Diagnostics""Omitted Variables Test-Likelihood Ratio"，在打开的对话框中输入需检验的统计量名，用至少一个空格相互隔开。

（3）系数检验：冗余（Redundant Variables）变量

① 冗余变量检验原理

冗余变量检验可以检验方程中一部分变量的统计显著性。更正式可以确定方程中一部分变量系数是否为 0，从而可以从方程中剔出去。原假设：被检验变量系数为 0。冗余变量检验可以应用于线性 LS、TSLS、ARCH（仅均值方程）、BINARY、ORDERED、CENSORED、COUNT 模型估计方程。只有以列表法列出回归因子形式，而不是公式定义方程，检验才可以进行。

② 如何进行冗余变量检验

依次选择"View""Coefficient Diagnostics""Redundant Variable Test-Likelihood Ratio"，在打开的对话框中输入需检验的变量名，相互间用至少一空格隔开。

(4) 异方差性检验

① 图示检验法

通过散点图来判断用普通最小乘法（Ordinary Least Square, OLS）估计的模型异方差性，这种方法较为直观。通常是先将回归模型的残差序列和因变量一起绘制一个散点图，进而判断是否存在相关性，如果两个序列的相关性存在，则该模型存在异方差性。

当散点图没有明显规律时，可判断异方差不存在；当散点图中点的分布区域明显出现变宽、变窄或者不规则变化时，则可能存在异方差。

② 怀特（White）检验法

检验步骤：用 OLS 估计回归方程，得到残差 e；作辅助回归模型；求辅助回归模型的拟合优度 R^2 的值。

White 检验的统计量服从 χ^2 分布，即

$$N \cdot R^2 \sim \chi^2(k) \qquad (4.11)$$

其中，N 为样本容量；k 为自由度，k 等于辅助回归模型中解释变量的个数。如果 χ^2 值大于给定显著性水平下对应的临界值，则可以拒绝原假设，即存在异方差；反之，接受原假设，即不存在异方差。

原回归方程：$y = \beta_0 + \beta_1 x_1 + \beta_2 x_2 + u$

辅助回归方程：$e^2 = a_0 + a_1 x_1 + a_2 x_2 + a_3 x_1^2 + a_4 x_2^2 + a_5 x_1 x_2 + \varepsilon (i = 1, 2, \cdots, n)$

异方差性的后果：当模型出现异方差性时，用 OLS 得到的估计参数将不再有效；变量的显著性检验（t 检验）失去意义；模型不再具有良好的统计性质，并且模型失去了预测功能。

(5) 序列相关检验

① 杜宾-瓦特森检验法(Durbin-Watson test,简称 D-W 检验法)

D-W 检验法是通过对残差构成的统计量来判断误差项 u_t 是否存在自相关。D-W 检验法用于判定一阶序列相关性的存在。

D-W 的统计量为

$$D-W = \frac{\sum_{t=2}^{T}(e_t - e_{t-1})^2}{\sum_{t=1}^{T}e_t^2} \qquad (4.12)$$

如果，

$0<$D-W$<dL$,存在一阶正自相关；

$dL<$D-W$<du$,不能确定是否存在自相关；

$du<$D-W$<4-du$,不存在自相关；

$4-du<$D-W$<4-dL$,不能确定是否存在自相关；

$4-dL<$D-W<4,存在一阶负自相关。

使用 D-W 检验时应注意,因变量的滞后项 y_{t-1} 不能作为回归模型的解释变量,否则 D-W 检验失效。另外,样本容量应足够大,一般情况下,样本数量应在 15 个以上。

② LM(Lagrange Multiplier,拉格朗日乘数)检验法

LM 检验原假设和备择假设分别为：

H_0:直到 p 阶滞后不存在序列相关(或者不存在一阶到 p 阶的自相关)

H_1:存在 p 阶序列相关

LM 的统计量为

$$LM = n \cdot R^2 \sim \chi^2(p) \qquad (4.13)$$

其中,n 为样本容量；R^2 为辅助回归模型的拟合优度；p 为辅助方程的阶数,是原假设所要检验的自相关的最大阶数。LM 统计量服从渐进的 $\chi^2(p)$。

在给定显著性水平的情况下,如果 LM 统计量小于设定在该显著性水平下的临近值,则接受原假设,即直到 p 阶滞后不存在序列相关。

序列相关性的后果:用 OLS 得到的估计参数将不再有效；变量的显著性检验(t 检验)失去意义；模型不再具有良好的统计性质,并且模型失去了预测功能。

(6) 多重共线性

① 相关系数检验法

如果相关系数较高,则变量间可能存在线性关系,即模型有多重共线性的可能。

② 方差扩大因子法

$$VIF_j = \frac{1}{1-R_j^2} \qquad (4.14)$$

度量了 R^2 与其他解释变量的线性相关程度,这种相关程度越强,说明变量之间的多重共线性越严重,VIF 也就越大;方差膨胀因子越接近 1,多重共线性越弱。

消除多重共线性方法:

剔除法:VIF 最大值或者没有通过系数显著性检验的变量。

差分法:$\Delta y_i = \beta_0 + \Delta\beta_1 x_{1i} + \Delta\beta_2 x_{2i} + \Delta\beta_3 x_{3i} + \cdots + \Delta\beta_k x_{ki} + u_i - u_{i-1}(i=1,2,\cdots,n)$。

4.3 模型稳定性检验

EViews 提供了一些检验统计量选项,它们可用于检查模型参数在数据的不同子区间是否平稳。

一个推荐的经验方法是把观测值区间 T 分为 T_1 和 T_2 两部分。T_1 个观测值用于估计,T_2 个观测值用于检验和评价。

把所有样本数据用于估计,有利于形成最好的拟合,但没有考虑到模型检验,也无法检验参数不变性,估计关系的稳定性。检验预测效果要用估计时未用到的数据,建模时常用 T_1 区间估计模型,用 T_2 区间检验和评价效果。

对于子区间 T_1 和 T_2 的相对大小,没有太明确的规则。有时可能会出现明显的结构变化的转折点,例如战争、石油危机等。当看不出有转折点时,常用的经验方法是用 85%～90% 的数据作估计,剩余的数据作检验。

Chow 分割点检验的思想是对每一个子样本区间估计方程,看估计方程中是否存在显著差异。显著差异说明关系中存在结构变化。例如,可以使用这个检验来检查石油危机前后的能源需求函数是否一样。

为进行检验,把数据分为两个或多个子样本区间,每一子区间包含的观测值数应大于方程参数,这样才使得方程能被估计。Chow 分割点检验基于比较利用整个样本估计方程获得的残差平方和及利用每一子区间样本估计方程获得的残差平方和之间的差别。

对 Chow 分割点检验,EViews 提供了两个检验统计量——F 统计量和对数似然比(Log-likelihood Ratio,LR)统计量。F 统计量基于对约束和非约束残差平方和的比较。

Chow 预测检验将时间序列数据集合分成两部分,先估计包括 T_1 区间子样本的模型,然后用估计出来的模型去预测剩余 T_2 个数据点。如果实际值和估计值差异很大,就说明模型可能不稳定。Chow 检验适用于最小二乘法和二阶段最小二乘法。

依次选择"View""Stability Test""Chow Forecast Test",进行 Chow 预测检验。对预测样本开始时期或观测值数进行定义。数据应在当前观测值区间内。

Quandt-Andrews 分割点检验则是对某种设定形式下的方程是否存在一个或者多个未知的结构分割点进行检验,这种检验基于 Chow 分割点检验。如果想要分析包含了 k 个样本点的两个时间点或观测值 τ_1 和 τ_2 之间是否存在结构变化,Chow 检验需要在每个观测点处分别进行检验;而 Quandt-Andrews 分割点检验将通过 Chow 检验得到的 k 个检验统计量,将这 k 个值汇总成一个检验统计量,用来对 τ_1 和 τ_2 之间没有转折点的原假设进行检验。该检验是检验原方程中全部系数是否存在结构变化,在线性方程情况下,也可以检验部分系数是否存在结构变化。

通过 Chow 检验可以得到 F 统计量、LR 统计量和 Wald 统计量。以 F 统计量为例,Quandt-Andrews 分割点检验将汇总出三个统计量:

① 最大统计量，即通过 Chow 检验得到的 k 个 F 统计量的最大值：

$$\mathrm{Max}F = \max_{\tau_1 \leqslant \tau \leqslant \tau_2}(F(\tau)) \qquad (4.15)$$

② Ave 统计量，即通过 Chow 检验得到的 k 个 F 统计量的简单算术平均：

$$\mathrm{Ave}F = \frac{1}{k}\sum_{\tau=\tau_1}^{\tau_2} F(\tau) \qquad (4.16)$$

③ Exp 统计量，其形式是：

$$\mathrm{Exp}F = \ln\left(\frac{1}{k}\sum_{\tau=\tau_1}^{\tau_2}\exp\left(\frac{1}{2}F(\tau)\right)\right) \qquad (4.17)$$

依次选择"View""Stability Tests""Quandt-Andrews Breakpoint Test"，在随后出现的对话框中，设定样本两端去掉的样本数量，EViews 默认的水平是 15%，即样本前后两端各去掉全部样本数量的 15%，也可以自行更改，值得注意的是，EViews 对称地去掉前后两端的样本。另外，可以选择是否保存 Chow 检验的统计值序列。如果方程是线性的，还可以设定待检验的变量名称。

5 DEA 方法介绍

5.1　DEA 方法简介

数据包络分析方法(Data envelopment analysis,DEA)由 Charnes、Cooper 和 Rhodes 于 1978 年提出[75],该方法的原理主要是通过保持决策单元(Decision Making Units,DMU)的投入或者产出不变,借助数学规划和统计数据确定相对有效的生产前沿面,将各个决策单元投影到 DEA 的生产前沿面上,并通过比较决策单元偏离 DEA 前沿面的程度来评价它们的相对有效性。

DEA 方法是以相对效率概念为基础,以凸分析和线形规划为工具的一种评价方法。其应用数学规划模型计算比较决策单元之间的相对效率,对评价对象做出评价。它能充分考虑对于决策单元本身最优的投入-产出方案,因而能够更理想地反映评价对象自身的信息和特点;同时对于评价复杂系统的多投入-多产出分析具有独到之处。

(1) DEA 方法的特点

① 适用于多产出-多投入的有效性综合评价问题,在处理多产出-多投入的有效性评价方面具有绝对优势。

② DEA 方法并不直接对数据进行综合,因此决策单元的最优效率指标与投入指标值及产出指标值的量纲选取无关,应用 DEA 方法建立模型前无须对数据进行无量纲化处理(当然也可以进行处理)。

③ 无须任何权重假设,而以决策单元投入-产出的实际数据求得最优权重,排除了很多主观因素,具有很强的客观性。

DEA 方法假定每个投入都关联到一个或者多个产出,且投入与产出之间确实存在某种联系,但不必确定这种关系的显示表达式。

对于每一个决策单元 DMU_j 都有相应的效率评价指数:

$$h_j = \frac{u^T y_j}{v^T x_j} = \frac{\sum_{r=1}^{s} u_r y_{rj}}{\sum_{i=1}^{mn} v_i x_{ij}} \quad (j=1,2,\cdots,n) \tag{5.1}$$

我们总可以适当地取权系数 v 和 u，使得 $h_j \leqslant 1(j=1,2,\cdots,n)$。

对第 j_0 个决策单元进行效率评价，一般说来，h_{j_0} 越大表明 DUM_{j_0} 能够用相对较少的投入而取得相对较多的产出。

这样我们如果对 DUM_{j_0} 进行评价，看 DUM_{j_0} 在这 n 个 DMU 中相对来说是不是最优的，我们就可以考察当尽可能地变化权重时，h_{j_0} 的最大值究竟是多少。

如以第 j_0 个决策单元的效率指数为目标，以所有决策单元的效率指数为约束，就构造了如下的 Charnes-Cooper-Rhodes(CCR 或 C^2R)模型：

$$\max h_{j_0} = \frac{\sum_{r=1}^{s} u_r y_{rj_0}}{\sum_{i=1}^{m} v_i x_{ij_0}}$$

$$\text{s. t.} \begin{cases} \dfrac{\sum_{r=1}^{s} u_r y_{rj}}{\sum_{i=1}^{m} v_i x_{ij}} \leqslant 1 \quad (j=1,2,\cdots,n) \\ u \geqslant 0, \ v \geqslant 0 \end{cases} \tag{5.2}$$

上述规划模型是一个分式规划，使用 Charnes-Cooper 变化，令：$t = \dfrac{1}{v^T x_0}$，$w = tv, \mu = tu$，由 $t = \dfrac{1}{v^T x_0} \Rightarrow w^T x_0 = 1$，可变成如下的线性规划模型 P：

$$\max h_{j_0} = \mu^T y_0$$

$$\text{s. t.} \begin{cases} w^T x_j - \mu^T y_j \geqslant 0 \quad (j=1,2,\cdots,n) \\ w^T x_0 = 1 \\ w \geqslant 0, \mu \geqslant 0 \end{cases} \tag{5.3}$$

利用线性规划的最优解来定义决策单元 j_0 的有效性，从模型可以看出，该决策单元 j_0 的有效性是相对其他所有决策单元而言的。

对于 CCR 模型可以用规划 P 表达，而线性规划一个重要的有效理论是对偶理论，通过建立对偶模型更容易从理论和经济意义上作深入分析。

规划 P 的对偶规划为规划 D：

$$\min \theta$$
$$\text{s. t.} \begin{cases} \sum_{j=1}^{n} \lambda_j x_j \leqslant \theta x_0 \\ \sum_{j=1}^{n} \lambda_j y_j \geqslant y_0 \\ \lambda_j \geqslant 0 \ (j=1,2,\cdots,n) \\ \theta \text{ 无约束} \end{cases} \tag{5.4}$$

为了讨论和计算应用方便，进一步引入松弛变量 s^+ 和剩余变量 s^-，将上面的不等式约束变为等式约束，可变成：

$$\min \theta$$
$$\text{s. t.} \begin{cases} \sum_{j=1}^{n} \lambda_j x_j + s^+ = \theta x_0 \\ \sum_{j=1}^{n} \lambda_j y_j - s^- = \theta y_0 \\ \lambda_j \geqslant 0 \ \ (j=1,2,\cdots,n) \\ \theta \text{ 无约束}, s^+ \geqslant 0, s^- \leqslant 0 \end{cases} \tag{5.5}$$

将上述规划 D 直接定义为规划 P 的对偶规划。

几个定理和定义：

定理 1：线性规划 P 和对偶规划 D 均存在可行解，所以都存在最优值。假设它们的最优值分别为 h_{j0}^* 与 θ^*，则有 $h_{j0}^* = \theta^*$。

定义 1：若线性规划 P 的最优值 $h_{j0}^* = 1$，则称决策单元 DMU_{j0} 为弱 DEA 有效。

定义 2：若线性规划 P 的解中存在 $w^* > 0, \mu^* > 0$，并且最优值 $h_{j0}^* = 1$，则称决策单元 DMU_{j0} 为 DEA 有效。

定理 2：DMU_{j0} 为弱 DEA 有效的充要条件是线性规划 D 的最优值 $\theta^* = 1$；DMU_{j0} 为 DEA 有效的充要条件是线性规划 D 的最优值 $\theta^* = 1$，并且对于每个最优解 λ^*，都有 $s^{*+} = 0, s^{*-} = 0$。

（2）DEA 有效性的定义

① CCR 模型判定是否同时技术有效和规模有效

$\theta^* = 1$,且 $s^{*+} = 0$,$s^{*-} = 0$。则决策单元 j_0 为 DEA 有效,决策单元的经济活动同时为技术有效和规模有效。

$\theta^* = 1$,但至少某个投入或者产出大于 0,则决策单元 j_0 为弱 DEA 有效,决策单元的经济活动不是同时为技术效率最佳和规模最佳。

$\theta^* < 1$,决策单元 j_0 不是 DEA 有效,经济活动既不是技术效率最佳,也不是规模最佳。

② 用 CCR 模型中的 λ_j 判断 DMU 的规模收益情况

如果存在 $\lambda_j^*(j=1,2,\cdots,n)$ 使得 $\sum \lambda_j^* = 1$,则 DMU 为规模收益不变。

如果不存在 $\lambda_j^*(j=1,2,\cdots,n)$ 使得 $\sum \lambda_j^* = 1$,若 $\sum \lambda_j^* < 1$,则 DMU 为规模收益递增。

如果不存在 $\lambda_j^*(j=1,2,\cdots,n)$ 使得 $\sum \lambda_j^* = 1$,若 $\sum \lambda_j^* > 1$,则 DMU 为规模收益递减。

(3) CCR 模型的计算

Charnes 通过引入具有非阿基米德无穷小量 ε,成功解决了计算和技术上的困难,建立了具有非阿基米德无穷小量 ε 的 CCR 模型:

$$\min\left[\theta - \varepsilon\left(\sum_{j=1}^{m} s^- + \sum_{j=1}^{r} s^+\right)\right] = v_d(\varepsilon)$$

$$\text{s.t.} \begin{cases} \sum_{j=1}^{n} x_j \lambda_j + s^- = \theta x_0 \\ \sum_{j=1}^{n} y_j \lambda_j - s^+ = y_0 \\ \lambda_j \geq 0 \\ s^+ \geq 0, s^- \geq 0 \end{cases} \tag{5.6}$$

最优解为 θ^0、λ^0、s^{0+}、s^{0-}。

注意:对于 $\forall a > 0$ 及 $\forall N > 0$,都有 $N^* \varepsilon < a$,则 ε 即为非阿基米德无穷小量。

(4) CCR 模型中变量的经济含义

λ_j 使各个有效点连接起来,形成有效前沿面;非零的 s^+、s^- 使有效前沿面可以沿水平和垂直方向延伸,形成包络面。

在实际运用中,对松弛变量的研究是有意义的,因为它是一种纯的过剩量(s^-)或不足量(s^+),θ 则表示 DMU 离有效前沿面或包络面的一种径向优化量或"距离"。

定理 3：设 $\hat{x}_{ij_0}=\theta^0 x_{ij_0}-S_i^{-0}$，$\hat{y}_{rj_0}=y_{rj_0}+S_r^{+0}$，其中 S_r^{+0}、S_i^{-0}、θ^0 是决策单元 j_0 对应的线性规划(D)的最优解，则 $(\hat{x}_{ij_0},\hat{y}_{rj_0})$ 为 DMU_{j_0} 对应的 (x_0,y_0) 在 DEA 的相对有效面上的投影，它是 DEA 有效的。

例 5.1：对北京、天津、上海及重庆四个直辖市进行生产水平的比较[91]，研究它们 2000 年度的相对生产水平，评估模型的所有输入输出指标体系如下：

输入：X_1 代表固定资产净值年平均额(亿元)，X_2 代表流动资金年平均额(亿元)，X_3 代表从业人员(万人)。

输出：Y_1 代表总产值(亿元)，Y_2 代表财政收入(亿元)。

样本数据的统计结果见表 5.1 所示：

表 5.1 样本数据的统计结果

直辖市	X_1/亿元	X_2/亿元	X_3/万人	Y_1/亿元	Y_2/亿元
北京	1 280.46	0.66	622.10	2 478.76	345.00
天津	610.94	0.35	406.70	1 639.36	133.61
上海	1 869.38	15.00	673.10	4 551.15	485.38
重庆	572.59	0.32	1 636.50	1 589.34	87.24

利用含有非阿基米德无穷小 ε 的 CCR 模型，对北京地区建立如下模型：

$$\min[\theta-\varepsilon(s_1^-+s_2^-+s_3^-+s_1^++s_2^+)]$$

$$\text{s.t.}\begin{cases}1\,280.46\lambda_1+610.94\lambda_2+1\,869.38\lambda_3+572.59\lambda_4+s_1^-=1\,280.46\\0.66\lambda_1+0.35\lambda_2+15.00\lambda_3+0.32\lambda_4+s_2^-=0.66\\622.1\lambda_1+406.7\lambda_2+673.1\lambda_3+1636.5\lambda_4+s_3^-=622.10\\2\,478.76\lambda_1+1\,639.36\lambda_2+4\,551.15\lambda_3+1\,589.34\lambda_4-s_1^+=2\,478.76\\345.00\lambda_1+133.61\lambda_2+485.38\lambda_3+87.24\lambda_4-s_2^+=345.00\end{cases}$$

$$\lambda_j\geqslant 0,\quad j=1,2,3,4$$

$$s_i^-\geqslant 0,\quad i=1,2,3$$

$$s_r^-\geqslant 0,\quad r=1,2$$

同样建立其他三个直辖市的模型，求得的解如下(表 5.2)：

表 5.2 模型的解

直辖市	最优值	评价结论
北京	$\theta=1, \lambda_1=1$	DEA 有效,规模收益不变
上海	$\theta=1, \lambda_2=1$	DEA 有效,规模收益不变
天津	$\theta=0.9134, \lambda_1=0.13$	非 DEA 有效,规模收益递增
重庆	$\theta=0.8259, \lambda_2=0.07$	非 DEA 有效,规模收益递增

由定理 3 可知,对于非 DEA 有效的 DMU,可将其投影到 DEA 有效面,即把非 DEA 有效的 DMU 转化成 DEA 有效的 DMU。DEA 相对有效面见表 5.3 所示。

表 5.3 DEA 相对有效面

决策单元(直辖市)	评价指标	原始指标数据	DEA 相对有效面"投影"面
天津	X_1	610.94	558.03
	X_2	0.35	0.32
	X_3	406.70	371.48
重庆	X_1	572.59	461.45
	X_2	0.32	0.26
	X_3	1 636.50	1 318.86

DEAP 软件如图 5.1 所示。

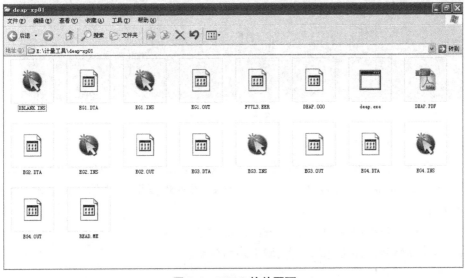

图 5.1 DEAP 软件页面

程序参数设定,用"记事本"打开,如图5.2所示。

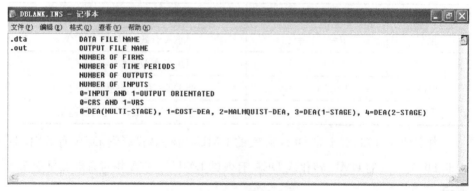

图 5.2　程序参数设定

设定后,以"另存新档"方式存档,扩展名为"ins",如图5.3所示。

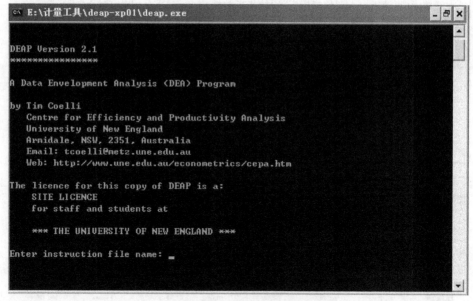

图 5.3　设定后存档

(5) DEA 主要应用领域

① 经济体效率评价:企业效率,银行效率,铁路运营,地区 FDI(Foreign Direct Investment,外商直接投资)引进效率,投资基金业绩,中国各地区健康生产效率。

② 能源效率评价:国家、省、城市能源效率。

③ 环境效率评价:国家、省、城市环境效率。

5.2　DEA 的研究进展

(1) 网络效率评价

传统的 DEA 方法将整个效率产生过程看作一个黑箱,并不能体现整个效率产生过程中各阶段之间的关系;而网络 DEA 模型可以将黑箱打开,将整个生产过程分成多个阶段,每个阶段有对应的投入和产出,阶段之间通过中间产出来链接,其总体效率可以是各阶段效率的积或者加权平均和。加权平均和应用范围更为广泛,像网络 SBM(Slacks-Based Measure)和网络 RAM(Recognize Anything Model)模型都是采取加权平均和的计算方式。而各阶段的优先级或者权重大小能体现各阶段在总体效率中的重要性。图 5.4 是一个比较常见的航空公司网络效率的理论框架[76]。

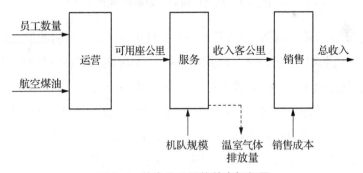

图 5.4　航空公司网络效率框架图

如图 5.4 所示,整个航空公司生产过程分为三个阶段:运营、服务和销售。运营阶段的投入有员工数量和航空煤油,产出为可用座公里;服务阶段的投入是可用座公里和机队规模,产出为收入客公里和温室气体排放量;销售阶段的投入是收入客公里和销售成本,产出为总收入。可用座公里和收入客公里为中间产出,分别链接运营与服务以及服务与销售。

(2) 动态效率评价

传统的 DEA 方法评价的是静态效率,而要分析效率的变化情况,需要首先将静态效率计算出来,而且认为 t 年的效率值不会影响 $t+1$ 年的效率值。很明显,在实际中,前一年的效率值会影响第二年的效率值,比如有些指标可能会在多年后仍发挥作用,比如固定资产投资等。而动态效率模型可以同时计算一个时间段内的总体效率,也可以同时计算每年的效率值。图 5.5 是一个常见的航空公司动态效率框架图[77]。

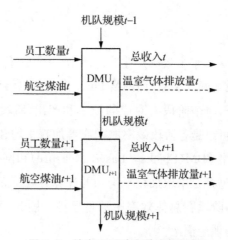

图 5.5　航空公司动态效率框架图

在图 5.5 中,第 t 时期,投入是 t 时期的员工数量和 t 时期的航空煤油以及 $t-1$ 时期的机队规模,产出为 t 时期的总收入、t 时期的温室气体排放量和 t 时期的机队规模;第 $t+1$ 时期,投入是 $t+1$ 时期的员工数量和 $t+1$ 时期的航空煤油以及 t 时期的机队规模,产出为 $t+1$ 时期的总收入、$t+1$ 时期的温室气体排放量和 $t+1$ 时期的机队规模。机队规模为动态因子(链接活动),它链接 t 时期和 $t+1$ 时期,同时作为 t 时期的产出和 $t+1$ 时期的投入。

(3) 区分有效决策单元的效率评价

效率评价是一种相对排序。一般情况下,效率值为 1 的决策单元为有效决策单元,而效率值小于 1 的决策单元则为无效决策单元。但是在实际应用中,有效决策单元往往多于 1 个,这就使得决策单元的有效排序变得困难。有很多学者聚焦于这一问题,提出了一些解决方法,主要有以下几种:

① 超效率DEA模型(Super efficiency DEA)[78]。这个方法应用比较多,主要思想是把评价单元排除在参考单元以外,由此得到的效率值有可能大于1,从而对决策单元进行有效排序。

② 虚拟前沿面方法[79]。基本思想是构建一个虚拟的前沿面,该前沿面的投入小于所有决策单元的投入值,而产出都大于决策单元的产出值。在虚拟前沿面的映射下,所有决策单元的效率值都小于1,从而可以对决策单元进行排序。

③ 双重前沿面方法[80]。基本思想是构建一个极大值的前沿面(通常DEA模型都是这种思想)和一个极小值的前沿面,同时分析决策单元与极大值前沿面和极小值前沿面的距离,距离极大值前沿面越近,则效率值越大;距离极小值前沿面越近,则效率值越小。对两种距离进行综合分析,从而对决策单元进行排序。

(4) 交叉效率评价

交叉效率模型[81]也是效率评价的一个热点方向,主要分为仁慈型DEA模型和进取型DEA模型。

① 仁慈型DEA模型。可以用来评价存在合作关系时的效率值,思想是最大化自己的产出的同时,也最大化其余决策单元的产出。

② 进取型DEA模型。可以用来评价存在竞争关系时的效率值,思想是最大化自己的产出,并且最小化其他决策单元的产出。

交叉效率模型存在一定的应用局限性,主要体现在数据和情景不太好界定。比如不太好衡量决策单元之间的关系更偏向竞争还是更偏向合作,以及合作和竞争的程度如何等等。通常的做法是在评价前设定一个关联矩阵,事先设定好决策单元之间的竞争和合作程度,然后再进行效率的评价,但是这种思路又具有非常强的主观性。

(5) 存在负值和区间值的效率评价

在效率评价中,经常能够碰到有的决策单元的投入或者产出存在负值的情况,比如利润。如果所有决策单元的某一个投入或者产出是负值,可以采取平移的方法解决,即在所有决策单元的这一指标都加上某一个固定的值,使得所有决策单元的这一指标变成正值。但是这种平移会改变各决策单元在这一指标上的相对比例,有一定的局限性。另外,更普遍的情况是,某一些决策单元的指标是负的,但是其余决策单元的这一指标都是正的。Cheng[82]提出的VRM(Variant of the radial measure)方法可以解决这一问题。这种方法是单位不变的,并且能够处理存在负值的各种情况。

另外,还有些投入或者产出值是区间值。比如,当我们预测某一个投入或者产出指标时,预测的结果往往不是一个精确值,而是一个区间值。对区间值的处理方法(Imprecise DEA),大部分的学者都是利用投入区间值的上限值与产出区间值的下限值先计算一个下限效率值,然后利用投入区间值的下限值与产出区间值的上限值计算一个上限效率值,再通过加权平均的方法计算得到精确效率值。

(6) 处理非期望产出的效率评价

非期望产出的处理在环境效率评价中应用非常广,Dakpo等[83]曾经对几种方法做过比较,主要有:

① 弱处理[84]。其由两个定义组成:第一个定义认为期望产出的产生必然会伴随着非期望产出的产生;第二个定义认为期望产出需要为非期望产出的增加负责,而非期望产出需要为期望产出的减少负责。也就是说,决策单元要想控制非期望产出,必然要付出期望产出减少的代价。但是很多学者认为弱处理违反物质守恒定律。

② 强处理[85],也称为任意处理。强处理认为环境有足够的能力消化掉足够多的非期望产出,通常强处理将非期望产出看作投入。但是强处理并不能真正反映减排活动的实质。

③ 副产物模型(By-production model)[86]。它将产生非期望产出的投入和产生期望产出的投入分开进行计算,将各自计算的效率值取平均值。其缺点是实际应用时很难区分出哪些投入产生非期望产出,哪些不产生非期望产出。

④ 自然处理(Natural disposability)和管理处理(Managerial disposability)[87]。前者就是强处理方法,后者则是将投入和期望产出都当作产出,将非期望产出当作投入。这种方法将非期望产出当作投入,而且将投入当作产出,给人的直觉印象是消耗投入是要产生成本的。

⑤ 弱G可处置性(Weak G-disposability)[88]。它添加了一个基于松弛量的表示物质守恒定律的方向向量等式,但采取强处理的方法,将非期望产出当作投入。

5.3 三阶段 DEA 模型介绍

Fried[89-90]指出传统 DEA 模型没有考虑环境因素和随机噪声对决策单元效率评价的影响,其先后发表的两篇文章("Incorporating the operating environment into a nonparametric measure of technical efficiency""Accounting for environmental effects and statistical noise in data envelopment analysis")就探讨了如何将环境因素和随机噪声引入 DEA 模型。

国内学者关于 DEA 模型的介绍最早出现在 2008 年,随后有关该模型运用的论文开始大量出现。

采用 DEA 模型进行效率分析可分为三个阶段:第一阶段为传统 DEA 模型分析初始效率;第二阶段为 SFA 回归剔除环境因素和统计噪声;第三阶段为调整后的投入产出变量的 DEA 效率分析。

(1) 第一阶段——传统 DEA 模型分析初始效率

在第一阶段,我们使用原始投入产出数据进行初始效率评价。

DEA 模型分为投入导向和产出导向的,根据具体的分析目的,可以选择不同的导向。一般而言,在大多数三阶段 DEA 模型运用的文献中,都选择投入导向的 BCC(Banker-Charnes-Cooper,规模报酬可变)模型。对于任一决策单元,投入导向下对偶形式的 BCC 模型可表示为:

$$\min\theta - \varepsilon(\hat{e}^T S^- + e^T S^+)$$

$$\text{s.t.} \begin{cases} \sum_{j=1}^{n} X_j \lambda_j + S^- = \theta X_0 \\ \sum_{j=1}^{n} Y_j \lambda_j - S^+ = Y_0 \\ \lambda_j \geqslant 0, S^-, S^+ \geqslant 0 \end{cases} \quad (5.7)$$

模型计算出来的效率值为综合技术效率(Technical efficiency,TE),可以进一步分解为规模效率(Scale efficiency,SE)和纯技术效率(Pure technical efficiency,PTE),TE=SE×PTE。

Fried[90]认为,决策单元的绩效受到管理无效率(Managerial inefficiencies)、环境因素(Environmental effects)和统计噪声(Statistical noise)的影响,因此有必要分离这三种影响。

(2) 第二阶段——SFA回归剔除环境因素和统计噪声

这部分重点关注松弛量部分,并认为这种松弛变量可以反映初始的低效率,由环境因素、管理无效率和统计噪声构成。我们第二阶段的主要目标是将第一阶段的松弛变量分解成以上三种效应,要实现这个目标,只有借助SFA (Stochastic frontier approach,随机前沿法)回归。在SFA回归中,以第一阶段的松弛变量对环境变量和混合误差项进行回归。

因此,根据Fried等人[90]的想法,我们可以构造如下类似SFA回归函数:

$$S_{mi}=f(Z_i;\beta_n)+v_{ni}+\mu_{mi} \quad (i=1,2,\cdots,I;n=1,2,\cdots,N) \quad (5.8)$$

其中,S_{ni}是第i个决策单元第n项投入的松弛值;Z_i是环境变量;β_n是环境变量的系数;$v_{ni}+\mu_{ni}$是混合误差项,v_{ni}表示随机干扰,μ_{ni}表示管理无效率。$v\sim N(0,\sigma_v^2)$是随机误差项,表示随机干扰因素对投入松弛变量的影响;μ是管理无效率,表示管理因素对投入松弛变量的影响,假设其服从在零点截断的正态分布,即$\mu\sim N^+(0,\sigma_\mu^2)$。

SFA回归需要注意的地方如下:

① 同时调整投入和产出,还是只调整投入或者产出?建议根据第一阶段的模型来,如果模型是投入导向,则只调整投入。

② 估计N个单独的SFA回归,还是将所有松弛变量堆叠(Stack)从而只估计一个单独的SFA回归?建议做N个单独的SFA回归。

③ SFA回归的目的是剔除环境因素和随机因素对效率测度的影响,以便将所有决策单元调整于相同的外部环境中。调整公式如下:

$$X_{ni}^A=X_{ni}+[\max(f(Z_i;\hat{\beta}_n))-f(Z_i;\hat{\beta}_n)]+[\max(V_{ni})-V_{ni}]$$
$$(i=1,2,\cdots,I;\ n=1,2,\cdots,N) \quad (5.9)$$

其中,X_{ni}^A是调整后的投入;X_{ni}是调整前的投入;$[\max(f(Z_i;\hat{\beta}_n))-f(Z_i;$

$\hat{\beta}_n)$]是对外部环境因素进行调整;[$\max(V_{ni})-V_{ni}$]是将所有决策单元置于相同运气水平下。

④ 如果 SFA 模型的似然比检验拒绝存在无效率项的原假设,则没有必要使用 SFA 回归,直接使用 Tobit 回归即可。

⑤ 随机误差项的计算步骤。

第一步,分离管理无效率项:

$$E(\mu|\varepsilon)=\sigma_*\left[\frac{\Phi\left(\lambda\dfrac{\varepsilon}{\sigma}\right)}{\Phi\left(\dfrac{\lambda\varepsilon}{\sigma}\right)}+\frac{\lambda\varepsilon}{\sigma}\right] \quad (5.10)$$

其中,$\sigma_*=\dfrac{\sigma_\mu\sigma_v}{\sigma}$、$\sigma=\sqrt{\sigma_\mu^2+\sigma_v^2}$、$\lambda=\sigma_\mu/\sigma_v$。

第二步,计算随机误差项:

$$E[v_{ni}|v_{ni}+\mu_{ni}]=s_{ni}-(z_i;\beta_n)-E[u_{ni}|v_{ni}+\mu_{ni}] \quad (5.11)$$

(3)第三阶段——调整后的收入产出变量的 DEA 效率分析

运用调整后的投入产出变量再次测算各决策单元的效率,此时的效率已经剔除环境因素和随机因素的影响,是相对真实准确的。

6

投入产出模型与其在经济学问题中的应用

6.1 投入产出模型介绍

投入产出模型(Input-Output Model)是一种经济学模型,用于分析一个经济体系中不同部门之间的相互依赖关系和资源分配情况。该模型最初由经济学家瓦西里·里昂惕夫(Wassily Leintief)在20世纪30年代末提出,被广泛应用于经济规划、政策制定和预测分析[91-94]。

投入产出模型的核心思想是将一个经济体系分解为多个部门,每个部门都生产一种特定的商品或服务,并同时需要其他部门生产的商品或服务作为投入。这种相互依赖关系可以通过建立一个投入产出表来表示,该表列出了各个部门之间的资源投入和产出关系。

在投入产出模型中,每个部门的产出被分为两部分:最终消费和投资。最终消费指的是最终用于满足个人或家庭需求的消费品,而投资则是指用于增加产出能力或扩大生产规模的支出。通过分析这些产出和投入之间的关系,可以揭示经济体系中的各种影响和变化。

投入产出模型的应用包括:

① 经济政策分析。它可以帮助政府评估政策变化对各个部门和产业的影响,从而更好地制定经济政策。

② 经济预测。它可以通过模拟不同的经济变化情景,预测未来的产出、就业和价格等指标。

③ 资源分配规划。它可以帮助决策者了解资源在不同部门之间的分配情况,提高生产效率。

④ 区域经济分析。它可以分析不同地区之间的经济联系和依赖关系,为地区发展提供指导。

总之，投入产出模型是一个有用的工具，可以帮助经济学家和决策者更好地理解和管理复杂的经济体系。

投入产出法是利用经济学原理，将国民经济各部门的投入和产出编制成一张棋盘式的投入产出表，然后建立相应的线性代数方程体系，根据投入产出表的平衡关系建立投入产出的数学模型，在已建立的模型基础上，综合运用计算机算法和矩阵运算来分析和考察国民经济各部门在产品的生产和消耗之间的数量依存关系，如产业关联和产业波及等的方法。

投入产出模型是建立在一定假设条件之下的，主要有以下假设条件：

① "纯部门"假设。每个部门生产的产品种类单一，且生产技术单一。

② 线性假设。以直接消耗系数为比率系数，模型中的投入量与产出量成正比例关系。

③ 系数不变假设。在某一周期内直接消耗系数是不变的。

④ 生产周期假设。每个部门从生产要素的投入到产出的分配与使用等生产经营活动，均在一个周期内完成。

其中，"纯部门"假设是最重要和最核心的假设。在这些假设条件下，简化投入产出如表6.1所示。

表6.1 简化投入产出表

投入		产出							总产出
		中间使用				最终使用			
		部门1	部门2	…	部门N	消费	投资	净出口	X_i
中间投入	部门1	X_{11}	X_{12}	…	X_{1n}	C_1	I_1	E_1	
	部门2	X_{21}	X_{22}	…	X_{2n}	C_2	I_2	E_2	
	⋮	⋮	⋮		⋮	⋮	⋮	⋮	
	部门N	X_{n1}	X_{n2}	…	X_{nn}	C_n	I_n	E_n	
增加值	劳动者报酬	V_1	V_2	…	V_n				
	生产税净额	T_1	T_2	…	T_n				
	固定资产折旧	D_1	D_2	…	D_n				
	营业盈余	S_1	S_2	…	S_n				
总投入		X_j		…					

从行方向看：中间使用＋最终使用＝总产出。

从列方向看：中间投入＋初始投入（增加值）＝总投入。

投入产出分析主要借助投入产出模型来研究产业之间投入与产出的量化比例关系，因此也是分析产业系统经济效应的主流研究方法和研究工具。在回顾了投入产出模型基本内容的基础上，结合本章的研究内容，本节分别从产业关联效应、经营效益及就业吸纳能力和产业波及特性三个方面具体介绍运用投入产出模型测算产业经济效应的相关技术经济指标及其计算方式。

（1）产业关联效应的测算指标

① 直接消耗系数

作为投入产出模型中最基础和最核心的系数，直接消耗系数通常用 a_{ij} 来表示，用来度量 j 部门生产单位总产出所直接消耗的 i 部门产品或服务的价值量。由直接消耗系数构成的 n 阶方阵称为直接消耗系数矩阵 A，反映各部门或产品之间的技术经济联系。直接消耗系数 a_{ij} 的大小反映了任意两部门之间的直接依存关系程度。直接消耗系数越大，表明 j 部门对 i 部门的直接需求越强，对上游产业的拉动能力越强，反之则越弱。

$$a_{ij}=\frac{x_{ij}}{X_j}(i,j=1,2,\cdots,n) \tag{6.1}$$

其中，X_j 表示第 j 产品（或产业）部门的总投入；x_{ij} 表示 j 部门生产经营中所直接消耗的第 i 产品部门的货物或服务的价值量。

② 完全消耗系数

完全消耗系数表示 j 部门提供单位最终产品时所需要直接和间接消耗的 i 部门的产品或服务的价值量。j 部门单位总产出的产品中除了直接消耗 i 部门的产品之外，还消耗了其他消耗品，这些消耗品在生产时会对 i 部门的产品有所消耗，这些消耗作用于 j 部门，使得 j 部门对 i 部门产生第一次间接消耗；如此反复，就形成了多轮间接消耗，并且轮次越高，消耗所涉及的产品部门就越多，因此完全消耗系数能够更为全面地反映各部门的技术经济联系。在数量上，完全消耗系数是直接消耗系数和所有间接消耗系数之和，因此该系数反映了各部门直接和间接的技术经济关系。经公式推导可以得到完全消耗系数的表达式为：

$$B=(b_{ij})_{n\times n}=(I-A)^{-1}-I \tag{6.2}$$

其中，B 为完全消耗系数矩阵；A 为直接消耗系数矩阵；I 为单位矩阵；$(I-$

$A)^{-1}$ 为里昂惕夫逆矩阵;b_{ij} 为完全消耗系数。

其与里昂惕夫逆矩阵的主要区别在于,完全消耗系数矩阵主对角线上的元素比前者相差 1,因为完全消耗系数是站在生产的角度,系数中不包括 1 个单位的最终产品。

③ 中间需求率

中间需求率反映了 i 部门与所有部门的直接分配关系,该数值的经济含义表示 i 部门提供生产资料和提供消费资料的比例。中间需求率越高,则表示 i 部门以提供生产服务为主,反之则以提供最终消费品为主。以 50% 为分界点,中间需求率大于 50% 的部门即可被认定为具有以提供生产服务为主的产业特性。中间需求率反应 i 部门产品的产出中有多少是为其他部门提供中间产品的比例。一般来讲,中间需求率越高的部门,就越具有基础产业的性质。

$$ZX_i = \sum_{j=1}^{n} a_{ij}(j=1,2,\cdots,n) \tag{6.3}$$

④ 中间投入率

中间投入率反映了 j 部门中间产品之和占总产值的比重,即总产值中从其他部门购买的产品或服务的占比,也反映了 j 部门与所有部门的直接依存关系程度。这一系数也能表明 j 部门对其上游产业总体的、直接的带动能力。由于投入产出表的列向平衡关系(总投入＝中间投入＋增加值),中间投入率越高,增加值率越低,j 部门对上游产业的带动能力越强;反之亦然。由于一般将增加值也视为产业的附加值,则可将中间投入率高于 50% 的产业定义为"低附加值、高带动能力"的产业,反之则为"高附加值、低带动能力"的产业。

$$ZT_j = \sum_{i=1}^{n} a_{ij}(i=1,2,\cdots,n) \tag{6.4}$$

⑤ 直接分配系数

直接分配系数 h_{ij} 从产出角度分析经济技术联系,其经济含义是 i 部门直接分配给 j 部门作为中间产品的价值量占 i 部门总产出的比重,又称产出系数,一般用 H 表示直接分配系数矩阵。不同于直接消耗系数,这一系数从分配的角度反映了两个部门之间的依存关系,系数越大,说明 i 部门对 j 部门的供给程度越强。

$$H = (h_{ij})_{n \times n} = \frac{x_{ij}}{X_j}(i,j=1,2,\cdots,n) \tag{6.5}$$

其中，x_j 表示第 j 产品(或产业)部门的总产出；x_{ij} 表示 j 部门生产经营中所直接消耗的第 i 产品部门的货物或服务的价值量。

⑥ 完全分配系数

完全分配系数指的是 i 部门单位初始投入通过直接或间接联系向 j 部门提供的分配量，反映了 i 部门对 j 部门的全部贡献程度。完全分配系数和完全消耗系数推导过程类似，经公式推导可以得到完全消耗系数的表达式为：

$$\boldsymbol{D}=(d_{ij})_{n\times n}=(\boldsymbol{I}-\boldsymbol{H})^{-1}-\boldsymbol{I} \tag{6.6}$$

其中，$\boldsymbol{D}$ 为完全分配系数矩阵；$\boldsymbol{H}$ 为直接分配系数矩阵；$\boldsymbol{I}$ 为单位矩阵；$(\boldsymbol{I}-\boldsymbol{H})^{-1}$ 为高斯逆矩阵；d_{ij} 为完全分配系数。

(2) 经营效益及就业吸纳能力的测算指标

① 营业盈余系数

营业盈余系数 a_{sj} 的大小说明的是第 j 部门生产单位产品能产生的营业盈余，在一定程度上也反映了该部门的经营效益，营业盈余系数越大，表明该部门的经济效益越高。

$$a_{sj}=\frac{s_j}{x_j}(j=1,2,\cdots,n) \tag{6.7}$$

其中，a_{sj} 表示第 j 部门单位产值中的营业盈余；s_j 表示第 j 部门的营业盈余；x_j 表示第 j 部门的总投入。

② 直接劳动报酬系数

直接劳动报酬系数 a_{vj} 反映的是第 j 部门对劳动力的依赖程度，也就是第 j 部门对劳动的需求。但从另一个角度来看，直接劳动报酬系数也表示各部门对剩余劳动力的就业吸纳能力。

$$a_{vj}=\frac{v_j}{x_j}(j=1,2,\cdots,n) \tag{6.8}$$

其中，a_{vj} 表示第 j 部门单位产值中的直接劳动报酬；v_j 表示第 j 部门的直接劳动报酬；x_j 表示第 j 部门的总投入。

(3) 产业波及特性的测算指标

① 完全需求系数

完全需求系数(Total demand coefficient)亦称里昂惕夫逆矩阵系数、总产量定额或部门关联系数，表示为了增加 1 单位某部门的最终产品，需要各个部门增加的产量。因此，完全需求系数也表明了某部门对国民经济各部门的影响

力度。里昂惕夫逆矩阵系数在前文计算完全消耗系数时已经得出,完全需求系数的表达式为:

$$C=(c_{ij})_{n\times n}=(I-A)^{-1} \tag{6.9}$$

其中,C 是完全需求系数矩阵;I 是单位矩阵;A 是直接消耗系数矩阵。

② 影响力系数

影响力系数(δ_j)指的是产业经济系统中各部门增加 1 单位最终产品对于 j 部门的需求波及影响,其经济含义是 j 部门增加 1 单位最终产品对于各部门所产生的生产需求波及程度。因此,该系数越大,表示 j 部门对其他部门的拉动作用越大。一般认为,影响力系数大于 1 表示该部门的生产波及影响超过了社会平均影响力水平。

$$\delta_j=\frac{\sum_{i=1}^{n}\widetilde{c}_{ij}}{\frac{1}{n}\sum_{i=1}^{n}\sum_{j=1}^{n}\widetilde{c}_{ij}} \quad (i,j=1,2,\cdots,n) \tag{6.10}$$

其中,c_{ij} 表示完全需求系数,也叫里昂惕夫逆矩阵系数;$\sum_{i=1}^{n}\widetilde{c}_{ij}$ 表示里昂惕夫逆矩阵中第 j 列的和;$\frac{1}{n}\sum_{i=1}^{n}\sum_{j=1}^{n}\widetilde{c}_{ij}$ 表示里昂惕夫逆矩阵中各列的和的平均数。

③ 感应度系数

感应度系数(θ_i)指的是产业经济系统中各部门增加 1 个单位最终产品,i 部门因此受到的需求感应程度。该系数越大,表明 i 部门对国民经济发展的需求感应程度越强,超过 1 则表示超过社会平均感应度水平。

$$\theta_i=\frac{\sum_{j=1}^{n}\widetilde{g}_{ij}}{\frac{1}{n}\sum_{i=1}^{n}\sum_{j=1}^{n}\widetilde{g}_{ij}} \quad (i,j=1,2,\cdots,n) \tag{6.11}$$

其中,g_{ij} 表示高斯逆矩阵系数;$\sum_{j=1}^{n}\widetilde{g}_{ij}$ 表示高斯逆矩阵中第 j 行的和;$\frac{1}{n}\sum_{i=1}^{n}\sum_{j=1}^{n}\widetilde{g}_{ij}$ 表示高斯逆矩阵中各行的和的平均数。

6.2　投入产出模型分析结果

本节内容基于静态投入产出模型,对我国金融业进行投入产出分析。金融行业对一个地区的发展意义至关重要。一方面,金融业为各个经济部门提供其生产经营所需要的资金和相关服务;另一方面,金融业本身具有涉及范围广、维度大、影响深等特点,金融发展对现代化经济体系建设和三次产业结构优化意义重大。因此,通过对中国 2015 年投入产出表的研究,探讨金融产业发展与其他经济部门之间的关联特征和影响差异,对于提升产业融合协同发展,加快构建现代化金融服务体系具有一定的理论价值和现实意义[92-94]。

基于我国 2015 年的投入产出表,本节分类整合出包括了第一产业、第二产业及第三产业*(本算例用的第三产业*表示去除金融业后的第三产业)和金融业四部门的投入产出表。在四部门投入产出表的基础上,分别对金融业进行产业关联特性分析、经营效益及就业吸纳能力分析和产业波及特性分析。数据主要来源于《中国统计年鉴-2018》中的我国 2015 年的投入产出表,从中可以得到初始投入产出表数据,这一数据部门较多,共 17 个部门。根据我国《国民经济行业分类》(GB/T 4754—2017)标准,将我国 2015 年的投入产出表数据整理合并得出了四部门的投入产出表[95-98]。

(1) 金融业的产业关联特性分析

通过整理 2018 年统计年鉴中的 2015 年投入产出表,得到了 2015 年四部门投入产出表,具体结果如表 6.2 所示。

6 投入产出模型与其在经济学问题中的应用

表 6.2 中国 2015 年四部门投入产出表

单位：亿元

投入		产出				最终使用				总产出
		中间使用				消费	投资	净出口	其他	
		第一产业	第二产业	第三产业*	金融业					
中间投入	第一产业	13 899.8	67 478.5	6 213.0	0.7	19 185.5	3 712.7	-4 305.8	871.9	107 056.3
	第二产业	25 655.6	801 342.1	113 712.8	4 017.7	112 501.3	265 223.2	16 773.1	-5 859.8	1 333 366.0
	第三产业*	3 504.2	150 735.3	121 976.3	20 392.5	214 906.6	34 335.9	11 200.7	-4 267.7	552 783.8
	金融业	1 092.7	36 977.3	28 236.5	5 957.9	16 443.5	0	-372.4	-94.7	88 240.8
增加值	劳动者报酬	63 510.7	116 929.1	156 238.9	17 431.4					
	生产税净额	-3 930.0	52 094.7	26 684.6	7 425.3					
	固定资产折旧	2 060.0	34 265.1	49 174.3	1 009.3					
	营业盈余	1 263.3	73 543.9	50 547.4	32 006.0					
总投入		107 056.3	1 333 366.0	552 783.8	88 240.8					

① 中间需求率

根据中间需求率计算公式,计算得出第一产业、第二产业、第三产业*、金融业四部门的中间需求率,具体结果如表 6.3 所示。

表 6.3 中间需求率

部门	第一产业	第二产业	第三产业*	金融业
中间需求率	0.191 691	1.091 878	0.597 540	0.156 538

金融业的中间需求率为 0.156 538,由最终需求率+中间需求率=1,则得最终需求率为 0.843 462,说明金融业属于中间需求率较低、最终需求率较高的产业,其产出的产品作为其他部门的原材料的占比较小,金融业大部分产品作为最终需求品,不具有基础产业的特性。

② 中间投入率

根据中间投入率计算公式,计算得出第一产业、第二产业、第三产业*、金融业四部门的中间投入率,具体结果如表 6.4 所示。

表 6.4 中间投入率

部门	第一产业	第二产业	第三产业*	金融业
中间投入率	0.412 421	0.792 380	0.488 688	0.344 158

第二产业对其他各部门的依赖程度最高,其中间投入率系数为 0.792 380;第三产业*次之,其中间投入率系数为 0.488 688;然后是第一产业,其中间投入率系数为 0.412 421;金融业的中间投入率系数最低,为 0.344 158。故由中间投入率系数可以得到对其他各部门的依赖程度由高到低依次为:第二产业、第三产业*、第一产业、金融业,说明金融业对其他部门的依赖程度很低。另外,根据中间投入率+附加价值率=1,金融业的中间投入率为 0.344 158,所以金融业的附加价值率为 0.655 842。

综合中间需求率和中间投入率,可以得到:金融业对其他部门的依赖程度很低,属于中间需求率较小,基础产业的特性较弱,但附加值较高的产业。在经济发展过程中,积极推进金融业的发展,能产生更多的高附加值产品,有利于拉动经济快速增长。

③ 直接消耗系数

根据直接消耗系数计算公式,通过计算得出第一产业、第二产业、第三产业*、金融业四部门的直接消耗系数,具体结果如表 6.5 所示。

表 6.5 直接消耗系数表

部门	第一产业	第二产业	第三产业*	金融业
第一产业	0.129 836	0.050 608	0.011 239	0.000 008
第二产业	0.239 646	0.600 992	0.205 709	0.045 531
第三产业*	0.032 732	0.113 049	0.220 658	0.231 101
金融业	0.010 207	0.027 732	0.051 081	0.067 519

整体来看,第二产业对第二产业的直接依赖程度最高,其直接消耗系数为 0.600 992。就金融业来看,金融业对第三产业*的依赖度最高,其直接消耗系数为 0.231 101;其次是对其本身的依赖,其直接消耗系数为 0.067 519;然后是对第二产业的依赖,其直接消耗系数为 0.045 531;金融业对第一产业的依赖度最低,其直接消耗系数仅为 0.000 008。

④ 完全消耗系数

前文已经计算出了直接消耗系数,将其表示为矩阵,如下所示:

$$A = \begin{bmatrix} 0.129\ 836 & 0.050\ 608 & 0.011\ 239 & 0.000\ 008 \\ 0.239\ 646 & 0.600\ 992 & 0.205\ 709 & 0.045\ 531 \\ 0.032\ 732 & 0.113\ 049 & 0.220\ 658 & 0.231\ 101 \\ 0.010\ 207 & 0.027\ 732 & 0.051\ 081 & 0.067\ 519 \end{bmatrix}$$

$$(I-A)^{-1} = \begin{bmatrix} 1.199\ 288 & 0.172\ 019 & 0.064\ 296 & 0.024\ 344 \\ 0.820\ 313 & 2.856\ 730 & 0.787\ 812 & 0.334\ 742 \\ 0.183\ 469 & 0.454\ 751 & 1.430\ 505 & 0.376\ 734 \\ 0.047\ 574 & 0.111\ 754 & 0.102\ 495 & 1.103\ 266 \end{bmatrix}$$

$$(I-A)^{-1} - I = \begin{bmatrix} 0.199\ 288 & 0.172\ 019 & 0.064\ 296 & 0.024\ 344 \\ 0.820\ 313 & 1.856\ 730 & 0.787\ 812 & 0.334\ 742 \\ 0.183\ 469 & 0.454\ 751 & 0.430\ 505 & 0.376\ 734 \\ 0.047\ 574 & 0.111\ 754 & 0.102\ 495 & 0.103\ 266 \end{bmatrix}$$

其中,I 为单位矩阵;$(I-A)^{-1}$ 为里昂惕夫逆矩阵。因此,可以得到完全消耗系数矩阵:

$$B = (I-A)^{-1} - I = \begin{bmatrix} 0.199\ 288 & 0.172\ 019 & 0.064\ 296 & 0.024\ 344 \\ 0.820\ 313 & 1.856\ 730 & 0.787\ 812 & 0.334\ 742 \\ 0.183\ 469 & 0.454\ 751 & 0.430\ 505 & 0.376\ 734 \\ 0.047\ 574 & 0.111\ 754 & 0.102\ 495 & 0.103\ 266 \end{bmatrix}$$

完全消耗系数的大小反映了任意两部门之间的完全依存关系程度。通过上述计算过程,计算得出第一产业、第二产业、第三产业*、金融业四部门的完全消耗系数,具体结果如表 6.6 所示。

表 6.6 完全消耗系数表

部门	第一产业	第二产业	第三产业*	金融业
第一产业	0.199 288	0.172 019	0.064 296	0.024 344
第二产业	0.820 313	1.856 730	0.787 812	0.334 742
第三产业*	0.183 469	0.454 751	0.430 505	0.376 734
金融业	0.047 574	0.111 754	0.102 495	0.103 266
综合完全消耗系数	1.250 644	2.595 253	1.385 109	0.839 086

整体来看,第二产业对其本身的完全依存关系程度最高,其完全消耗系数高达 1.856 730;金融业对第一产业的完全依存关系程度最低,其完全消耗系数仅为 0.024 344。就金融业来看,金融业对第三产业*的完全依存关系程度最高,其完全消耗系数为 0.376 734;金融业对第二产业的完全依存关系程度次之,其完全消耗系数为 0.334 742;然后是对金融业本身的完全依存关系程度,其完全消耗系数为 0.103 266;金融业对第一产业的完全依存关系程度最低,其完全消耗系数仅为 0.024 344。说明总体上金融业对第三产业*和第二产业的完全依赖程度较高,今后金融业的改革有待在降低物质资本成本方面加强与第三产业*和第二产业的联系。

另外,完全消耗系数表的最后一行是综合完全消耗系数,它显示了某一部门生产一个单位最终产品时,对其他各部门产品所需的波及程度。表 6.6 显示:第二产业对其他部门的依赖性最高,对扩大内需的拉动作用力最强,其综合完全消耗系数为 2.595 253;第三产业*次之,其综合完全消耗系数为 1.385 109;再次之是第一产业,综合完全消耗系数为 1.250 644;金融业对其他部门的依赖性最低,对扩大内需的拉动作用力最弱,其综合完全消耗系数仅为 0.839 086。故各部门对扩大内需的拉动作用力由强到弱依次为:第二产业、第三产业*、第一产业、金融业。第二产业对其他部门的波及程度最高,金融业对其他部门的波及程度最低。

综合直接消耗系数和完全消耗系数,可以得到:金融业对第三产业*的直接依赖程度最高,对第二产业的完全依赖程度最高;金融业对其他各部门波及程度相对较低,金融业生产单位最终产品,对其他各部门能拉动 0.839 086 单位的内需;第二产业对其他各部门的波及程度最高。

⑤ 直接分配系数

根据直接分配系数计算公式,通过计算得出第一产业、第二产业、第三产业*、金融业四部门的直接分配系数,具体结果如表 6.7 所示。

表 6.7　直接分配系数表

部门	第一产业	第二产业	第三产业*	金融业
第一产业	0.129 836	0.630 309	0.058 035	0.000 007
第二产业	0.019 241	0.600 992	0.085 283	0.003 013
第三产业*	0.006 339	0.272 684	0.220 658	0.036 891
金融业	0.012 383	0.419 050	0.319 994	0.067 519

总的来看,首先,第一产业对第二产业的直接分配系数最高,为 0.630 309;第一产业对金融业的直接分配系数最低,为 0.000 007。其次,金融业的直接分配系数处于中等的水平,金融业对第二产业、第三产业*的直接分配系数大于 0.3,明显高于对第一产业和金融业本身的直接分配系数,因此,金融业对其他部门的直接供给程度由高到低分别是第二产业、第三产业*和第一产业。最后,金融业对自身的直接分配系数高于其他部门对金融业的直接分配系数,说明其他部门对金融业的直接供给程度低于金融业对其自身的供给程度。

⑥ 完全分配系数

前文已经计算出了直接分配系数,将其表示为矩阵,如下所示:

$$H = \begin{bmatrix} 0.129\,836 & 0.630\,309 & 0.058\,035 & 0.000\,007 \\ 0.019\,241 & 0.600\,992 & 0.085\,283 & 0.003\,013 \\ 0.006\,339 & 0.272\,684 & 0.220\,658 & 0.036\,891 \\ 0.012\,383 & 0.419\,050 & 0.319\,994 & 0.067\,519 \end{bmatrix}$$

$$(I-H)^{-1}=\begin{bmatrix} 1.199\,288 & 2.142\,460 & 0.331\,993 & 0.020\,066 \\ 0.065\,863 & 2.856\,730 & 0.326\,609 & 0.022\,153 \\ 0.035\,532 & 1.096\,902 & 1.430\,505 & 0.060\,138 \\ 0.057\,718 & 1.688\,661 & 0.642\,082 & 1.103\,266 \end{bmatrix}$$

$$(I-H)^{-1}-1=\begin{bmatrix} 0.199\,288 & 2.142\,460 & 0.331\,993 & 0.020\,066 \\ 0.065\,863 & 1.856\,730 & 0.326\,609 & 0.022\,153 \\ 0.035\,532 & 1.096\,902 & 0.430\,505 & 0.060\,138 \\ 0.057\,718 & 1.688\,661 & 0.642\,082 & 0.103\,266 \end{bmatrix}$$

其中，I 为单位矩阵。因此，可以得到完全分配系数矩阵：

$$D=(I-H)^{-1}-1=\begin{bmatrix} 0.199\,288 & 2.142\,460 & 0.331\,993 & 0.020\,066 \\ 0.065\,863 & 1.856\,730 & 0.326\,609 & 0.022\,153 \\ 0.035\,532 & 1.096\,902 & 0.430\,505 & 0.060\,138 \\ 0.057\,718 & 1.688\,661 & 0.642\,082 & 0.103\,266 \end{bmatrix}$$

通过上述计算方法，计算得出第一产业、第二产业、第三产业*、金融业四部门的完全分配系数，具体结果如表 6.8 所示。

表 6.8 完全分配系数表

部门	第一产业	第二产业	第三产业*	金融业
第一产业	0.199 288	2.142 460	0.331 993	0.020 066
第二产业	0.065 863	1.856 730	0.326 609	0.022 153
第三产业*	0.035 532	1.096 902	0.430 505	0.060 138
金融业	0.057 718	1.688 661	0.642 082	0.103 266

金融业对第三产业*的完全分配系数是直接分配系数的 2 倍左右，说明金融业不仅对第三产业*有直接供给推动作用，还有间接供给推动作用。金融业对第一产业和第二产业的完全分配系数是直接分配系数的 4 倍左右，说明对于第一产业和第二产业来说，金融业的间接供给推动作用大于直接供给推动作用。

(2) 金融业的经营效益及就业吸纳能力分析

① 营业盈余系数

根据营业盈余系数计算公式，计算得出第一产业、第二产业、第三产业*、金融业四部门的营业盈余系数,具体结果如表6.9所示。

表6.9 营业盈余系数表

部门	第一产业	第二产业	第三产业*	金融业
营业盈余系数	0.011 800	0.055 157	0.091 442	0.362 712

金融业的营业盈余系数最高,为0.362 712,说明生产单位金融业产品的营业盈余为0.362 712,经营效益最好;然后依次为第三产业*和第二产业,其营业盈余系数分别为0.091 442和0.055 157;第一产业的营业盈余系数最低,为0.011 800,说明第一产业的经济效益很低。

② 直接劳动报酬系数

根据直接劳动报酬系数计算公式,计算得出第一产业、第二产业、第三产业*、金融业四部门的直接劳动报酬系数,具体结果如表6.10所示。

表6.10 直接劳动报酬系数表

部门	第一产业	第二产业	第三产业*	金融业
直接劳动报酬系数	0.593 246	0.087 695	0.282 640	0.197 544

第一产业对劳动力的依赖程度最高,其直接劳动报酬系数为0.593 246;第三产业*次之,其直接劳动报酬系数为0.282 640;然后是金融业,金融业的直接劳动报酬系数为0.197 544;第二产业对劳动力的依赖程度最低,其直接劳动报酬系数仅为0.087 695。由直接劳动报酬系数表可知各部门对劳动力的依赖程度亦即对剩余劳动力的就业吸纳能力由高到低依次为:第一产业、第三产业*、金融业、第二产业。

综合营业盈余系数和直接劳动报酬系数,可以发现:虽然第一产业对劳动力的依赖度较高,但其经营效益太低,营业盈余系数远低于第三产业*、第二产业和金融业,故第一产业对就业的吸纳能力不一定强。金融业的经济效益最好,且对劳动力的需求相对也较大,故金融业对剩余劳动力的吸纳较好。因此大力发展金融业能很好地吸纳剩余劳动力,促进就业。

(3) 金融业产业波及特性分析

① 完全需求系数

里昂惕夫逆矩阵系数在前文计算完全消耗系数时已经得出,具体如表6.11所示:

表 6.11 完全需求系数表

部门	第一产业	第二产业	第三产业*	金融业
第一产业	1.199 288	0.172 019	0.064 296	0.024 344
第二产业	0.820 313	2.856 730	0.787 812	0.334 742
第三产业*	0.183 469	0.454 751	1.430 505	0.376 734
金融业	0.047 574	0.111 754	0.102 495	1.103 266

从非主对角线上的各元素来看,第一产业生产单位最终产品时,对金融业的完全消耗量为最低,波及效果最弱,为 0.047 574;第二产业和第三产业*对金融业的完全消耗量相对较高,分别为 0.111 754 和 0.102 495。金融业生产单位最终产品时,对第三产业*的波及效果最强,为 0.376 734;对第二产业次之,为 0.334 742;然后是对第一产业,为 0.024 344。

从主对角线上各元素来看,第二产业生产单位最终产品对自身产品的完全消耗量最大,为 2.856 730;第三产业*次之,为 1.430 505;然后为第一产业的 1.199 288;金融业生产单位最终产品对自身产品的完全消耗量最小,仅为 1.103 266。

综上所述,金融业对第三产业*的波及效果最强,对第一产业的波及效果最弱;第二产业对本部门本身的波及效果最强,金融业对本部门本身的波及效果最弱。故发展金融业最有利于拉动第三产业*的发展。

② 影响力系数

根据影响力系数计算公式,通过计算得出第一产业、第二产业、第三产业*、金融业四部门的影响力系数,具体结果如表 6.12 所示。

表 6.12 影响力系数表

部门	第一产业	第二产业	第三产业*	金融业
影响力系数	0.893 992	1.428 091	0.947 403	0.730 514

第二产业的影响力系数最大,为 1.428 091;第三产业*次之,其系数为 0.947 403;然后是第一产业的影响力系数为 0.893 992;金融业的影响力系数最小,仅为 0.730 514。第二产业的影响力系数大于1,说明其生产波及影响超过了社会平均影响力水平;第三产业*、第一产业和金融业的影响力系数小于1,说明其生产波及影响低于社会平均影响力水平。因此,若要扩大内需,首选加

大对第二产业的投资力度,然后依次是第三产业*、第一产业、金融业。

③ 感应度系数

测量推动效应的指标是感应度系数。感应度系数越大,表示该部门受到的需求感应程度越大,该部门在国民经济中的基础作用越强,超过1则表示超过社会平均感应水平;当国民经济加速发展时,该部门若供给不足,则可能限制其他部门的发展而形成"瓶颈"部门。感应度系数是确定"瓶颈"产业的重要数量依据。根据感应度系数计算公式,计算得出第一产业、第二产业、第三产业*、金融业四部门的感应度系数,具体结果如表 6.13 所示。

表 6.13 感应度系数表

部门	第一产业	第二产业	第三产业*	金融业
感应度系数	1.129 607	1.000 417	0.802 166	1.067 809

各个部门感应度系数从大到小排序依次为:第一产业、金融业、第二产业和第三产业*。其中,金融业的感应度系数为 1.067 809,说明金融业受到的需求感应程度高于社会平均水平。这表明,金融业受到国民经济各产业部门影响的程度较高,即国民经济的发展对金融业的推动作用较大。显然,金融业对经济发展起着举足轻重的作用。

综合完全需求系数、影响力系数和感应度系数,可以得到:金融业对第三产业*的波及效果最高,发展金融业最有利于拉动第三产业*的发展;金融业的感应度系数高于社会平均水平,发展金融业有利于促进国民经济的发展。

7

可计算一般均衡模型与其在经济学问题中的应用

7.1 可计算一般均衡模型介绍

可计算一般均衡模型(Computable general equilibrium model,CGE 模型)是国际上流行的经济学和公共政策定量分析的一个主要工具,可以描述国民经济各个部门、各个核算账户之间的相互联锁关系,并且可以描述、模拟和预测政策和经济活动对这些关系的影响。CGE 模型在国外从 20 世纪 70 年代开始流行,现在已经成为世界银行和国际贸易组织等政策分析的基本工具[99]。

CGE 模型是基于一般均衡理论构建的可以计算出均衡解的模型,其性质主要表现在以下三点:① 可计算,可以根据真实经济数据计算得出经济系统的均衡解;② 一般性,适用于多产业、多主体等一般经济系统;③ 均衡性,在计算出的均衡解中,需求与供给相等,产品、要素市场得以出清。CGE 模型通过分析主体在经济系统中的行为,优化问题建立经济要素相关方程组,求解方程组得到市场均衡状态下各要素的情况,假设政策改变带来的方程组解的变化,以此来研究新政策对市场的影响。

CGE 模型可以应用于不同领域,例如:① 国际贸易分析,如建立国际贸易CGE 模型,分析贸易自由化、市场结构变化等因素对贸易的影响;② 财政政策拟订,如可以通过建立市场经济 CGE 模型,模拟调整税收政策、调整法律法规等经济相关政策,预测市场经济系统变化,从而使政策决策者做出合理的决策;③ 研究环境政策问题,如分析环境税收政策、碳排放政策对经济系统的影响。

CGE 模型的优势:CGE 模型所需数据有限,一般只需要包括投入产出表、国民经济账户和贸易统计数据在内的一些宏观数据,而且只需要单独一年的数据即可。这一点也对一些发展中国家尤其有利,因为这些国家往往统计制度不是很完善或者其社会经济系统正在经历一些巨大的变革冲击,统计数据比较缺乏。另外，CGE模型还可以很容易地并入更多数量的产业部门。

CGE模型的不足：CGE模型主要关注实体经济，刻画相对价格范畴，因此很难刻画类似通货膨胀或汇率政策等货币现象。

(1) 简单CGE模型

CGE模型基于一般均衡理论。一般均衡指在经济系统中，所有市场同时到达均衡状态。均衡则是指供需平衡，也即市场出清。在均衡状态下，商品和要素的需求和供给在数量和价格上是对等的。记第 i 件商品的需求量为 X_i，供给量为 Z_i，要素 h 需求量为 $F_{h,i}$，需求和供给价格分别为 p_i^x 和 p_i^z，要素 h 的要素禀赋为 FF_h，则一般均衡状态下有

$$X_i = Z_i, \forall i$$
$$p_i^x = p_i^z, \forall i \quad (7.1)$$
$$\sum_i F_{h,i} = FF_h, \forall h$$

在简单CGE模型中，系统是一个封闭的经济体，仅考虑居民和企业两个主体对经济系统的影响。其中，完全理性的居民通过消费商品组合使效用最大化；每个理性企业生产一种商品。居民通过向企业提供资本和劳动两种要素来获取收入回报；企业运用这些要素进行生产。同时假定市场上任何一个行为主体都不具备控制价格的能力。

首先分析居民的行为。假定居民不存在要素自消费行为，居民将其所有获得的收入用于对商品的消费，通过对商品消费组合的选择使效用最大化。这一最优化问题可以表示为：

$$\underset{\boldsymbol{X}}{\arg\max}\, u(\boldsymbol{X}) \quad \text{s.t.} \quad \boldsymbol{p}_x \cdot \boldsymbol{X} = \boldsymbol{p}_f \cdot \boldsymbol{FF} \quad (7.2)$$

其中，$\boldsymbol{X}$ 是所有商品需求量组成的向量；$\boldsymbol{p}_x$ 是所有商品需求价格组成的向量；$\boldsymbol{p}_f$ 是所有要素的市场价格；$\boldsymbol{FF}$ 是所有要素禀赋组成的向量；·表示向量之间的点积；u 是居民的效用函数，可以假定效用函数为柯布-道格拉斯(Cobb-Douglas)函数形式：

$$u(\boldsymbol{X}) = \prod_i X_i^{\alpha_i} \quad (7.3)$$

其中，α_i 为效用函数中的支出份额系数，$0 \leqslant \alpha_i \leqslant 1$，$\sum_i \alpha_i = 1$。

为求解这一条件优化问题，我们采用拉格朗日乘数法，引入拉格朗日乘子 λ，构建拉格朗日函数：

$$L(\boldsymbol{X};\lambda) \equiv \prod_i X_i^{\alpha_i} + \lambda(\boldsymbol{p}_x \cdot \boldsymbol{X} - \boldsymbol{p}_f \cdot \boldsymbol{FF}) \tag{7.4}$$

该最优化问题的解即拉格朗日函数的极值点,也即各偏导为 0 的点。拉格朗日函数对各自变量的偏导为:

$$\frac{\partial L}{\partial X_i} = \alpha_i \frac{\prod_j X_j^{\alpha_j}}{X_i} - \lambda p_i^x = 0$$

$$\frac{\partial L}{\partial \lambda} = \boldsymbol{p}_x \cdot \boldsymbol{X} - \boldsymbol{p}_f \cdot \boldsymbol{FF} = 0 \tag{7.5}$$

联立以上两个方程,消除拉格朗日乘子后,可以得到第 i 种商品的需求函数为:

$$X_i = \frac{\alpha_i}{p_i^x} \boldsymbol{p}_f \cdot \boldsymbol{FF} \tag{7.6}$$

其中,p_i^x 为第 i 种商品的需求价格。从需求函数可以看出,商品需求与该商品的价格呈反方向变化,同时又与居民收入呈同方向变化。

然后分析企业的行为。假定每个企业与每个商品的生产一一映射,每个企业仅根据投入的要素生产商品。企业的目的是基于其生产技术约束,实现利润最大化:

$$\underset{F_j, Z_j}{\operatorname{argmax}} \pi_j = p_j^z Z_j - \boldsymbol{p}_f \cdot \boldsymbol{F}_j \tag{7.7}$$

其中,π_j 为第 j 个企业的利润;p_j^z 为第 j 种商品的供给价格;$\boldsymbol{F}_j$ 为企业 j 投入的要素数量组成的向量;Z_j 为第 j 个企业的商品产出,等同于企业投入的生产要素通过生产函数计算的结果,同样可以采用柯布-道格拉斯形式的生产函数:

$$Z_j = b_j \prod_h F_{h,j}^{\beta_{h,j}} \tag{7.8}$$

其中,b_j 为生产函数中的规模系数;$\beta_{h,j}$ 为生产函数中的要素份额系数,$0 \leqslant \beta_{h,j} \leqslant 1$,$\sum_h \beta_{h,j} = 1$。该最优化问题转化为在生产函数约束下利润最大化的条件约束问题,同样可以通过引入拉格朗日乘子构造拉格朗日函数:

$$L_j(Z_j, \boldsymbol{F}_j; \lambda) = p_j^z Z_j - \boldsymbol{p}_f \cdot \boldsymbol{F}_j + \lambda \left(b_j \prod_h F_{h,j}^{\beta_{h,j}} - Z_j \right) \tag{7.9}$$

通过一阶偏导数等于 0 组成的方程组解得企业的要素需求:

$$F_{h,j} = \frac{\beta_{h,j}}{p_h^f} p_j^z Z_j \tag{7.10}$$

7 可计算一般均衡模型与其在经济学问题中的应用

从要素需求函数可以看出,要素需求随着要素自身价格的下降、产品出售价格的上涨、企业产量的增长而增加。其中份额系数在需求中起到了重要的作用,若生产函数中某个要素份额系数越大,那么对于这种要素的需求相对其他变量的变化越敏感。

将上述商品和要素的供给与需求方程、均衡条件方程联立起来即可组成完整的简单 CGE 模型:

$$X_i = \frac{\alpha_i}{p_i^x} p_f \cdot FF, \forall i$$

$$Z_j = b_j \prod_h F_{h,j}^{\beta_{h,j}}, \forall j$$

$$F_{h,j} = \frac{\beta_{h,j}}{p_h^f} p_j^z Z_j, \forall h, j$$

$$X_i = Z_i, \forall i$$

$$p_i^x = p_i^z, \forall i$$

$$\sum_i F_{h,i} = FF_h, \forall h \tag{7.11}$$

通过求解上述方程组,可以得到经济系统的一个一般均衡。设商品种类数为 N,要素种类数为 H,则方程组中共有 $N_{eq}=4N+HN+H$ 个方程,同时有与方程数量相等的内生变量,且该方程组对于价格变量是而言是零阶齐次的。根据瓦尔拉斯法则(所有市场需求相对于供给的超额部分之和等于 0,即在其他需求供给项均衡时,剩余一项将自动处于均衡状态),方程组中的 N_{eq} 个方程是线性相关的,其中只有 $N_{eq}-1$ 个方程是独立的。因此 CGE 模型通常利用其价格齐次特性来选择将其中一个商品或要素的价格固定为基准价格,然后其他价格的变化为基于基准价格的相对变化。而所有具有价格零阶齐次特征的 CGE 模型都无法直接求解出绝对价格。

(2) 标准 CGE 模型

简单 CGE 模型中假定经济系统仅包含居民和企业两种主体,仅考虑企业生产和居民提供要素两种行为,是宏观经济体基本行为特征的简单刻画,便于初识和理解,而不适合实际的实证分析。标准 CGE 模型从四个方面对简单 CGE 模型进行扩展,即生产的中间投入、政府主体、投资与储蓄行为、国际贸易行为。

第一，引入中间投入。简单 CGE 模型中生产投入只包含居民要素，即资本和劳动两种生产要素。引入中间投入后，生产过程可以分为两个阶段，第一阶段复合资本和劳动生产要素，得到复合要素产出；第二阶段复合上一阶段复合要素产出和中间投入，得到最终的产出。利润最大化问题可以写成如下形式：

$$\underset{F_j,Y_j}{\mathrm{argmax}}\ \pi_j^y = p_j^y Y_j - \boldsymbol{p}_f \cdot \boldsymbol{F}_j$$

$$\underset{X_j,Z_j,Y_j}{\mathrm{argmax}}\ \pi_j^z = p_j^z Z_j - (p_j^y Y_j + \boldsymbol{p}_q \cdot \boldsymbol{X}_j) \tag{7.12}$$

其中，π_j^y 表示第一阶段利润；π_j^z 表示第二阶段利润；Y_j 表示用于第二阶段的第一阶段复合要素产出数量；p_j^y 为复合要素的价格；$\boldsymbol{p}_q$ 为商品价格向量；$\boldsymbol{X}_j$ 为商品 j 对中间投入商品的需求量向量。同样可以假定第一阶段为柯布-道格拉斯型生产函数，而第二阶段为里昂惕夫型生产函数，两个约束表示为：

$$Y_j = b_j \prod_h F_{h,j}^{\beta_{h,j}}$$

$$Z_j = \min\left(\frac{X_{i,j}}{ax_{i,j}}, \frac{Y_j}{ay_j}\right) \tag{7.13}$$

其中，$ax_{i,j}$ 表示生产一个单位第 j 种商品所需第 i 种中间投入商品数量；ay_j 表示生产一个单位第 j 种商品所需的复合要素数量。通过求解这一最优化问题，最终可以得到：

$$Y_j = b_j \prod_h F_{h,j}^{\beta_{h,j}}$$

$$F_{h,j} = \frac{\beta_{h,j}}{p_h^f} p_j^y Y_j$$

$$X_{i,j} = ax_{i,j} Z_j$$

$$Y_j = ay_j Z_j$$

$$Z_j = \min\left(\frac{X_{i,j}}{ax_{i,j}}, \frac{Y_j}{ay_j}\right) \tag{7.14}$$

其中第二阶段生产函数在一些点不可微，在数值计算中会比较困难。可以采用均衡条件下企业零利润的假设来解决该问题，得到新的条件方程：

$$\pi_j^z = p_j^z Z_j - (p_j^y Y_j + \boldsymbol{p}_q \cdot \boldsymbol{X}_j) = 0 \tag{7.15}$$

将最优化问题的解中单位商品和要素需求式代入新方程，可以进一步消去

Z_j,得到单位成本函数:

$$p_j^z = ay_j p_j^y + \boldsymbol{p}_q \cdot \boldsymbol{ax}_j \tag{7.16}$$

用该方程替代方程组中的最后一个方程得到刻画企业行为的完整方程组。

第二,引入政府主体。政府的宏观调控对经济活动有着重要的影响。在该标准 CGE 模型中,政府在经济系统中的行为主要是税收和政府消费。在实际应用中,根据研究目的等方面因素,政府的行为可以有不同的形式。假定政府对居民征收税率为 τ^d 的所得税,对企业征收税率为 τ_j^z 的价内税形式生产税,对进口商品征收税率为 τ_i^m 的进口关税(进口关税与国际贸易相关,在不考虑国际贸易的模型中不考虑该项)。假定政府的所有税收收入全部用于政府消费,政府以固定倾向消费市场上的所有商品。以上假设可以写成方程组:

$$T^d = \tau^d \boldsymbol{p}_f \cdot \boldsymbol{FF}$$

$$T_j^z = \tau_j^z p_j^z Z_j$$

$$T_i^m = \tau_i^m p_i^m M_i$$

$$X_i^g = \frac{\mu_i}{p_i^q} \left(T^d + \sum_j T_j^z + \sum_j T_j^m \right) \tag{7.17}$$

其中,T^d 表示所得税总额;T_j^z 表示对第 j 种商品生产征收的生产税总额;T_i^m 表示对第 i 种商品进口征收的关税总额;X_i^g 表示政府消费第 i 种商品的数量;μ_i 表示政府消费第 i 种商品的份额系数,$0 \leqslant \mu_i \leqslant 1$ 且 $\sum_i \mu_i = 1$。

第三,引入投资与储蓄。投资和储蓄在经济系统中无法被忽视,可以将该行为抽象为一个虚拟的行为主体,该主体从居民、政府以及外贸部门获得资金并将其用于购买投资品。在模型中假定该行为主体获取经济系统中所有的储蓄然后以固定份额比例 λ_i 将其全部用于购买各类商品,那么第 i 种商品的投资需求函数可以表示为:

$$X_i^v = \frac{\lambda_i}{p_i^q}(S^p + S^g + \varepsilon S^f) \tag{7.18}$$

其中,S^p、S^g、S^f 分别表示居民储蓄、政府储蓄以及外汇储备;ε 表示本币对外币的汇率,$0 \leqslant \lambda_i \leqslant 1$ 且 $\sum_i \lambda_i = 1$。另外,假定居民和政府的储蓄分别是其总收入的一个固定比例:

$$S^p = \sigma^p \boldsymbol{p}_f \cdot \boldsymbol{FF}$$

$$S^g = \sigma^g \left(T^d + \sum_j T^z_j + \sum_j T^m_j \right) \quad (7.19)$$

其中，σ^p 和 σ^g 分别表示居民和政府的储蓄比例。政府与投资储蓄行为的引入需要修改原来居民和政府行为的方程，即居民的消费需要考虑税收和储蓄，政府消费同样需要考虑储蓄，修正后的居民行为最优化问题为：

$$\operatorname*{argmax}_{X_p} u(\boldsymbol{X}_p) = \prod_i X_i^{p\, \alpha_i} \quad \text{s.t.} \; \boldsymbol{p}_q \cdot \boldsymbol{X}_p = \boldsymbol{p}_f \cdot \boldsymbol{FF} - S^p - T^d \quad (7.20)$$

解上述最优化问题可得居民消费需求函数为：

$$X_i^p = \frac{\alpha_i}{p_i^x}(\boldsymbol{p}_f \cdot \boldsymbol{FF} - S^p - T^d) \quad (7.21)$$

政府消费需求函数修正为：

$$X_i^g = \frac{\mu_i}{p_i^q} \left(T^d + \sum_j T^z_j + \sum_j T^m_j - S^g \right) \quad (7.22)$$

第四，引入国际贸易。国际贸易的引入将原有的封闭经济模型扩展为一个开放的经济模型。假定模型中的经济体对世界经济体没有任何显著影响。首先需要处理本国货币结算出口进口价格 p_i^e 和 p_i^m，以及外币结算出口进口价格 p_i^{we} 和 p_i^{wm}，关系如下：

$$p_i^e = \varepsilon p_i^{we}$$
$$p_i^m = \varepsilon p_i^{wm} \quad (7.23)$$

假定经济系统外币收支平衡，表示为：

$$\boldsymbol{p}_{we} \cdot \boldsymbol{E} + S^f = \boldsymbol{p}_{wm} \cdot \boldsymbol{M} \quad (7.24)$$

其中，$\boldsymbol{p}_{we}$ 为商品出口价格向量；$\boldsymbol{p}_{wm}$ 为商品进口价格向量；$\boldsymbol{E}$ 为商品出口数量向量；$\boldsymbol{M}$ 为商品进口数量向量。

进口商品与国内生产商品、出口商品与国内生产商品之间存在有限的替代性而非完全可替代（否则同一类商品的进口与出口不可能同时存在），这种假设被称为阿明顿假设。在该假设下，居民和企业并不直接消费进口商品，而是消费由进口商品和相应国内生产用于国内消费的商品组成的阿明顿复合商品。这种复合商品的生产过程可以用一个常替代弹性（Constant elasticity of substitution, CES）函数来描述，这种函数主要参数为投入品之间的替代弹性 σ_i，即投入品之间相对价格比每变化1%时投入数量比的变化百分比。第i个阿明顿复合商品虚拟企业的利润最优化问题可以表示为：

$$\underset{Q_i,M_i,D_i}{\mathrm{argmax}}\ \pi_i^q = p_i^q Q_i - [(1+\tau_i^m)p_i^m M_i + p_i^d D_i]$$

$$\text{s. t.}\ Q_i = \gamma_i(\delta m_i M_i^{\eta_i} + \delta d_i D_i^{\eta_i})^{\frac{1}{\eta_i}} \tag{7.25}$$

其中，Q_i表示第i种复合商品的数量；D_i表示第i种商品的内销需求数量；γ_i表示该生产函数规模系数；δm_i和δd_i分别表示进口和内销的份额系数($0 \leqslant \delta m_i, \delta d_i \leqslant 1, \delta m_i + \delta d_i = 1$)；$\eta_i$为根据替代弹性计算的替代参数，$\eta_i = (\sigma_i - 1)/\sigma_i$，替代弹性$\sigma_i = -\dfrac{d(M_i/D_i)}{M_i/D_i} \Big/ \dfrac{d(p_i^m/p_i^d)}{p_i^m/p_i^d}$。求解该最优化问题，得到进口消费商品和国内生产国内消费商品的需求函数分别为：

$$M_i = \left[\frac{\gamma_i^{\eta_i} \delta m_i p_i^q}{(1+\tau_i^m)p_i^m}\right]^{\frac{1}{1-\eta_i}} Q_i$$

$$D_i = \left[\frac{\gamma_i^{\eta_i} \delta d_i p_i^q}{p_i^d}\right]^{\frac{1}{1-\eta_i}} Q_i \tag{7.26}$$

国内生产的所有商品需要转换为国内销售商品和出口商品，二者之间也存在不完全替代关系，或者称为不完全转换关系。这一转换过程可以采用常转换弹性(Constant elasticity of transformation, CET)函数来表示，其主要参数为转换弹性ψ_i。第i个企业生产的所有商品转化为国内销售商品和出口商品过程的利润最大化问题表示为：

$$\underset{Z_i,E_i,D_i}{\mathrm{argmax}}\ \pi_i = p_i^e E_i + p_i^d D_i - (1+\tau_i^z)p_i^z Z_i$$

$$\text{s. t.}\ Z_i = \theta_i(\xi e_i E_i^{\varphi_i} + \xi d_i D_i^{\varphi_i})^{\frac{1}{\varphi_i}} \tag{7.27}$$

其中，θ_i为转换函数的规模系数；ξe_i和ξd_i为转换函数中出口和内销的份额系数($0 \leqslant \xi e_i, \xi d_i \leqslant 1, \xi e_i + \xi d_i = 1$)；$\varphi_i$为根据转换弹性计算的转换参数，$\varphi_i = (\psi_i+1)/\psi_i$，转换弹性$\psi_i = \dfrac{d(E_i/D_i)}{E_i/D_i} \Big/ \dfrac{d(p_i^e/p_i^d)}{p_i^e/p_i^d}$。求解该最优化问题，得到出口商品和国内销售商品的供给函数：

$$E_i = \left[\frac{\theta_i^{\varphi_i} \xi e_i (1+\tau_i^z)p_i^z}{p_i^e}\right]^{\frac{1}{1-\varphi_i}} Z_i$$

113

$$D_i = \left[\frac{\theta_i^{\varphi_i} \xi d_i (1+\tau_i^z) p_i^z}{p_i^d}\right]^{\frac{1}{1-\varphi_i}} Z_i \quad (7.28)$$

引入新的经济主体后,在一般均衡状态下,所有复合商品用于满足居民、政府消费以及投资品和生产过程的中间投入,同时与简单模型一样满足生产要素的需求之和等于居民的要素禀赋。这一状态可以表示为:

$$Q_i = X_i^p + X_i^g + X_i^v + \sum_j X_{i,j}$$

$$\sum_j F_{h,j} = FF_h \quad (7.29)$$

以上关于居民、国内生产、政府、投资与储蓄、进出口价格关系、商品替代关系与转换关系、一般均衡状态的最终分析方程联立的方程组组成了标准的 CGE 模型。方程组中方程和变量的数量均为 $(N+H+17)N+H+4$。同样根据瓦尔拉斯法则,方程组无法全部求解,需要设置一个基准商品价格,其他变量均为相对值。

模型中除了内生变量外还有一些外生变量和系数,因此需要根据现有均衡状态下的经济数据来设定内生变量的取值,然后根据方程组推出外生变量与系数的值,这一过程称为校准。校准过程中的数据通常采用社会核算矩阵(Social accounting matrix, SAM)。以简单 CGE 模型为例,SAM 中的数据与模型中变量的对应关系如表 7.1 所示:

表 7.1 SAM 中数据与模型变量的对应关系

收入		支出					汇总
		生产活动		要素		最终需求	
		商品1	商品2	资本	劳动	居民	
生产活动	商品1					$p_1^x X_1$	$p_1^x X_1$
	商品2					$p_2^x X_2$	$p_2^x X_2$
要素	资本	$p_1^f F_{1,1}$	$p_1^f F_{1,2}$				$p_1^f FF_1$
	劳动	$p_2^f F_{2,1}$	$p_2^f F_{2,1}$				$p_2^f FF_2$
最终需求	居民			$p_1^f FF_1$	$p_2^f FF_2$		$p_f \cdot FF$
汇总		$p_f \cdot F_1$	$p_f \cdot F_2$	$p_1^f FF_1$	$p_2^f FF_2$	$p_x \cdot X$	

在计算中,可以将商品的数量单位设置为某虚拟单位,价格设置为每虚拟单位 1 元,则需求与供应数量可以按照虚拟单位计,然后结合方程组计算出各

个外生变量和系数的值，从而得到完整的 CGE 模型。在此基础上可以通过引入外部冲击，如税收政策改变引起的外生变量改变，然后计算出新的均衡状态，从而研究经济环境改变对市场的影响。

本节中的简单 CGE 模型是一种简化的不符合实际经济系统的模型，用于更方便地理解 CGE 的原理；标准 CGE 模型是一种具有参考价值的可用的 CGE 模型的一种形式，但在实际的应用中也会有一些局限性；此外，标准 CGE 模型还可以有更加接近完整经济系统的扩展，如考虑时间因素的动态 CGE 模型、考虑不同行为策略的多居民主体 CGE 模型等。在研究中，CGE 模型的设计需要结合问题具体分析，适当地增加或减少模型中的主体或行为，以对问题分析起到更加积极的作用。

7.2 可计算一般均衡模型算例介绍

本节根据福建省经济统计数据建立 CGE 模型，并通过模型模拟分析所得税税率增加对经济系统的影响[100-102]。

第一步，根据所要研究的经济系统特点和目标问题分析并设计合适的 CGE 模型，列出模型方程组（方程组中变量符号的命名习惯参考上一节，如果有变化另作说明。本节中以计算为主，略去建模过程中的具体分析，分析方法可以参考上一节）。

(1) 价格模块

进口商品国内价格方程：

$$p_i^m = (1+\tau_i^m)\varepsilon p_i^{wm} \tag{7.30}$$

出口商品国内价格方程：
$$p_i^e = (1+\tau_i^e)\varepsilon p_i^{we} \quad (\tau_i^e \text{为出口补贴率}) \tag{7.31}$$

商品产出价格方程：
$$p_i^q = (p_i^d D_i + p_i^e E_i)/Q_i \quad (Q_i \text{在此处表示总产出}) \tag{7.32}$$

商品需求价格方程：
$$p_i^x = (p_i^d D_i + p_i^m M_i)/X_i \tag{7.33}$$

商品增加值价格方程：
$$p_i^y = (1-\tau_i^q)p_i^q - \sum_j a_{j,i} p_j^x \quad (a_{j,i} \text{为中间投入消耗系数向量}) \tag{7.34}$$

(2) 收入模块

生产过程中劳动报酬方程：
$$R_i^l = w_i L_i \quad (R_i^l \text{为劳动报酬}, w_i \text{为工资率}, L_i \text{为劳动投入}) \tag{7.35}$$

资本要素收入方程：
$$R_i^c = p_i^y Q_i - R_i^l \tag{7.36}$$

企业总收入方程：
$$RR_c = \sum_i R_i^c \tag{7.37}$$

居民总收入方程：
$$RR_p = \sum_i R_i^l + \sum_j tp_j^g + \sum_j tp_j^c \tag{7.38}$$

(tp_j^g 表示政府对居民的转移支付，tp_j^c 表示企业对居民的转移支付，即利润分配；本例中区分城镇居民和农村居民两种居民，式中 $j \in \{1,2\}$)

城镇居民收入方程：
$$RR_1^p = \rho \sum_i R_i^l + tp_1^g + tp_1^c \tag{7.39}$$

农村居民收入方程：
$$RR_2^p = RR_p - RR_1^p \tag{7.40}$$

城镇居民可支配收入方程：
$$RR_1^{pd} = RR_1^p - T^d \quad (\text{假设只向城镇居民征收所得税}) \tag{7.41}$$

进口关税方程：
$$T^m = \sum_i \tau_i^m \varepsilon p_i^{wm} M_i \tag{7.42}$$

间接税方程：
$$T^q = \sum_i \tau_i^q p_i^q Q_i \qquad (7.43)$$

所得税方程：
$$T^d = \tau^d RR_1^p \qquad (7.44)$$

企业直接税方程：
$$T^c = \tau^c RR_c \qquad (7.45)$$

出口退税方程：
$$T^e = \sum_i \tau_i^e \varepsilon p_i^{we} E_i \qquad (7.46)$$

政府收入方程：
$$RR_g = T^m + T^q + T^d + T^c - T^e \qquad (7.47)$$

城镇居民储蓄方程：
$$S_1^p = \sigma_1^p (1 - \tau^d) RR_1^p \qquad (7.48)$$

农村居民储蓄方程：
$$S_2^p = \sigma_2^p RR_2^p \qquad (7.49)$$

企业储蓄方程：
$$S^c = RR_c - \sum_j tp_j^c - T^c \qquad (7.50)$$

政府储蓄方程：
$$S^g = RR_g - \boldsymbol{p}_q \cdot \boldsymbol{X}_g - \sum_j tp_j^g \qquad (7.51)$$

总储蓄方程：
$$S = S_1^p + S_2^p + S^c + S^g + C_{in} \ (C_{in} \text{ 为国外资本流入}) \qquad (7.52)$$

（3）消费模块

城镇居民商品消费需求方程：
$$X_i^{p1} = \alpha_i^1 (1 - \sigma_1^p) RR_1^{pd} / p_i^n \qquad (7.53)$$

农村居民商品消费需求方程：
$$X_i^{p2} = \alpha_i^2 (1 - \sigma_2^p) RR_2^p / p_i^n \qquad (7.54)$$

政府商品消费需求方程：
$$X_i^g = \mu_i G / p_i^q \ (G \text{ 为政府消费总额}) \qquad (7.55)$$

（4）生产模块

商品生产过程复合要素需求方程：

$$Y_i = b_i C_i^{\beta_i} L_i^{1-\beta_i} \quad (C_i \text{为商品生产资本要素投入}) \tag{7.56}$$

商品生产过程劳动投入方程：

$$L_i = (1-\beta_i) p_i^y Q_i / w_i \tag{7.57}$$

商品生产过程资本投入方程：

$$C_i = \beta_i p_i^y Q_i / p_i^c \tag{7.58}$$

（p_i^c 为资本要素价格在商品 i 生产过程中的平均使用价格）

商品生产过程中间投入方程：

$$X_i^q = \sum_j a_{j,i} Q_j \tag{7.59}$$

商品生产总产出方程：

$$Q_i = X_i^q + Y_i \tag{7.60}$$

（5）投资模块

商品存货增加方程：

$$X_i^{st} = \chi_i Q_i \quad (\chi_i \text{为商品存货占总产出的比重}) \tag{7.61}$$

商品固定资产投资方程：

$$I_i = \lambda_i I / p_i^c \tag{7.62}$$

固定资产存量总折旧方程：

$$D^{dep} = \sum_i \delta_i p_i^c C_i \tag{7.63}$$

固定资产总投资方程：

$$I = I_n - \sum_i p_i^q X_i^{st} \tag{7.64}$$

（6）贸易模块

商品总供给方程：

$$X_i = \gamma_i [\kappa_i M_i^{\eta_i} + (1-\kappa_i) D_i^{\eta_i}]^{\frac{1}{\eta_i}} \quad (\kappa_i \text{ 表示进口份额系数}) \tag{7.65}$$

商品进口数方程：

$$M_i = D_i \left[\frac{\kappa_i p_i^d}{(1-\kappa_i) p_i^m} \right]^{\frac{1}{1-\eta_i}} \tag{7.66}$$

商品总产出方程：

$$Q_i = \theta_i [\xi_i E_i^{\varphi_i} + (1-\xi_i) D_i^{\varphi_i}]^{\frac{1}{\varphi_i}} \quad (\xi_i \text{ 表示出口份额系数}) \tag{7.67}$$

商品出口数方程:

$$E_i = D_i \left[\frac{(1-\xi_i) p_i^e}{\xi_i p_i^d} \right]^{\frac{1}{1-\varphi_i}} \qquad (7.68)$$

(7) 均衡模块

商品供给与需求均衡条件:

$$X_i = X_i^q + X_i^{p1} + X_i^{p2} + X_i^g + X_i^{st} + I_i \qquad (7.69)$$

劳动要素出清条件:

$$\sum_i L_i = L \ (L \ 为劳动要素总和) \qquad (7.70)$$

资本要素出清条件:

$$\sum_i C_i = C \ (C \ 为资本要素总和) \qquad (7.71)$$

投资与储蓄平衡条件:

$$S = I \qquad (7.72)$$

方程组中的内生变量:$p_i^m, p_i^e, p_i^q, p_i^d, p_i^y, p_i^x, p_i^n, M_i, D_i, E_i, Q_i, X_i, R_i^l, w_i, R_i^c, p_i^c, RR_c, RR_p, RR_1^p, RR_2^p, RR_1^{pd}, T^d, T^m, T^q, T^c, T^e, RR_g, S_1^p, S_2^p, S^c, S^g, S, X_i^g, X_i^{p1}, X_i^{p2}, Y_i, L_i, C_i, X_i^q, X_i^{st}, I_i, D^{dep}, I, I_n, \varepsilon$。

方程组中的外生变量:$p_i^{wm}, p_i^{we}, tp_1^g, tp_2^g, tp_1^c, tp_2^c, C_{in}, G, L, C$。

模型系数/参数:$\tau_i^m, \tau_i^e, \tau_i^q, \tau^c, \tau^d, a_{i,j}, \rho, \sigma_1^p, \sigma_2^p, \alpha_i^1, \alpha_i^2, \mu_i, b_i, \beta_i, \chi_i, \lambda_i, \delta_i, \gamma_i, \kappa_i, \eta_i, \theta_i, \xi_i, \varphi_i$。

具体来说,转移支付(t_p)在以下模块中扮演着外生变量的角色:

① 收入模块(直接影响收入水平);

② 消费模块(通过收入影响消费);

③ 均衡模块(通过需求和收入→市场均衡)。

第二步,结合 CGE 模型,搜集相关经济数据,编制并调平社会核算矩阵 SAM(在数据中将所有产业合并为六个部门,每个部门抽象为一种商品。这里直接给出 SAM 及相关数据,SAM 的具体建立方法不再描述)。

2000 年福建省 SAM 表及各项与方程组中变量的对应关系如表 7.2 所示。

单位：亿元

表 7.2 福建省 2000 年 SAM 表

	生产活动	商品	劳动	资本	城镇居民	农村居民	企业	政府	固定资产投资	存货增加	外部地区	汇总
生产活动		10 960.52										10 960.52
商品	7 034.23				475.71	1 020.49		556.21 G	1 258.89	539.38	1 755.10	12 640.00
劳动	1 884.85											1 884.85
资本	1 650.32											1 650.32
城镇居民			573.91 $\rho\sum_i R_i^l$				45.36 tp_1^c	44.08 tp_1^g				663.35 RR_1^p
农村居民			1 310.94 $(1-\rho)\sum_i R_i^l$				38.80 tp_2^c	18.35 tp_2^g				1 368.09 RR_2^p
企业				1 650.32 RR_c								1 650.32
政府		22.99			36.38 T^d		211.89 T^c				21.09	641.28
固定资产投资					151.26 S_1^p	347.60 S_2^p	1 354.27	22.64			−77.51 C_{in}	1 798.27
存货增加									539.38			539.38
外部地区		1 656.50										1 656.50
汇总	10 960.52	12 640.00	1 884.85	1 650.32	663.35	1 368.09	1 650.32	641.28	1 798.27	539.38	1 650.50	

7 可计算一般均衡模型与其在经济学问题中的应用

各部门固定资产折旧、营业盈余、劳动者报酬、总产值如表 7.3 所示：

表 7.3　各部门固定资产折旧、营业盈余、劳动者报酬、总产值　　　单位：万元

部门	固定资产折旧 D_i^{dep}	营业盈余 $R_i^c - D_i^{dep}$	劳动者报酬 R_i^l	总产值 $p_i^q Q_i$
农业	183 326.267	536 966.8	5 548 517.389	10 372 700
工业	1 922 721.885	5 781 817	5 276 232.311	58 318 300
建筑业	225 785.025	409 362.3	1 462 526.967	7 290 900
运输邮电业	929 238.349	1 501 119	1 672 077.01	9 069 100
商业饮食业	298 150.902	1 303 865	1 665 168.752	9 667 700
其他服务业	1 400 777.564	2 010 170	3 223 977.574	14 886 600
合计	4 959 999.992	11 543 300.1	18 848 500	109 605 300

各部门存货增加、固定资本形成、政府消费如表 7.4 所示：

表 7.4　各部门存货增加、固定资本形成、政府消费　　　单位：万元

部门	存货增加 $p_i^q X_i^a$	固定资本形成 $p_i^c I_i$	政府消费 $p_i^x X_i^g$
农业	1 292 922.773	0	0
工业	3 727 576.562	4 283 911.354	0
建筑业	0	6 587 561.584	0
运输邮电业	99 974.775	83 281.317	0
商业饮食业	273 273.216	96 323.691	0
其他服务业	52.672	1 537 822.053	5 562 099.999
合计	5 393 799.998	12 588 900	5 562 099.999

各部门农村居民消费、城镇居民消费、生产税净额如表 7.5 所示：

表 7.5　各部门农村居民消费、城镇居民消费、生产税净额　　　单位：万元

部门	农村居民消费 $p_i^x X_i^{p2}$	城镇居民消费 $p_i^x X_i^{p1}$	生产税净额 T_i^q
农业	1 393 756.698	800 889.227	205 611.1
工业	5 144 330.024	2 224 163.343	1 939 941
建筑业	47 534.182	31 243.967	339 090.4
运输邮电业	1 008 242.854	426 018.026	386 512.8
商业饮食业	1 603 187.572	770 502.455	615 729.8

续表

部门	农村居民消费 $p_i^x X_i^{p2}$	城镇居民消费 $p_i^x X_i^{p1}$	生产税净额 T_i^q
其他服务业	1 007 848.666	504 282.984	424 314.8
合计	10 204 900.000	4 757 100.003	3 911 199.9

各部门劳动及资本投入如表7.6所示:

表7.6 各部门劳动及资本投入

部门	劳动投入 L_i/万人	资本投入 C_i/亿元
农业	778.18	720.28
工业	302.59	7 704.51
建筑业	104.45	635.15
运输邮电业	55.35	2 430.35
商业饮食业	130.08	1 602
其他服务业	289.54	3 410.93

第三步,模型校准,代入数据计算模型中的参数(将 p_i^q 假定为1)。

根据劳动投入方程计算 $\beta_i = 1 - R_i^l/(p_i^y Q_i)$,如表7.7所示:

表7.7 劳动投入

	农业	工业	建筑业	运输邮电业	商业饮食业	其他服务业
β_i	0.114 9	0.593 5	0.302 8	0.592 4	0.490 3	0.514 1

根据复合要素需求方程计算 $b_i = Y_i/(C_i^{\beta_i} L_i^{1-\beta_i}) = (R_i^c + R_i^l + T_i^q)/(C_i^{\beta_i} L_i^{1-\beta_i})$,如表7.8所示:

表7.8 复合要素需求

	农业	工业	建筑业	运输邮电业	商业饮食业	其他服务业
b_i	0.839 4	0.722 0	1.350 6	0.862 9	0.871 6	0.686 1

根据2000年福建省投入产出延长表得到 $a_{i,j}$,如表7.9所示:

表7.9 投入产出延长表的 $a_{i,j}$ 计算

部门	农业	工业	建筑业	运输邮电业	商业饮食业	其他服务业
农业	0.092 6	0.074 3	0.000 0	0.005 9	0.065 4	0.043 5

续表

部门	农业	工业	建筑业	运输邮电业	商业饮食业	其他服务业
工业	0.1876	0.5046	0.5784	0.2087	0.2444	0.2629
建筑业	0.0026	0.0013	0.0005	0.0164	0.0094	0.0185
运输邮电业	0.0401	0.0591	0.0475	0.1133	0.0664	0.0644
商业饮食业	0.0344	0.0612	0.0102	0.1127	0.0266	0.0617
其他服务业	0.0185	0.0435	0.0291	0.0480	0.1861	0.0749

根据政府、城镇居民、农村居民商品消费需求方程计算 $\mu_i = p_i^x X_i^g / G$, $\alpha_i^1 = p_i^x X_i^{p1} / \sum_i p_i^x X_i^{p1}$, $\alpha_i^2 = p_i^x X_i^{p2} / \sum_i p_i^x X_i^{p2}$, 如表 7.10 所示：

表 7.10 政府、城镇居民、农村居民商品消费需求

	农业	工业	建筑业	运输邮电业	商业饮食业	其他服务业
μ_i^g	0	0	0	0	0	1
α_i^1	0.1684	0.4675	0.0066	0.0896	0.1620	0.1060
α_i^2	0.1366	0.5041	0.0047	0.0988	0.1571	0.0988

根据存货增加、固定资产投资、固定资产折旧方程计算 $\chi_i = X_i^{st}/Q_i$, $\lambda_i = p_c^i I_i / I$, $\delta_i = D_i^{dep}/R_i^c$, 如表 7.11 所示：

表 7.11 存货增加、固定资产投资、固定资产折旧

	农业	工业	建筑业	运输邮电业	商业饮食业	其他服务业
χ_i	0.1246	0.0639	0	0.0110	0.0283	0
λ_i	0	0.3403	0.5223	0.0066	0.0077	0.1222
δ_i	0.2545	0.2496	0.3555	0.3823	0.1861	0.4107

根据 2000 年福建省投入产出延长表得到 τ_i^m 和 τ_i^e, 根据间接税方程计算 $\tau_i^q = T_i^q/(p_i^q Q_i)$, 如表 7.12 所示：

表 7.12 间接税

	农业	工业	建筑业	运输邮电业	商业饮食业	其他服务业
τ_i^m	0.0215	0.0425	0.000	0.000	0.000	0.008

续表

	农业	工业	建筑业	运输邮电业	商业饮食业	其他服务业
τ_i^e	0.020 2	0.025 1	0.000	0.000	0.000	0.000
τ_i^q	0.019 8	0.033 3	0.046 5	0.042 6	0.063 7	0.028 5

根据税收方程和储蓄方程计算得(表 7.13)：

表 7.13 税收和储蓄

ρ	τ^d	τ^c	σ_1^p	σ_2^p
0.304 5	0.054 8	0.128 4	0.241 3	0.254 1

根据 CES、CET 函数参数估计方法计算得(建筑业无进出口，表 7.14)：

表 7.14 模型参数计算

	农业	工业	运输邮电业	商业饮食业	其他服务业
γ_i	1.231	1.792	1.663	1.728	1.243
κ_i	0.077	0.336	0.266	0.301	0.082
η_i	0.926	0.551	0.557	0.552	0.895
θ_i	1.136 3	1.909 6	1.536 2	1.502 7	1.305 3
ξ_i	0.041 7	0.410 5	0.206 3	0.266 8	0.106 6
φ_i	1.311 8	1.323 3	1.049 1	1.070 7	1.488 3

第四步，根据数据设定外生变量值，其中 p_i^{wm} 和 p_i^{we} 设置为 1，其他变量按照 SAM 表中数据设置。在其他外生变量和模型参数不变的情况下，政府征收所得税税率增加 10%。

第五步，编写 MATLAB 代码，求解方程组，得到所得税增加后各部门总产出的变化如表 7.15 所示，初步分析得出结论，所得税税率增加 10%会使福建省各部门产出下降。

表 7.15 产出变化率

	农业	工业	建筑业	运输邮电业	商业饮食业	其他服务业
产出变化率/%	−0.354 5	−0.363 0	−0.357 2	−0.329 5	−0.354 3	−0.358 0

8
基本综合评价方法介绍

8.1 综合评价方法及其应用

(1) 综合评价法的概念

① 综合评价的问题:对被评价对象所进行的客观、公正、合理的全面评价。通常的综合评价问题都有若干个同类的被评价对象(或系统),每个被评价对象往往都涉及多个属性(或指标)。

② 综合评价的目的:根据系统的属性判断确定这些系统的运行(或发展)状况哪个优、哪个劣,即按优劣对各被评价对象进行排序或分类,是个相对比较。这类问题又称为多属性(或多指标)的综合评价问题。

③ 综合评价的应用:研究多目标决策问题的前提,因此研究解决这类问题在实际中是很有意义的,特别是在政治、经济、社会及军事管理、工程技术及科学决策等领域都有重要的应用价值。

(2) 构成综合评价问题的五个要素

构成综合评价问题的五个要素分别为:被评价对象、评价指标、权重系数、综合评价模型和评价者。

① 被评价对象

被评价对象就是综合评价问题中所研究的对象,或称为系统。通常情况下,在一个问题中被评价对象是属于同一类的,且个数要大于1,不妨假设一个综合评价问题中有 n 个被评价对象(或系统),分别记为 $S_1, S_2, \cdots, S_n (n>1)$。

② 评价指标

评价指标是反映被评价对象(或系统)的运行(或发展)状况的基本要素。通常的问题都是由多项指标构成,每一项指标都是从不同的侧面刻画系统所具有某种特征大小的一个度量。

一个综合评价问题的评价指标一般可用一个向量表示,其中每一个分量都从一个侧面反映系统的状态,即称为综合评价的指标体系。

评价指标体系应遵守的原则:系统性、科学性、可比性、可测性(即可观测性)和独立性。这里不妨设系统有 m 个评价指标(或属性),分别记为 x_1,$x_2,\cdots,x_m(m>1)$,即评价指标向量为 $\boldsymbol{x}=(x_1,x_2,\cdots,x_m)^T$。

③ 权重系数

每一综合评价的问题都有相应的评价目的,针对某种评价目的,各评价指标之间的相对重要性是不同的,评价指标之间的这种相对重要性的大小可以用权重系数来刻画。如果用 w_j 来表示评价指标 $x_j(j=1,2,\cdots,m)$ 的权重系数,则应有 $w_j \geqslant 0(j=1,2,\cdots,m)$,且 $\sum_{j=1}^{m} w_j = 1$。

应注意到:当各被评价对象和评价指标值都确定以后,问题的综合评价结果就完全依赖于权重系数的取值了,即权重系数确定的合理程度,直接关系到综合评价结果的可信度,甚至影响到最后决策的正确性。

④ 综合评价模型

对于多指标(或多因素)的综合评价问题,就是要通过建立合适的综合评价数学模型将多个评价指标综合成为一个整体的综合评价指标,作为综合评价的依据,从而得到相应的评价结果。

不妨假设 n 个被评价对象的 m 个评价指标向量为 $\boldsymbol{x}=(x_1,x_2,\cdots,x_m)^T$,指标权重向量为 $\boldsymbol{w}=(w_1,w_2,\cdots,w_m)^T$,由此构造综合评价函数为 $y=f(\boldsymbol{w},\boldsymbol{x})$。

如果已知各评价指标的 n 个观测值为 $\{x_{ij}\}(i=1,2,\cdots,n;\ j=1,2,\cdots,m)$,则可以计算出各系统的综合评价值 $y_i=f(\boldsymbol{w},\boldsymbol{x}^{(i)})$,$\boldsymbol{x}^{(i)}=(x_{i1},x_{i2},\cdots,x_{im})^T(i=1,2,\cdots,n)$。根据 $y_i(i=1,2,\cdots,n)$ 值的大小将这 n 个系统进行排序或分类,即得到综合评价结果。

⑤ 评价者

评价者是直接参与评价的人,可以是某一个人,也可以是一个团体。评价目的选择、评价指标体系确定、评价模型的建立和权重系数的确定都与评价者有关。

(3) 综合评价的一般步骤

① 明确评价目的;② 确定被评价对象;③ 建立评价指标体系(包括评价指

标的原始值、评价指标的若干预处理等);④ 确定与各项评价指标相对应的权重系数;⑤ 选择或构造综合评价模型;⑥ 计算各系统的综合评价值,并给出综合评价结果。

(4) 评价指标的规范化处理

① 评价指标类型的一致化

一般说来,在评价指标 $x_1, x_2, \cdots, x_m (m>1)$ 中可能包含有"极大型"指标、"极小型"指标、"中间型"指标和"区间型"指标。

极大型指标:总是期望指标的取值越大越好。

极小型指标:总是期望指标的取值越小越好。

中间型指标:总是期望指标的取值既不要太大也不要太小,即取适当的中间值为最好,比如通货膨胀率和 pH。

区间型指标:总是期望指标的取值落在某一个确定的区间内为最好。

对于某个极小型指标 x,可通过变换 $x'=\frac{1}{x}(x>0)$,或变换 $x'=M-x$,其中 M 为指标 x 的可能取值的最大值,即可将指标 x 极大化。

对于某个中间型指标 x,则可通过变换

$$x' = \begin{cases} \dfrac{2(x-m)}{M-m} & \left(m \leqslant x \leqslant \dfrac{1}{2}(M+m)\right) \\ \dfrac{2(M-x)}{M-m} & \left(\dfrac{1}{2}(M+m) \leqslant x \leqslant M\right) \end{cases} \tag{8.1}$$

其中,M 和 m 分别为指标 x 的可能取值的最大值和最小值,即可将中间型指标 x 极大化。

对于某个区间型指标 x,则可通过变换

$$x' = \begin{cases} 1 - \dfrac{a-x}{c} & (x<a) \\ 1 & (a \leqslant x \leqslant b) \\ 1 - \dfrac{x-b}{c} & (x>b) \end{cases} \tag{8.2}$$

其中,$[a,b]$ 为指标 x 的最佳稳定的区间,$c=\max\{a-m, M-b\}$,M 和 m 分别为指标 x 的可能取值的最大值和最小值,即可将区间型指标 x 极大化。

② 评价指标的无量纲化

在实际中的评价指标 $x_1, x_2, \cdots, x_m (m>1)$ 之间，往往都存在着各自不同的单位和数量级，使得这些指标之间存在着不可公度性，这就为综合评价带来了困难，尤其是为综合评价指标建立和依据这个指标的大小排序带来不合理性。

如果不对这些指标作相应的无量纲处理，则在综合评价过程中就会出"大数吃小数"的错误结果，从而导致最后得到错误的评价结论。

无量纲化处理又称为指标数据的标准化或规范化处理。

常用方法有标准差方法、极值差方法和功效系数方法等。

假设 m 个评价指标 $x_1, x_2, \cdots, x_m$，在此不妨假设已进行了类型的一致化处理，并都有 n 组样本观测值 $x_{ij}(i=1,2,\cdots,n;j=1,2,\cdots,m)$，对其作无量纲化处理。

标准差方法：令 $x'_{ij} = \dfrac{x_{ij} - \bar{x}_j}{s_j}(i=1,2,\cdots,n;j=1,2,\cdots,m)$，

其中，$\bar{x}_j = \dfrac{1}{n}\sum\limits_{i=1}^{n} x_{ij}, s_j = \left[\dfrac{1}{n}\sum\limits_{i=1}^{n}(x_{ij}-\bar{x}_j)^2\right]^{\frac{1}{2}}(j=1,2,\cdots,m)$。

显然指标 $x'_{ij}(i=1,2,\cdots,n;j=1,2,\cdots,m)$ 的均值和均方差分别为 0 和 1，即 $x'_{ij} \in [0,1]$ 是无量纲的指标，称之为 x_{ij} 的标准观测值。

极值差方法：令 $x'_{ij} = \dfrac{x_{ij} - m_j}{M_j - m_j}(i=1,2,\cdots,n;j=1,2,\cdots,m)$，

其中，$M_j = \max\limits_{1 \leqslant i \leqslant n}\{x_{ij}\}, m_j = \min\limits_{1 \leqslant i \leqslant n}\{x_{ij}\}(j=1,2,\cdots,m)$。则 $x'_{ij} \in [0,1]$ 是无量纲的指标观测值。

功效系数法：令 $x'_{ij} = c + \dfrac{x_{ij} - m_j}{M_j - m_j} \times d \ (i=1,2,\cdots,n;j=1,2,\cdots,m)$，

其中，c, d 均为确定的常数，c 表示"平移量"，d 表示"旋转量"，即表示"放大"或"缩小"倍数，则 $x'_{ij} \in [c, c+d]$。譬如若取 $c=60, d=40$，则 $x'_{ij} \in [60, 100]$。

(5) 综合评价的数学模型

为了全面地综合分析评价 n 个系统(被评价对象)的运行(或发展)状况，如果已知 n 个状态向量(即 n 组观测值) $\boldsymbol{x}^{(i)} = (x_{i1}, x_{i2}, \cdots, x_{im})^{\mathrm{T}}(i=1,2,\cdots,n)$，则根据 m 个评价指标的实际影响作用，确定相应的权重向量 $\boldsymbol{w} = (w_1, w_2, \cdots, w_m)^{\mathrm{T}}$，且选择合适的数学方法构造综合评价函数(即综合评价模型)：

$$y = f(\boldsymbol{w}, \boldsymbol{x}) \tag{8.3}$$

由此计算综合评价指标函数值 $y_i = f(\boldsymbol{w}, \boldsymbol{x}^{(i)})(i=1,2,\cdots,n)$，并按 $y_i(i=1,2,\cdots,n)$ 取值的大小对 n 个系统进行排序或分类。

那么，如何来构造合适的综合评价模型？可采用线性加权综合法或非线性加权综合法。

① 线性加权综合法：用线性加权函数 $y = \sum_{j=1}^{m} w_j x_j$ 作为综合评价模型，对 n 个系统进行综合评价。

线性加权综合法的适用条件：各评价指标之间相互独立。

对于不完全独立的情况采用该方法，其结果将导致各指标间信息的重复，使得评价结果不能客观地反映实际。

线性加权综合法的特点：

第一，该方法能使得各评价指标间作用得到线性补偿，保证综合评价指标的公平性。

第二，该方法中权重系数对评价结果的影响明显，即权重较大指标值对综合指标作用较大。

第三，当权重系数预先给定时，该方法使评价结果对于各备选方案之间的差异表现不敏感。

第四，该方法计算简便，可操作性强，便于推广使用。

② 非线性加权综合法：用非线性函数 $y = \prod_{j=1}^{m} x_j^{w_j}$ 作为综合评价模型，对 n 个系统进行综合评价。其中 w_j 为权重系数，且要求 $x_j \geqslant 1$。

非线性加权综合法适用于各指标间有较强关联的情况。

非线性加权综合法的特点：

第一，该方法突出了各备选方案指标值的一致性，即可以平衡评价指标值较小的指标影响的作用。

第二，在综合评价指标中权重系数大小的影响作用不是特别明显，而对指标值的大小差异相对较敏感。

第三，要求所有的评价指标值（无量纲）都大于或等于 1。

第四，非线性加权综合法相对线性加法计算复杂。

8.2 逼近理想点的排序方法(TOPSIS)

实际中,经常会遇到这样的一类综合评价问题,即首先设定系统的一个理想(样本)点$(x_1^*, x_2^*, \cdots, x_m^*)$,然后将每一个被评价对象与理想点进行比较,如果某一个被评价对象$(x_{i1}, x_{i2}, \cdots, x_{im})$在某种意义下与理想点$(x_1^*, x_2^*, \cdots, x_m^*)$最接近,则可以认为被评价对象$(x_{i1}, x_{i2}, \cdots, x_{im})$就是最好的。

基于这种思想的综合评价方法称为逼近理想点的排序方法(Technique for Order Preference by Similarity to an Ideal Solution,TOPSIS)。

假设理想点(系统)为$(x_1^*, x_2^*, \cdots, x_m^*)$,对于一个被评价对象$(x_{i1}, x_{i2}, \cdots, x_{im})$,定义二者之间的加权距离为

$$y_i = \sum_{j=1}^{m} w_j f(x_{ij}, x_j^*) \quad (i=1,2,\cdots,n) \tag{8.4}$$

其中,w_j为权重系数;$f(x_{ij}, x_j^*)$为x_{ij}与x_j^*之间的某种意义下的距离。

通常情况下可取简单的欧氏距离,即取$f(x_{ij}, x_j^*) = (x_{ij} - x_j^*)^2$,则综合评价函数为$y_i = \sum_{j=1}^{m} w_j (x_{ij} - x_j^*)^2 (i=1,2,\cdots,n)$。

经过计算,按照$y_i (i=1,2,\cdots,n)$值的大小对各被评价方案进行排序选优,显然是其值越小方案就越好。特别地,当某个$y_i = 0$时,即达到了理想点,则对应的方案就是最优的。

8.3 综合评价模型的构建

(1) 动态加权综合评价问题的提法

在以上综合加权评价方法中,关于权重值 $w_j(j=1,2,\cdots,m)$ 都是属于定常权,即权重值均为常数。虽然这种方法简单易行,对某些较简单的实际问题也是可行的,但是主观性强、科学性差,有些时候不能很好地为决策提供有效的依据。

2005 年中国大学生数学建模竞赛的 A 题"长江水质的评价和预测"第一部分给出了 17 个观测站(城市)的最近 28 个月的实际检测指标数据,包括反映水质污染程度的最主要的四项指标:溶解氧、高锰酸盐指数、氨氮(NH_3-N)和 pH,要求综合这四种污染指标的 28 个月的检测数据对 17 个城市的水质情况做出综合评价。

根据《地表水环境质量标准》(GB 3838—2002)的规定,地表水的水质可分为Ⅰ类、Ⅱ类、Ⅲ类、Ⅳ类、Ⅴ类、劣Ⅴ类共六个类别。每一个类别对每一项指标都有相应的标准值(区间),只要有一项指标达到高类别的标准就算是高类别的水质,所以实际中不同类别的水质有很大的差别,而且同一类别的水在污染物的含量上也有一定的差别。污染程度已超过Ⅴ类的水质被称为"劣Ⅴ类水质"。

在对 17 个城市的水质做综合评价时,要充分考虑这些指标值不同类别水的"质的差异"和同类别水的"量的差异",在此简称为"质差"和"量差"。因此,这是一个较复杂的多因素多属性的综合评价问题。对于这种既有"质差"又有"量差"的问题,如果用通常的定常加权综合评价法做综合评价显然是不合理的,合理有效的方法是动态加权综合评价方法。

动态加权综合评价问题的一般提法：现设有 n 个被评价对象（或系统），分别记为 $S_1, S_2, \cdots, S_n (n>1)$；每个系统都有 m 个属性（或评价指标），分别记为 $x_1, x_2, \cdots, x_m (m>1)$；对于每一个属性 x_i 都可以分为 K 个等级，记为 $p_1, p_2, \cdots, p_K (K>1)$；而对于每一个等级 p_k 都包含一个区间范围，记为 $[a_k^{(i)}, b_k^{(i)}]$，且 $a_k^{(i)} < b_k^{(i)} (i=1,2,\cdots,m; k=1,2,\cdots,K)$，即当属性 $x_i \in [a_k^{(i)}, b_k^{(i)}]$ 时，则属性 x_i 属于第 k 类 $p_k (1 \leqslant k \leqslant K)$。也就是对于每一个属性而言，既有不同类别的差异，同类别的又有不同量值的差异。

根据这个问题的实际背景和综合评价的一般原则，解决问题的主要过程分三步完成：

第一步，将各评价指标作标准化处理。

第二步，根据各属性的特性构造动态加权函数。

第三步，构建问题的综合评价模型，并做出评价。

实际中问题的评价指标可能有极大型的、极小型的、中间型的或区间型的四种情况，也有时各有不同的量纲，这就需要根据不同情况分别进行标准化处理，即将各种不同类型指标变换成统一的、无量纲的标准化指标。

(2) 评价指标的标准化处理

如果指标 x_i 为极大型指标，首先要将数据指标作极小化处理，即通过倒数变换 $x_i' = \dfrac{1}{x_i}$，或 $x_i' = M_i - x_i (M_i = \max\{x_i\})$ 实现，然后再作极差变换将其数据标准化，即令

$$x''_i = \frac{x_i' - m_i'}{M_i' - m_i'} (1 \leqslant i \leqslant m) \tag{8.5}$$

其中，$m_i' = \min\{x_i'\}$，$M_i' = \max\{x_i'\}$，则 x_i 被化为无量纲的标准化指标，对应的分类区间也随之相应地变化，在这里为了方便仍记为 $[a_k^{(i)}, b_k^{(i)}] (k=1,2,\cdots, K; 1 \leqslant i \leqslant m)$。

对于中间型指标，即越靠近某个中间值评价效果越好的指标，如果指标 x_i 是关于均值对称的，则用变换

$$x_i' = \frac{|x_i - \bar{x}_i|}{\bar{x}_i} (1 \leqslant i \leqslant m) \tag{8.6}$$

其中，$\bar{x}_i = \frac{1}{2}(M_i - m_i)$，$m_i = \min\{x_i\}$，$M_i = \max\{x_i\}$，否则，取某一个理想值 $x_i^{(0)} \in (m_i, M_i)$，则令

$$x_i' = \frac{|x_i - x_i^{(0)}|}{\bar{x}_i} \quad (1 \leqslant i \leqslant m) \tag{8.7}$$

可将其指标标准化，相应的分类区间也随之变化，同样仍记为 $[a_k^{(i)}, b_k^{(i)}]$（$k = 1, 2, \cdots, K; 1 \leqslant i \leqslant m$）。

（3）动态加权综合评价的一般方法

动态加权函数的设定中，考虑到评价指标的"质差"与"量差"的关系，在确定综合评价指标时，既要能体现不同类型指标之间的差异，也要能体现同类型指标的数量差异。具体取什么样的动态加权函数，主要是从实际问题出发分析确定。对于不同的指标可以取相同的权函数，也可以取不同的权函数。

① 分段变幂函数

如果某项评价指标 x_i 对于综合评价效果的影响大约是随着类别 p_k（$k = 1, 2, \cdots, K$）的增加而按正幂次增加，同时在某一类中随着指标值的增加按相应的一个幂函数增加，则对指标 x_i 的变权函数可以设定为分段幂函数，即

$$w_i(x) = x^{\frac{1}{k}}, \quad x \in [a_k^{(i)}, b_k^{(i)}] \quad (k = 1, 2, \cdots, K) \tag{8.8}$$

其中，$1 \leqslant i \leqslant m$。

② 偏大型正态分布函数

如果某项指标 x_i 对于综合评价效果的影响大约是随着类别 p_k（$k = 1, 2, \cdots, K$）的增加，先是缓慢增加，中间有一个快速增长的过程，随后平缓增加趋于最大，相应的图形呈正态分布曲线（左侧）形状，那么，此时对指标 x_i 的变权函数可以设定为偏大型正态分布函数，即

$$w_i(x) = \begin{cases} 0 & (\text{当 } x \leqslant \alpha_i \text{ 时}) \\ 1 - e^{-\left(\frac{x - \alpha_i}{\sigma_i}\right)^2} & (\text{当 } x > \alpha_i \text{ 时}) \end{cases} \tag{8.9}$$

其中，参数 α_i 可取 $[a_1^{(i)}, b_1^{(i)}]$ 中的某定值，在此不妨取 $\alpha_i = (b_1^{(i)} - a_1^{(i)})/2$，$\sigma_i$ 由 $w_i(a_K^{(i)}) = 0.9$（$1 \leqslant i \leqslant m$）确定。

③ S 型分布函数

如果某项指标 x_i 对于综合评价效果的影响大约是随着类别 p_k（$k = 1$,

$2,\cdots,K$)的增加而增加的过程,呈一条"S"曲线,那么,此时对指标 x_i 的变权函数可以设定为 S 型分布函数,即

$$w_i(x) = \begin{cases} 2\left(\dfrac{x-a_1^{(i)}}{b_K^{(i)}-a_1^{(i)}}\right)^2 & (a_1^{(i)} \leqslant x \leqslant c) \\ 1-2\left(\dfrac{x-b_K^{(i)}}{b_K^{(i)}-a_1^{(i)}}\right)^2 & (c < x \leqslant b_K^{(i)}) \end{cases} \quad (8.10)$$

其中,$c=(a_1^{(i)}+b_K^{(i)})/2$,且 $w_i(c)=0.5(1\leqslant i\leqslant m)$。

标准化后的各评价指标值,不妨仍用 x_i 表示,同时以相应的动态权函数 $w_i(x)(i=1,2,\cdots,m)$ 建立综合评价模型来对 n 个被评价对象做出综合评价。在此,取综合评价模型为各评价指标的动态加权和,即

$$X = \sum_{i=1}^{m} w_i(x_i) \cdot x_i \quad (8.11)$$

以此作为该问题的综合评价指标函数,如果每个被评价对象的 m 个属性都有 N 组样本观测值$\{x_{ij}\}(i=1,2,\cdots,m;j=1,2,\cdots,N)$,代入上式计算,则每一个被评价对象都有 N 个综合评价指标值 $X_k(j)(k=1,2,\cdots,n;j=1,2,\cdots,N)$。由此按其大小排序,可以给出 n 个被评价对象的 N 个排序方案。

利用决策分析中的 Borda 函数方法来确定综合排序方案。记在第 j 个排序方案中排在第 k 个被评价对象 S_k 后面的个数为 $B_j(S_k)$,则被评价对象 S_k 的 Borda 数为

$$B(S_k) = \sum_{j=1}^{N} B_j(S_k)(k=1,2,\cdots,n) \quad (8.12)$$

由此式的计算结果按其大小排序,就可以得到 n 个被评价对象的综合评价结果,即总排序结果。

例 8.1:长江水质的综合评价模型

针对长江水质的综合评价这一问题,采用动态加权综合评价方法来解决。假设 17 个城市为被评价对象 $S_1,S_2,\cdots,S_{17}$,共有四项评价指标(或属性)DO、CODMn、NH$_3$-N 和 pH,分别记为 x_1,x_2,x_3 和 x_4,前三项指标都有 6 个等级 $p_1,p_2,\cdots,p_6$,相应的分类区间值如表 8.1 所示,而 pH 没有等级之分。

表 8.1 《地表水环境质量标准》(GB 3838—2002)中 4 个主要项目标准限值

单位：mg/L

指标	Ⅰ类	Ⅱ类	Ⅲ类	Ⅳ类	Ⅴ类	劣Ⅴ类
溶解氧	[7.5,∞)	[6,7.5)	[5,6)	[3,5)	[2,3)	[0,2]
高锰酸盐指数	(0,2]	(2,4]	(4,6]	(6,10]	(10,15]	(15,∞)
氨氮(NH$_3$-N)	(0,0.15]	(0.15,0.5]	(0.5,1]	(1,1.5]	(1.5,2]	(2,∞)
pH(无量纲)						

第一步，指标数据的标准化处理。

① 溶解氧的标准化

注意到溶解氧为极大型指标，首先将数据指标作极小化处理，即进行倒数变换 $x_1' = \dfrac{1}{x_1}$，相应的分类标准区间变为：

$$\left(0, \frac{1}{7.5}\right], \left(\frac{1}{7.5}, \frac{1}{6}\right], \left(\frac{1}{6}, \frac{1}{5}\right], \left(\frac{1}{5}, \frac{1}{3}\right], \left(\frac{1}{3}, \frac{1}{2}\right], \left(\frac{1}{2}, \infty\right)$$

然后通过极差变换 $x_1'' = \dfrac{x_1'}{0.5}$ 将其数据标准化，对应的分类区间随之变为：

(0,0.2667], (0.2667,0.3333], (0.3333,0.4], (0.4,0.6667], (0.6667,1], (1,∞)

② 高锰酸盐指数的标准化

高锰酸盐指数本身就是极小型指标，即由极差变换将其数据标准化，即令 $x_2' = \dfrac{x_2}{15}$，对应的分类区间随之变为：

(0,0.1333], (0.1333,0.2667], (0.2667,0.4], (0.4,0.6667], (0.6667,1], (1,∞)

③ 氨氮(NH$_3$-N)的标准化

氨氮也是极小型指标，对指标数据作极差变换将其数据标准化，即令 $x_3' = \dfrac{x_3}{2}$，对应的分类区间随之变为：

(0,0.075], (0.075,0.25], (0.25,0.5], (0.5,0.75], (0.75,1], (1,∞)

④ pH 的处理

酸碱度(pH)的大小反映出水质呈酸碱性的程度，通常的水生物都适应中

性水质,即酸碱度的平衡值(pH 略大于7),在这里不妨取正常值的中值7.5。当 pH<7.5 时水质偏酸性,当 pH>7.5 时偏碱性,而偏离值越大水质就越坏,pH 属于中间型指标。为此,对所有的 pH 指标数据作均值差处理,即令 $x'_4 = \frac{|x_4-7.5|}{1.5} = \frac{2}{3}|x_4-7.5|$,将其数据标准化。

第二步,动态加权函数的确定。

实际问题的分析,不妨取动态加权函数为偏大型正态分布函数,即

$$w_i(x) = \begin{cases} 0 & (当 x \leqslant \alpha_i 时) \\ 1-e^{-(\frac{x-\alpha_i}{\sigma_i})^2} & (当 x > \alpha_i 时) \end{cases} \quad (8.13)$$

其中,α_i 在这里取指标 x_i 的 I 类水标准区间的中值,即 $\alpha_i = (b_1^{(i)} - a_1^{(i)})/2$,$\sigma_i$ 由 $w_i(a_4^{(i)}) = 0.9(i=1,2,3)$ 确定。

由实际数据计算可得 $\alpha_1 = 0.1333, \alpha_2 = 0.0667, \alpha_3 = 0.0375, \sigma_1 = 0.1757$,$\sigma_2 = 0.2197$,$\sigma_3 = 0.3048$,代入上式可以得到溶解氧、高锰酸盐指数和氨氮三项指标的动态加权函数。

第三步,综合评价指标函数的确定。

考虑到对实际评价效果影响差异较大的是前三项指标,以及指标 pH 的特殊性,这里对前三项指标的综合影响权值取 0.8,而 pH 的影响权值取 0.2。因此,根据综合评价模型,某城市某一时间的水质综合评价指标定义为

$$X = 0.8 \sum_{i=1}^{3} w_i(x_i) x_i + 0.2 x_4$$

根据 17 个城市的 28 组实际检测数据,经计算可得各城市的水质综合评价指标值,即可得到一个 17×28 阶的综合评价矩阵 $(X_{ij})_{17 \times 28}$。

第四步,各城市水质的综合评价。

由 17 个城市 28 个月的水质综合评价指标 $X_{ij}(i=1,2,\cdots,17; j=1,2,\cdots,28)$,根据其大小(即污染的程度)进行排序,数值越大说明水质越差。由此可得反映 17 个城市水质污染程度的 28 个排序结果,根据 Borda 数的计算方法则得到第 i 个城市(被评价对象)S_i 的 Borda 数为

$$B(S_i) = \sum_{j=1}^{28} B_j(S_i) \quad (i=1,2,\cdots,17)$$

经计算可得到各城市的 Borda 数及总排序结果如表 8.2 所示。

表 8.2　按各城市的水质污染总排序结果

排序	城市																
	S_1	S_2	S_3	S_4	S_5	S_6	S_7	S_8	S_9	S_{10}	S_{11}	S_{12}	S_{13}	S_{14}	S_{15}	S_{16}	S_{17}
Borda 数	203	136	143	234	106	139	138	378	232	271	60	357	277	264	438	214	217
总排序	11	15	12	7	16	13	14	2	8	5	17	3	4	6	1	10	9

由表 8.2 可以看出，各观测城市所在的江段的水质污染的情况，水质最差的是观测城市 S_{15}，即江西南昌赣江鄱阳湖入口地区；其次是观测城市 S_8，即四川乐山岷江与大渡河的汇合地区；第三位的是 S_{12}，即湖南长沙湘江洞庭湖地区。干流水质最差的是湖南岳阳段（S_4），主要污染可能是来自洞庭湖；干流水质最好的区段是江西九江（鄂赣交界）段（S_6）。支流水质最好的是湖北丹江口水库（S_{11}）。

(4) 动态加权综合评价方法的特点

从实际的综合评价结果可以看出，针对这样一类多因素多属性的既包含"质差"又包含"量差"的综合评价问题，采用动态加权综合评价方法可使评价结果科学合理。其主要特点有：

① 充分地考虑到了每一个因素每一个属性的所有"差异"的影响和作用。

② 在综合评价中也充分地体现出了各属性的"广泛性"和"民主性"。

③ 避免了一般的综合评价方法"一票否决"（即某一指标的劣而导致结果的否定）的不合理性。

④ 体现出了综合评价"综合"二字的含义。

动态加权综合评价方法从方法上增加了综合评价的客观性，大大淡化了评价人的主观因素对评价结果的影响，与一般的定常加权法相比其优越性是显而易见的。

动态加权综合评价方法不仅可用于水质的综合评价这一类问题，类似的也可以用来研究解决诸如空气质量的综合评价问题，以及经济和军事等领域的很多综合评价问题。动态加权综合评价方法在实际中有极大的推广应用价值。

8.4 TOPSIS 法

TOPSIS(Technique for order preference by similarity to an ideal solution,逼近理想点的排序方法)[103]是系统工程中有限方案多目标决策分析的一种常用方法,可用于效益评价、卫生决策和卫生事业管理等多个领域。本法对样本资料无特殊要求,使用灵活简便,故应用日趋广泛。

（1）TOPSIS 法的优点

① TOPSIS 法对原始数据的信息利用最为充分,其结果能精确地反映各评价方案之间的差距。

② 对数据分布及样本含量,指标多少没有严格的限制,数据计算简单易行。

③ 不仅适合小样本资料,也适用于多评价对象,多指标的大样本资料。

④ 可得出良好的可比性评价排序结果。

例 8.2： 5 个煤矿煤尘对呼吸系统危害的研究资料见表 8.3 所示,拟综合粉尘几何平均浓度、游离 SiO_2 含量和煤肺患病率 3 个指标进行综合评价。

表 8.3 5 个煤矿测定结果与煤肺患病率

厂矿	粉尘几何平均浓度/(mg/m³)	游离 SiO_2 含量/%	煤肺患病率/%
湖南白沙湘永煤矿	50.8	4.3	8.7
沈阳田师傅煤矿	200.0	4.9	7.2
抚顺龙凤煤矿	71.4	2.5	5.0
大同同家梁煤矿	98.5	3.7	2.7
扎赉诺尔南山煤矿	10.2	2.4	0.3

TOPSIS 法基本步骤如下：

① 评价指标同趋势化。TOPSIS 法进行评价时，要求所有指标变化方向一致（即所谓同趋势化），将高优指标转化为低优指标，或将低优指标转化为高优指标，通常采用后一种方式。转化方法常用倒数法，即令原始数据中低优指标 $X_{ij}(i=1,2\cdots,n;j=1,2\cdots m)$ 通过 $x'_{ij}=1/x_{ij}$ 变换而转化成高优指标，然后建立同趋势化后的原始数据表，如表 8.4 所示。

指标属性趋同化处理可将低优指标和中性指标全转化为高优指标 x'_{ij}，方法是：

$$x'_{ij}=\begin{cases} x_{ij} & \text{（高优指标）} \\ 1/x_{ij} & \text{（低优指标）} \\ M/[M+|x_{ij}-M|] & \text{（中性指标）} \end{cases} \quad (8.14)$$

表 8.4 指标转化值

厂矿	粉尘几何平均浓度/(mg/m³)	游离 SiO_2 含量/%	煤肺患病率/%
湖南白沙湘永煤矿	1.968 5	23.255 8	11.494 3
沈阳田师傅煤矿	0.500 0	20.408 2	13.888 9
抚顺龙凤煤矿	1.400 6	40.000 0	20.000 0
大同同家梁煤矿	1.015 2	27.027 0	37.037 0
扎赉诺尔南山煤矿	9.803 9	41.666 7	33.333 3

② 对同趋势化后的原始数据矩阵进行归一化处理，并建立相应矩阵。其指标转换公式为：

$$a_{ij}=\frac{X_{ij}}{\sqrt{\sum_{i=1}^{n}X_{ij}^2}} \text{（原高优指标）}$$

$$a_{ij}=\frac{X'_{ij}}{\sqrt{\sum_{i=1}^{n}(X'_{ij})^2}} \text{（原低优指标）} \quad (8.15)$$

其中，X_{ij} 表示第 i 个评价对象在第 j 个指标上的取值；x_{ij} 表示经倒数转换后的第 i 个评价对象在第 j 个指标上的取值。

由此得出经归一化处理后的 A 矩阵为：

$$A = \begin{bmatrix} a_{11} & a_{12} & \cdots & a_{1m} \\ a_{21} & a_{22} & \cdots & a_{2m} \\ \vdots & \vdots & & \vdots \\ a_{n1} & a_{n2} & \cdots & a_{nm} \end{bmatrix}$$

如本例对湖南白沙湘永煤矿粉尘几何平均浓度归一化处理如下：

$$a_{11} = \frac{X_{11}}{\sqrt{\sum_{i=1}^{5}(X_{i1})^2}} = \frac{1.9685}{\sqrt{1.9685^2 + 0.5000^2 + 1.4006^2 + 1.0152^2 + 9.8039^2}}$$
$$= 0.1937$$

归一化处理后的结果矩阵见表 8.5 所示：

表 8.5 归一化矩阵值

厂矿	粉尘几何平均浓度/(mg/m³)	游离 SiO_2 含量/%	煤肺患病率/%
湖南白沙湘永煤矿	0.193 7	0.328 1	0.034 2
沈阳田师傅煤矿	0.049 2	0.287 9	0.041 3
抚顺龙凤煤矿	0.137 8	0.564 3	0.059 4
大同同家梁煤矿	0.099 9	0.381 3	0.110 1
扎赉诺尔南山煤矿	0.964 9	0.587 9	0.990 7

③ 据 A 矩阵得到最优值向量和最劣值向量，即有限方案中的最优方案和最劣方案为：

最优方案 $A^+ = (a_{i1}^+, a_{i2}^+, \cdots, a_{im}^+) = (0.9649, 0.5879, 0.9907)$

最劣方案 $A^- = (a_{i1}^-, a_{i2}^-, \cdots, a_{im}^-) = (0.0492, 0.2879, 0.0342)$

④ 分别计算诸评价对象各指标值与最优方案及最劣方案的距离 D_i^+ 与 D_i^-：

$$D_i^+ = \sqrt{\sum_{j=1}^{m}(a_{ij}^+ - a_{ij})^2} \ ; \ D_i^- = \sqrt{\sum_{j=1}^{m}(a_{ij}^- - a_{ij})^2} \quad (8.16)$$

其中，D_i^+ 与 D_i^- 分别表示第 i 个评价对象与最优方案及最劣方案的距离；a_{ij} 表示某个评价对象 i 在第 j 个指标的取值。结果见表 8.6 所示。

$$D_4^+ = \sqrt{\sum_{j=1}^{3}(a_{4j}^+ - a_{4j})^2}$$
$$= \sqrt{(0.9649 - 0.0999)^2 + (0.5879 - 0.3813)^2 + (0.9907 - 0.1101)^2}$$
$$= 1.2515$$

$$D_4^- = \sqrt{\sum_{j=1}^{3}(a_{4j}^- - a_{4j})^2} = \cdots = 0.1306$$

⑤ 计算诸评价对象与最优方案的接近程度 C_i，其计算公式如下：

$$C_i = \frac{D_i^-}{D_i^+ + D_i^-} \tag{8.17}$$

C_i 在 0 与 1 之间取值，C_i 愈接近 1，表示该评价对象越接近最优水平；C_i 愈接近 0，表示该评价对象越接近最劣水平。

⑥ 按 C_i 大小将各评价对象排序，C_i 值越大，表示综合效益越好。如表 8.6 所示，扎赉诺尔南山煤矿最优，即对呼吸系统危害最小；而沈阳田师傅煤矿最劣。

表 8.6 不同厂矿指标值与最优值的相对接近程度及排序结果

厂矿	D_i^+	D_i^-	C_i	排序结果
湖南白沙湘永煤矿	1.225 8	0.150 0	0.106 7	3
沈阳田师傅煤矿	1.352 7	0.007 1	0.005 2	5
抚顺龙凤煤矿	1.245 7	0.291 4	0.189 6	2
大同同家梁煤矿	1.251 5	0.130 6	0.094 5	4
扎赉诺尔南山煤矿	0.000 0	1.357 7	1.000 0	1

例 8.3：某儿童医院 1994—1998 年 7 项指标的实际值（表 8.7），用 TOPSIS 法比较该医院这 5 年的医疗质量。

表 8.7 某儿童医院 1994—1998 年 7 项指标的实际值

年份	出院人数/人	病床使用率/%	平均住院日/日	病死率/%	抢救成功率/%	治愈好转率/%	院内感染率/%
1994	21 584	76.7	7.3	1.01	78.3	97.5	2.0
1995	24 372	86.3	7.4	0.80	91.1	98.0	2.0
1996	22 041	81.8	7.3	0.62	91.1	97.3	3.2
1997	21 115	84.5	6.9	0.60	90.2	97.7	2.9
1998	24 633	90.3	6.9	0.25	95.0	97.9	3.6

平均住院日、病死率、院内感染率为低优指标，取倒数，低指标向高指标转化(表 8.8)：

表 8.8 调整后的平均住院日、病死率、院内感染率

年份	出院人数/人	病床使用率/%	平均住院日/日	病死率/%	抢救成功率/%	治愈好转率/%	院内感染率/%
1994	21 584	76.7	0.137 0	0.990 1	78.3	97.5	0.500 0
1995	24 372	86.3	0.135 1	1.250 0	91.1	98.0	0.500 0
1996	22 041	81.8	0.137 0	1.612 9	91.1	97.3	0.312 5
1997	21 115	84.5	0.144 9	1.666 7	90.2	97.7	0.344 8
1998	24 633	90.3	0.144 9	4.000 0	95.5	97.9	0.2778

平均住院日、病死率、院内感染率为低优指标,其余为高优指标,同向化归一化变换:

$$Z_{12}=76.7/\sqrt{76.7^2+86.3^2+81.8^2+84.5^2+90.3^2}=0.408\ 1$$

变换后,得到矩阵

$$Z=\begin{bmatrix} 0.423\ 4 & 0.408\ 1 & 0.438\ 0 & 0.202\ 4 & 0.391\ 6 & 0.446\ 4 & 0.561\ 2 \\ 0.478\ 1 & 0.459\ 2 & 0.432\ 1 & 0.255\ 6 & 0.455\ 6 & 0.448\ 7 & 0.561\ 2 \\ 0.432\ 4 & 0.435\ 3 & 0.438\ 0 & 0.329\ 8 & 0.455\ 6 & 0.445\ 5 & 0.350\ 8 \\ 0.414\ 2 & 0.449\ 6 & 0.463\ 4 & 0.340\ 8 & 0.451\ 1 & 0.447\ 3 & 0.387\ 1 \\ 0.483\ 3 & 0.480\ 5 & 0.463\ 4 & 0.817\ 8 & 0.477\ 6 & 0.448\ 2 & 0.311\ 8 \end{bmatrix}$$

计算各列最大、最小值构成的最优、最劣向量分别为:

$Z^+=(0.483\ 3\quad 0.480\ 5\quad 0.463\ 4\quad 0.817\ 8\quad 0.477\ 6\quad 0.448\ 7\quad 0.561\ 2)$

$Z^-=(0.414\ 2\quad 0.408\ 1\quad 0.432\ 1\quad 0.202\ 4\quad 0.391\ 6\quad 0.445\ 5\quad 0.311\ 8)$

计算各年与最优、最劣向量的距离(以 1994 年为例)(表 8.9):

$$D_1^+=\sqrt{(0.483\ 3-0.423\ 4)^2+\cdots+(0.561\ 2-0.561\ 2)^2}=0.628\ 9$$

$$D_1^-=\sqrt{(0.4142-0.423\ 4)^2+\cdots+(0.311\ 8-0.561\ 2)^2}=0.249\ 7$$

计算接近程度(以 1994 年为例):

$$C_1=0.249\ 7/(0.628\ 9+0.249\ 7)=0.284\ 2$$

表 8.9　1994—1998 年综合效益排序

年份	D^+	D^-	C_i	排序
1994	0.628 9	0.249 7	0.284 2	3
1995	0.564 0	0.275 4	0.328 1	2
1996	0.536 9	0.151 4	0.220 0	5
1997	0.514 1	0.176 2	0.255 2	4
1998	0.249 4	0.630 2	0.716 4	1

可以看出,1998 年综合效益最好,其次为 1995 年,随后为 1994 年、1997 年,1996 年最差。

以上例子是在等权或没有考虑权重的情况下计算所得的,当我们进行权重估计时,各指标与最优方案及最劣方案距离的计算公式应改为:

$$D_i^+ = \sqrt{\sum_{j=1}^{m} \omega_j (a_{ij}^+ - a_{ij})^2}$$

$$D_i^- = \sqrt{\sum_{j=1}^{m} \omega_j (a_{ij}^- - a_{ij})^2} \tag{8.18}$$

其中,ω_j 为第 j 个指标的权重系数。

(2) TOPSIS 法的基本思想

基于归一化后的原始数据矩阵,找出有限方案中的最优方案和最劣方案(分别用最优向量和最劣向量表示),然后分别计算诸评价对象与最优方案和最劣方案间的距离,获得各评价对象与最优方案的相对接近程度,以此作为评价优劣的依据。

(3) TOPSIS 法的基本步骤

① 指标同趋势化。

② 归一化处理。

③ 寻找最优方案与最劣方案。

④ 计算评价对象与最优方案和最劣方案间的距离。

⑤ 计算各评价对象与最优方案的接近程度。

⑥ 依接近程度对各评价对象进行排序,确定评价效果。

8.5 熵值法

(1) 熵的概述

熵,英文为 entropy,是德国物理学家克劳修斯(Rudolf Julius Emanuel Clausius)在 1850 年创造的一个术语[104],表示一种能量在空间中分布的均匀程度。熵是热力学的一个物理概念,是体系混乱度(或无序度)的量度,用 S 表示。

在系统论中,熵越大说明系统越混乱,携带的信息越少;熵越小说明系统越有序,携带的信息越多。

(2) 熵值法的原理

熵值法是一种客观赋权方法,它通过计算指标的信息熵,根据指标的相对变化程度对系统整体的影响来决定指标的权重,相对变化程度大的指标具有较大的权重。此方法现广泛应用在统计学等各个领域,具有较强的研究价值。

(3) 熵值法的计算方法及步骤

① 原始数据的收集与整理

假定需要评价某城市 m 年的发展状况,评价指标体系包括 n 个指标。这是个由 m 个样本组成,用 n 个指标做综合评价的问题,便可以形成评价系统的初始数据矩阵:

$$\boldsymbol{X} = \begin{bmatrix} x_{11} & \cdots & x_{1n} \\ \vdots & & \vdots \\ x_{m1} & \cdots & x_{mn} \end{bmatrix}$$

② 数据处理—标准化处理

第一步,由于各指标的量纲、数量级均有差异,所以为消除因量纲不同对评价结果的影响,需要对各指标进行标准化处理。

方法一:

$$x'_{ij} = \frac{x_j - x_{\min}}{x_{\max} - x_{\min}} \tag{8.19}$$

$$x'_{ij} = \frac{x_{\max} - x_j}{x_{\max} - x_{\min}} \tag{8.20}$$

其中,x_j 为第 j 项指标值;$x_{\max}$ 为第 j 项指标的最大值;$x_{\min}$ 为第 j 项指标的最小值;x'_{ij} 为标准化值。

若所用指标的值越大越好,则选用前一个公式,若所用指标的值越小越好,则选用后一个公式。

方法二:

$$x'_{ij} = \frac{x_{ij} - \bar{x}_j}{S_j} \tag{8.21}$$

其中,$\bar{x}_j = \frac{1}{n}\sum_{i=1}^{n} x_i$;$S_j = \frac{1}{n-1}\sum_{i=1}^{n}(x_{ij} - \bar{x}_j)^2$;$\bar{x}_j$ 为第 j 项指标的平均值;S_j 为第 j 项指标的标准差。

第二步,计算第 j 项指标下第 i 年份指标值的比重 y_{ij}:

$$y_{ij} = \frac{x'_{ij}}{\sum_{i=1}^{m} x'_{ij}} \quad (0 \leqslant y_{ij} \leqslant 1) \tag{8.22}$$

由此,可以建立数据的比重矩阵 $Y = \{y_{ij}\}_{m \times n}$。

③ 计算指标信息熵值 e 和信息效用值 d

计算第 j 项指标的信息熵值的公式为:

$$e_j = -K \sum_{i=1}^{m} y_{ij} \ln y_{ij} \tag{8.23}$$

其中,K 为常数,$K = \frac{1}{\ln m}$。

某项指标的信息效用价值取决于该指标的信息熵 e_j 与 1 之间的差值,它的值直接影响权重的大小,信息效用值越大,对评价的重要性就越大,权重也就越大。

$$d_j = 1 - e_j \tag{8.24}$$

④ 计算评价指标权重

利用熵值法估算各指标的权重,其本质是利用该指标信息的价值系数进行计算,其价值系数越高,对评价的重要性就越大(或称权重越大,对评价结果的贡献大)。

第 j 项指标的权重为:

$$w_j = \frac{d_j}{\sum_{i=1}^{m} d_j} \tag{8.25}$$

⑤ 计算样本的评价值

采用加权求和公式计算样本的评价值：

$$U = \sum_{i=1}^{n} y_{ij} w_j \times 100 \quad (8.26)$$

其中，U 为综合评价值；n 为指标个数；w_j 为第 j 个指标的权重。显然，U 越大，样本效果越好。最终比较所有的 U 值，即得出评价结论。

例 8.4：江苏省扬州市土地可持续利用评价

根据指标体系建立原则，结合扬州市土地资源利用特点，建立扬州市土地可持续利用状态综合评价的指标体系，主要包括"资源、环境、经济、社会"四大一级指标，如表 8.10 所示：

表 8.10 扬州市土地可持续利用状态综合评价的指标体系

总目标	一级指标	二级指标	特征
土地可持续利用综合评价指标体系	资源指标(U_1)	建设用地年增长率(X_1) 耕地年减少率(X_2) 人均建设用地(X_3) 人均耕地(X_4) 粮食单产(X_5)	反映土地资源的利用状况及发展潜力
	环境指标(U_2)	建成区绿化覆盖率(X_6) 环境噪声达标面积比重(X_7) 工业废水排放达标率(X_8) 万元工业产值废水排放量(X_9) 万元工业产值废气排放量(X_{10})	反映与土地利用密切相关的生态、环境状况
	经济指标(U_3)	GDP 年增长率(X_{11}) 非农产值比重(X_{12}) 地均 GDP(X_{13}) 投入产出比(X_{14}) 人均 GDP(X_{15})	反映不同利用方式下土地资源的生产能力及生产效率
	社会指标(U_4)	农民人均纯收入(X_{16}) 城镇居民人均可支配收入(X_{17}) 非农人口比重(X_{18}) 人口自然增长率(X_{19}) 人口密度(X_{20}) 城镇居民人均住房(X_{21}) 每千人拥有医生数(X_{22}) 劳动力非农就业比重(X_{23})	反映土地利用方式对人们生活的影响及人民对它的反应

根据熵值法的计算原理,分别求出各指标的权重值(表 8.11)。

表 8.11　各指标的权重值

一级指标	权重/%	二级指标	权重
资源指标(U_1)	15.34	建设用地年增长率(X_1) 耕地年减少率(X_2) 人均建设用地(X_3) 人均耕地(X_4) 粮食单产(X_5)	0.000 1 0.000 02 0.363 1 0.000 01 14.975 1
环境指标(U_2)	29.28	建成区绿化覆盖率(X_6) 环境噪声达标面积比重(X_7) 工业废水排放达标率(X_8) 万元工业产值废水排放量(X_9) 万元工业产值废气排放量(X_{10})	0.035 3 0.100 7 0.080 6 0.014 2 29.045 8
经济指标(U_3)	28.67	GDP 年增长率(X_{11}) 非农产值比重(X_{12}) 地均 GDP(X_{13}) 投入产出比(X_{14}) 人均 GDP(X_{15})	0.008 0 0.105 5 0.004 3 0.000 03 28.550 9
社会指标(U_4)	26.72	农民人均纯收入(X_{16}) 城镇居民人均可支配收入(X_{17}) 非农人口比重(X_{18}) 人口自然增长率(X_{19}) 人口密度(X_{20}) 城镇居民人均住房(X_{21}) 每千人拥有医生数(X_{22}) 劳动力非农就业比重(X_{23})	8.073 4 17.322 3 0.027 0 0.000 4 1.205 6 0.010 7 0.003 0 0.076 5

根据上述构建的熵值法评价模型,利用其原理和 4 步骤对指标数据进行处理,选取扬州市 1996—2004 年土地资源利用的相关数据,对这一时期扬州市的土地资源可持续利用状态进行计算,评价结果见表 8.12 所示,其中包括综合评价得分值和各分类指标得分值。参照不同学者对土地资源可持续利用评价标准的划分,此处将土地资源利用的可持续性划分为四个等级,如表 8.13 所示。

表 8.12　扬州市土地资源可持续利用的综合评价结果　　　　单位:%

年份	分类指标				综合评价结果
	资源指标	环境指标	经济指标	社会指标	
	15.34	29.28	54.06	1.32	
1996	91.76	79.05	45.38	99.26	75.14
1997	87.63	61.23	48.51	99.22	71.79
1998	84.43	43.47	51.59	103.26	68.05
1999	90.30	101.73	54.75	106.85	87.88
2000	88.09	41.55	60.25	110.37	82.44
2001	90.90	46.26	64.17	115.97	76.86
2002	92.05	50.93	70.80	122.93	82.18
2003	81.32	42.87	81.75	134.16	84.30
2004	95.90	44.75	99.24	150.53	94.95

表 8.13　土地资源利用的可持续性分级标准

综合评估值/%	<60	60～75	75～90	>90
评判标准	可持续利用起步阶段	可持续利用发展阶段	基本可持续利用阶段	可持续利用阶段

由上述分析可以得出,扬州市土地资源可持续利用的状态总体上是趋于发展的,在经历了之前的发展阶段和基本可持续利用阶段之后,已经开始进入可持续利用阶段。但其中的资源和环境两方面的指标总体上仍呈现下降的趋势,尤其是环境指标,在研究期间的大多数年份处于可持续利用起步阶段,在以后的土地利用中,生态环境因素很有可能会成为最大的制约因素。扬州市土地利用的经济指标也是在2004年才开始进入可持续利用阶段,在以后的土地利用中仍有较大的发展潜力。

因而,扬州市在以后的发展中,要实现土地的可持续利用可以从以下几方面着手:

① 切实采取措施加强耕地保护,实现耕地总量动态平衡。

② 加强建设用地指标的规划控制,合理确定建设用地规模,提高土地利用率。

③ 积极推进市场置地，调整和优化用地结构与布局，提高土地集约利用水平。

④ 加强生态环境建设，注重土地开发与利用的生态效益。

（4）对熵值法的评价

① 优点

熵值法能够深刻反映出指标信息熵值的效用价值，从而确定权重，这种思想与土地可持续利用机理非常相似，影响土地可持续作用的主要因素也是其中变化程度大的因素。

熵值法是一种客观赋权法，因而由它得出的指标权重值比主观赋权法具有较高的可信度和精确度。

② 缺点

熵值法缺乏各指标之间的横向比较。

各指标的权数随样本的变化而变化，权数依赖于样本，在应用上受限制。

9

基本预测方法介绍

9.1 什么是预测

预测是指人们利用已经掌握的知识和手段，预先推断事物未来或未知状况的结果。预测的定义见图 9.1 所示。

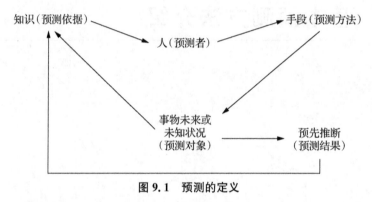

图 9.1 预测的定义

（1）预测的分类

① 按应用领域分类

社会预测：有关社会发展的预测，如人口预测、环境预测、生态预测、资源预测等。

经济预测：关于经济领域中事物发展变化的预测，如市场预测、国民经济形势预测等。

科技预测：对科技进步进行的预测，主要研究科技进步的发展态势等。

军事预测：关于国防与战争问题的预测，为国家军事政策提供依据。

② 按时间长短分类(表 9.1)

表 9.1　按时间长短对预测进行分类

预测领域	短期预测	中期预测	长期预测
科技预测	1～5 年	5～15 年	15～20 年
市场销售预测	1～3 个月	3 个月～2 年	2 年以上
国民经济预测	1～5 年	5～10 年	10 年以上

③ 按预测方法分类

可分为定性预测和定量预测。

(2) 预测方法与技术

所谓预测方法与技术，是指在预测过程中为实现预测结果的优化而运用的各种智能方法与科学技术的总称。

① 预测方法：头脑风暴、德尔菲法、主观概率法、季节模型、指数平滑法、关联树法、回归分析法、趋势外推法、移动平均法、ARMA 模型预测等。

② 预测方法与技术的原则(定量预测)

连贯原则是指事物的发展是按一定规律进行的，在其发展过程中，这种规律贯彻始终，不应受到破坏，它的未来发展与其过去和现在的发展没有什么根本的不同。

类推原则是指事物必须有某种结构，其升降起伏变动不是杂乱无章的，而是有章可循的。事物变动的这种结构性可用数学方法加以模拟，根据所测定的模型，类比现在，预测未来。

9.2　定性预测

(1) 定性预测的概念

定性预测是指预测者依靠熟悉业务知识、具有丰富经验和综合分析能力的人员与专家,根据已掌握的历史资料和直观材料,运用个人的经验和分析判断能力,对事物的未来发展作出性质和程度上的判断;然后,再通过一定的形式综合各方面的意见,作为预测未来的主要依据。

(2) 定性预测的特点

① 着重对事物发展的性质、趋势、方向和重大转折点进行预测。

② 主要凭借人的经验以及分析判断能力。

(3) 定性预测和定量预测优缺点及其之间的关系

① 定性预测的优点:注重性质方面预测,灵活性大,易于发挥人的主观能动性,省时省费用。缺点:易受人的知识、经验和能力大小制约,缺乏对事物发展作数量上的精确描述。

② 定量预测的优点:注重数量方面分析,较多依赖历史资料,可用计算机作大量的计算处理。缺点:比较机械,不易灵活掌握,对资料的质量和数量要求较高,对波动较大资料难以预测事物质的变化。

③ 二者关系:相互补充、相互检验和修正。

(4) 定性预测方法

定性预测方法主要有前导指标法、德尔菲法、目标预测法、主观概率法、交叉影响分析法等。

其原理为:根据历史数据和目标值,探讨出适宜的趋势曲线,以期达到预定目标。

其特点是:不是探索在什么时间将达到什么目标,而是在目标已定的情况下,研究如何实现目标。

其适用范围包括:宏观、中观和微观,经济、社会、科技、军事。

其实施步骤为:确定准则与分解单元,确定权数,计算相关系数和相关途径。

① 前导指标法:寻找、利用与预测对象在同一发展时期、但在时间上有前后差别的前导指标,对预测对象进行中、短期预测和转折点预测的一种分析方法。前导指标法是趋势外推、因果统计和直观判断的结合。

例 9.1:假定涉及能源政策的只有三个主要事件:

$D1$:除运输外,用各种方式以煤代石油。

$D2$:降低国内石油价格。

$D3$:控制空气、水源质量标准。

9 基本预测方法介绍

估计在15年内，三个事件发生的概率分别为0.8、0.4、0.3(表9.2)。

表9.2 三个事件发生的概率

事件	发生概率	对其他事件的影响		
		D_1	D_2	D_3
D_1	0.8	—	↑	↑
D_2	0.4	↓	—	—
D_3	0.3	↓	↓	—

若D_1发生,则D_2、D_3发生的概率均会升高;若D_2发生,则D_1发生的概率将会下降;若D_3发生,则D_1、D_2发生的概率均会下降。

确定一事件对另一事件的影响程度,如果一事件发生将引起后一事件发生概率的很大变化,说明前一事件对后一事件有很强影响。

D_i事件发生后,D_j事件发生概率的变化,利用如下调整公式:

$$P'_j = P_j + KS \cdot P_j^2 + KS \cdot P_j \tag{9.1}$$

K表明D_i发生后对D_j的影响方向。若D_i对D_j影响为正,则K取-1;若D_i对D_j影响为负,则K取$+1$;无影响,K取0。

S表明D_i对D_j的影响程度,$1 > S > 0$,S值越大,说明影响程度越深。

三个事件的发生对其他事件的影响见表9.3所示,交叉影响见表9.4所示。

表9.3 三个事件的发生对其他事件的影响

事件	发生概率	对其他事件的影响		
		D_1	D_2	D_3
D_1	0.8	0	-0.5	-0.8
D_2	0.4	$+0.5$	0	0
D_3	0.3	$+1.0$	$+0.5$	0

表9.4 交叉影响

交叉影响方向和程度	相应的KS值
① 无影响	0
② 较小的正影响	-0.5
③ 较小的负影响	$+0.5$

续表

交叉影响方向和程度	相应的 KS 值
④ 较强的正影响	−0.8
⑤ 较强的负影响	+0.8
⑥ 很强的正影响	−1.0
⑦ 很强的负影响	+1.0

② 蒙特卡罗模拟技术：从随机数发生器或随机数表获取随机数，按蒙特卡罗原则，将这一随机数(0—99)与随机选定的事件的初始概率 p 相比较，确定该事件是否发生。若模拟结果表明该事件未发生(40—99)，则其余事件的初始概率不必加以调整；若模拟结果表明该事件发生了(0—39)，则须依据交叉影响矩阵和概率调整公式对其余各事件的发生概率进行调整。

一轮之后：

$$P'_2=0.395\,2 \quad P'_1=0.524\,8 \quad P'_3=0.468$$

初始概率：

$$P_2=0.4 \quad P_1=0.8 \quad P_3=0.3$$

一般来说，需要经过 1 000 轮左右的模拟。

③ 德尔菲法：又叫专家小组法，是采用征询意见表，利用通信方式，向一个专家小组进行调查，将专家小组的判断预测加以集中、反馈，并反复调查多次，最终利用集体的智慧得出市场现象未来预测结果的定性预测方法。

实施步骤：组成一个专家小组(15～20人)，小组中的成员之间绝对不能来往；将需要解决的问题和背景材料分发给每一位专家，分别向他们征询意见；对专家的意见进行统计分析，并把分析结果反馈给每一位专家；专家根据反馈的意见，再次进行判断和决策；在上一轮的基础上，再次对专家意见进行统计分析。专家经过反复修改各自的意见，直至达成比较一致的意见。

德尔菲法的要点有：匿名（保密），统计归纳，沟通反馈意见。

德尔菲法的优点：可以避免"专家会议法"不便畅所欲言、不便公开修改自己意见等缺点，具有较强的科学性；各专家能够在不受干扰的情况下，独立、充分地表明自己的意见；预测值是根据各位专家的意见综合而成的，能够发挥集体的智慧；应用面比较广。

德尔菲法的缺点：在综合预测值时，仅仅是根据各专家的主观和定性的判断，缺乏客观标准，而且显得强求一致；过程较为复杂，时间周期长。

例 9.2：某书刊经销商采用德尔菲法对某一专著销售量进行预测。该经销商首先选择若干书店经理、书评家、读者、编审、销售代表和海外公司经理组成专家小组，将该专著和一些相应的背景材料发给各位专家，要求大家给出该专著最低销售量、最可能销售量和最高销售量三个数字，同时说明自己做出判断的主要理由。将专家们的意见收集起来，归纳整理后返回给各位专家，然后要求专家们参考他人的意见对自己的预测重新考虑。专家们完成第一次预测并得到第一次预测的汇总结果以后，除书店经理 B 外，其他专家在第二次预测中都做了不同程度的修正。重复进行，在第三次预测中，大多数专家又一次修改了自己的看法。第四次预测时，所有专家都不再修改自己的意见。因此，专家意见收集过程在第四次以后停止。最终预测结果为最低销售量 26 万册，最高销售量 60 万册，最可能销售量 46 万册。

④ 统计归纳——评分法

例 9.3：某针织品公司请专家对 2020 年以后影响运动衣裤销售的项目进行预测。要求在下列项目——品牌、价格、式样、吸汗、耐穿中，选择影响销售的三个主要项目，并按重要性排序。评分标准规定为：第一位给 3 分，第二位给 2 分，第三位给 1 分。第三轮专家征询意见为：赞成"品牌"排在第一位的专家有 61 人，赞成"品牌"排第二位的有 13 人，赞成"品牌"排第三位的有 1 人（专家总数为 82 人）。则项目"品牌"得分为：

$$61\times3+13\times2+1\times1=210 \text{ 分}$$

全部总分为：

$$82\times(1+2+3)=492 \text{ 分}$$

故"品牌"所占比重为：

$$210/492=0.43$$

其余 4 项指标的比重排序为：式样、价格、吸汗、耐穿（由大到小）。据此得出按重要性排在前三名的项目依次为品牌、式样和价格。

注意事项：

第一，问题必须十分清楚，其含义只能有一种解释。

第二，问题的数量不要太多（2 小时内回答完毕）。

第三，要忠实于专家们的回答（调查者避免暴露主观倾向）。

第四，对于不熟悉这一方法的专家，应事先讲清楚意义与方法。

9.3 时间序列模型预测方法

时间序列一般是指一组按时间顺序排列的数据,展示了研究对象在一定时期的发展变化过程。时间序列主要有确定型和随机型两种。

适用范围:经济预测、商业预测、需求预测、库存预测等。

预测期限:主要是中短期,不适用长期。

主要方法:趋势外推、移动平均、指数平滑、分解预测、博克斯-詹金斯法等。

(1) 趋势外推

统计资料表明,大量社会经济现象的发展主要是渐进型的,其发展相对于时间具有一定的规律性。

趋势外推预测法是事物发展渐进过程的一种统计预测方法。简言之,就是运用一个数学模型,拟合一条趋势线,然后用这个模型外推预测未来时期事物的发展。

基本假设:事物是在同一条件或相近条件下发展的,即决定过去事物发展的原因,也是决定未来事物发展的原因;事物发展的过程是渐近的,而不是跳跃的。

使用条件:当预测对象依时间变化呈现某种上升或下降趋势,没有明显的季节波动,且能找到一个合适的函数曲线反映这种变化趋势时,就可以用趋势外推法进行预测。

步骤:① 确定预测对象,选择预测参数;② 搜集数据;③ 根据已知数据,求出趋势变动曲线和趋势变动方程;④ 趋势外推;⑤ 编写预测说明;⑥ 研究结果应用。

为了拟合数据点,实际中最常用的是一些比较简单的函数模型,如线性模型、指数曲线、生长曲线、包络曲线等。

趋势外推预测法主要利用描绘散点图的方法(图形识别)和差分法计算进行模型选择。

其主要优点是：可以揭示事物发展的未来，并定量地估价其功能特性。

趋势外推预测法比较适合中、长期新产品预测，要求有至少5年的数据资料。

常见的趋势预测模型：

① 多项式曲线外推模型

一次(线性)预测模型：

$$\hat{y}_t = b_0 + b_1 t \tag{9.2}$$

二次(二次抛物线)预测模型：

$$\hat{y}_t = b_0 + b_1 t + b_2 t^2 \tag{9.3}$$

三次(三次抛物线)预测模型：

$$\hat{y}_t = b_0 + b_1 t + b_2 t^2 + b_3 t^3 \tag{9.4}$$

一般形式：

$$\hat{y}_t = b_0 + b_1 t + b_2 t^2 + \cdots + b_k t^k \tag{9.5}$$

② 指数曲线预测模型

一般形式：

$$\hat{y}_t = a e^{bt} \text{ 或 } \hat{y}_t = a b^t (a > 0) \tag{9.6}$$

修正的指数曲线预测模型：

$$\hat{y}_t = a + b c^t \text{ 或 } \hat{y}_t = L + a e^{bt} \tag{9.7}$$

对数曲线预测模型：

$$\hat{y}_t = a + b \ln t \tag{9.8}$$

③ 生长曲线外推法

皮尔曲线预测模型：

$$y_t = \frac{L}{1 + a e^{-bt}} \tag{9.9}$$

龚珀兹曲线预测模型：

$$\hat{y}_t = k a^{b^t} \tag{9.10}$$

(2) 趋势外推-多项式曲线法

趋势外推-多项式曲线法的增长曲线，是一些不同次数的多项式。

一般的，k 次多项式为：

$$y_t = a_0 + a_1 t + a_2 t^2 + \cdots + a_k t^k \tag{9.11}$$

其中，$a_0, a_1, a_2, \cdots a_k$ 均是模型参数；t 是时间变量；y_t 是经济指标值。

若 k 不超过 3，则参数 a_0、a_1、a_2、a_3 有明显的经济意义，a_0 为 $t=0$ 时序列的初始值，a_1 可解释为增长的变化速度，a_2 为加速度，a_3 为加速度的变化率。

若增长曲线是一次多项式，则由 $\dfrac{dy_t}{dt} = a_1$，a_1 是常量，表明 y_t 依时间变化过程是一个均衡发展的过程。

若增长曲线为二次多项式，其图像是二次抛物线。它分为两支，一支增长为正，一支增长为负。

因为

$$\frac{dy_t}{dt} = a_1 + 2a_2 t = u_t \tag{9.12}$$

则，u_t 是一直线方程，相应的有

$$\frac{d^2 y_t}{dt^2} = \frac{du_t}{dt} = 2a_2 \tag{9.13}$$

a_2 是一常数，说明它的二阶增长与时间变化无关。

若以一阶差分 $u_t^{(1)}$ 代替一阶微分，二阶差分 $u_t^{(2)}$ 代替二阶微分，并记

$$u_t^{(1)} = y_t - y_{t-1} \frac{dy_t}{dt} = a_1$$

$$u_t^{(2)} = \frac{d^2 y_t}{dt^2} = u_t^{(1)} - u_{t-1}^{(1)} = 2a_2 \tag{9.14}$$

类似的，以三阶差分代替三阶微分，那么，对三次多项式，就得到

$$u_t^{(3)} = \frac{d^3 y_t}{dt^3} = 6a_3 \tag{9.15}$$

由此得到以下基本规律：若增长曲线为一次曲线，则一阶差分为常量；若为二次抛物线，则二阶差分为常量，依此类推。

(3) 趋势外推-指数曲线法

许多系统特征数据序列，如反映技术进步或经济增长的时间序列数据，在其未达到饱和状态之前的成长期内，往往遵循指数曲线增长规律。因此，对发展中的事物，可以考虑用指数曲线进行预测。

指数曲线预测模型为：

$$\hat{y}_t = a\mathrm{e}^{bt}\,(a>0) \tag{9.16}$$

$$\hat{y}_t = ab^t\,(a>0)$$

其中，a、b 为模型参数；t 为时间变量；y_t 为经济目标值。

对于模型

$$\hat{y}_t = a\mathrm{e}^{bt} \tag{9.17}$$

当 $a>0$ 时，若 $b>0$，那么增长曲线 y_t 随着 t 的增加无限制上升；若 $b<0$，那么增长曲线 y_t 随着 t 的增加而下降；当 t 趋向无穷时，y_t 趋向零。y_t 以 $y_t=0$ 为其渐近线。

其特征为：

① 其本质是具有不变增长速度的线性增长曲线。

$$\ln y_t = \ln a + bt \tag{9.18}$$

令：$Y_t = \ln y_t$ $A = \ln a$

则：$Y_t = A + bt$

② $\dfrac{u_t}{y_{t-1}} = \dfrac{y_t - y_{t-1}}{y_{t-1}} = \dfrac{a\mathrm{e}^{bt} - a\mathrm{e}^{b(t-1)}}{a\mathrm{e}^{b(t-1)}} = \mathrm{e}^b - 1$ 是一个常数

对于模型

$$\hat{y}_t = ab^t \tag{9.19}$$

当 $a>0$ 时，若 $b>1$，那么增长曲线 y_t 随着 t 的增加无限制上升；若 $0<b<1$，那么增长曲线 y_t 随着 t 的增加而下降；当 t 趋向无穷时，y_t 趋向零。y_t 以 $y_t=0$ 为其渐近线。

其特征为：

① 其本质是具有不变增长速度的线性增长曲线。

$$\ln y_t = \ln a + t\ln b \tag{9.20}$$

② $\dfrac{u_t}{y_{t-1}} = \dfrac{y_t - y_{t-1}}{y_{t-1}} = \dfrac{ab^t - ab^{t-1}}{ab^{t-1}} = b - 1$ 是一个常数。

或者，判断依据可为：当时间序列各期观测值的一次比率大致相等，就可以用此指数曲线进行预测。

指数曲线模型差分计算如表 9.5 所示。

表 9.5　指数曲线模型差分计算表

时序 t	$y_t = ae^{bt}$	一阶差比率 $\dfrac{y_t}{y_{t-1}}$	$y_t = ab^t$	一阶差比率 $\dfrac{y_t}{y_{t-1}}$
1	ae^b	—	ab	—
2	ae^{2b}	e^b	ab^2	b
3	ae^{3b}	e^b	ab^3	b
4	ae^{4b}	e^b	ab^4	b
⋮	⋮	⋮	⋮	⋮
$t-1$	$ae^{(t-1)b}$	e^b	ab^{t-1}	b
t	ae^{tb}	e^b	ab^t	b

例 9.4： 某商品投入市场以来，1995—2003 年社会总需求量统计资料如表 9.6 所示，试预测该商品 2004 年的社会总需求量。

表 9.6　某商品社会总需求量资料

年份	1995	1996	1997	1998	1999	2000	2001	2002	2003
需求量/万件	165	270	450	740	1 220	2 010	3 120	5 460	9 000

第一步，选择预测模型。

① 描绘散点图，根据散点图分布来选择模型（图 9.2）。可以初步确定选用指数曲线预测模型。

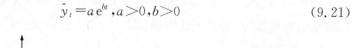

$$\hat{y}_t = ae^{bt}, a>0, b>0 \tag{9.21}$$

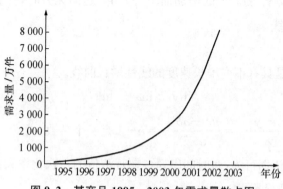

图 9.2　某商品 1995—2003 年需求量散点图

② 计算一阶差比率（表 9.7），并结合散点图最后确定选用哪一种模型。

9 基本预测方法介绍

表9.7 指数曲线模型差分计算表

总需求量/万件	165	270	450	740	1 220	2 010	3 120	5 460	9 000
一阶差比率	—	1.64	1.67	1.64	1.65	1.65	1.55	1.75	1.65

由表9.7可知,观测值 y_t 的一次比率大致相等,符合指数曲线模型的数字特征。

通过以上分析可知,所给统计数据的图形和数字特征都与指数曲线模型相符,所以,可选用模型 $\hat{y}_t = ae^{bt}$。

第二步,求模型参数。

先对观测值 y_t 的数据进行变换,使其满足

$$\ln y_t = \ln a + bt \Leftrightarrow Y_t = A + bt \tag{9.22}$$

其变换数据如表9.8所示。

表9.8 变换数据

年份	1995	1996	1997	1998	1999	2000	2001	2002	2003
时序 t	1	2	3	4	5	6	7	8	9
$Y_t = \ln y_t$	5.11	5.60	6.11	6.61	7.11	7.61	8.05	8.61	9.11

经计算后得:

$$n = 9, \sum t = 45, \sum t^2 = 285, \sum Y = 63.92, \sum Y^2 = 468.89,$$

$$\sum tY = 349.51, \bar{t} = \frac{1}{n}\sum t = 5, \bar{Y} = \frac{1}{n}\sum Y = 7.10$$

根据直线模型,用OLS法可求得:

$$\begin{cases} b = \dfrac{\sum tY - n\bar{t}\bar{Y}}{\sum t^2 - n\bar{t}^2} = \dfrac{349.51 - 9 \times 5 \times 7.10}{285 - 9 \times 5^2} \approx 0.5 \\ A = \bar{Y} - b\bar{t} = 7.10 - 0.5 \times 5 = 4.6 \end{cases}$$

因为

$$A = \ln a$$

所以

$$a = e^A = e^{4.6} = 99.48$$

所求指数模型为:

$$\hat{y}_t = 99.48 e^{0.5t}$$

第三步,预测2004年的需求量为:

$$\hat{y}_{2004} = 99.48 e^{0.5 \times 10} = 14\,764.14(万件)$$

(4) 趋势外推-修正指数曲线法

采用指数曲线外推预测,存在预测值随着时间推移无限增大的问题,这与客观实际是不一致的,因为任何事物的发展都有其一定的限度,不可能无限增长。

例如,一种商品的销售量,在其市场成长期内可能会按指数曲线增长;但随着时间的推移,其增长的趋势可能会减缓以至于停滞。

对于这种情况,可以考虑改用修正指数曲线进行预测。

修正指数曲线预测模型为:

$$\hat{y}_t = a + bc^t \text{ 或 } \hat{y}_t = L + ae^{bt} \tag{9.23}$$

其中,a、b、c、L 均为待定参数。其描绘了发展过程有饱和现象的一种增长规律,其中 a 为饱和值或极限值。$y=a$ 为 y_t 的渐近线,当 $b>0$,y_t 以 a 为下渐近线;当 $b<0$,y_t 以 a 为上渐近线。参数 c 可能大于1,也可能小于1,但大于0。

这种曲线的主要特征是 $\lg u_t$ 线性地变化。

对式(9.23)两边 t 求微商,则有 $y'_t = bc^t \ln c$

令 $u_t = y'_t$,取对数,得 $\lg u_t = \lg(b \ln c) + t \lg c$

由此可见 $\lg u_t$ 是 t 的线性函数。

修正指数曲线模型差分计算如表9.9所示。

表9.9 修正指数曲线模型差分计算表

时序	$y_t = a + bc^t$	一阶差分 $(y_t - y_{t-1})$	一阶差分比率 $\dfrac{y_t - y_{t-1}}{y_{t-1} - y_{t-2}}$
1	$a + bc$	—	—
2	$a + bc^2$	$bc(c-1)$	—
3	$a + bc^3$	$bc^2(c-1)$	c
4	$a + bc^4$	$bc^3(c-1)$	c
⋮	⋮	⋮	⋮
$t-1$	$a + bc^{t-1}$	$bc^{t-2}(c-1)$	c
t	$a + bc^t$	$bc^{t-1}(c-1)$	c

为求出 a、b 和 c 三个参数,可应用分组法,通常的做法是:先把整个时间序列数据分成三组,使每组数据个数相等,然后通过各组数据之和求出参数的具体数值。

设数据序列(能够被 3 整除)为:$y_1, y_2, \cdots, y_{3n}$

将其分成每组数据个数相等的 3 组,即

Ⅰ:$y_1, y_2, \cdots, y_n$

Ⅱ:$y_{n+1}, y_{n+2}, \cdots, y_{2n}$

Ⅲ:$y_{2n+1}, y_{2n+2}, \cdots, y_{3n}$

各组数据之和分别记为:Ⅰ、Ⅱ、Ⅲ。

将第Ⅰ组数据分别代入式(9.23),有

$$y_1 = a + bc^1$$
$$y_2 = a + bc^2$$
$$\vdots$$
$$y_n = a + bc^n \tag{9.24}$$

对上述各式两端求和,得

$$\mathrm{I} = \sum_{i=1}^{n} y_i = na + bc^1 + bc^2 + \cdots + bc^n$$
$$= na + b(c + c^2 + \cdots + c^n)$$
$$= na + b(c + c^2 + \cdots + c^n)\frac{c-1}{c-1}$$
$$= na + b\left(\frac{c^2 + c^3 + \cdots + c^{n+1} - c - c^2 - \cdots - c^n}{c-1}\right)$$
$$= na + bc\left(\frac{c^n - 1}{c-1}\right) \tag{9.25}$$

同理,可得

$$\mathrm{II} = \sum_{i=n+1}^{2n} y_i = na + bc^{n+1} + bc^{n+2} + \cdots + bc^{2n}$$
$$= na + bc^n(c + c^2 + \cdots + c^n)$$
$$= na + bc^{n+1}(1 + c + c^2 + \cdots + c^{n-1})\frac{c-1}{c-1} \tag{9.26}$$
$$= na + bc^{n+1}\left(\frac{c^n - 1}{c-1}\right)$$

$$\text{III} = \sum_{i=2n+1}^{3n} y_i = na + bc^{2n+1} + bc^{2n+2} + \cdots + bc^{3n}$$
$$= na + bc^{2n+1}(1 + c + c^2 + \cdots + c^{n-1}) \tag{9.27}$$
$$= na + bc^{2n+1}\left(\frac{c^n - 1}{c - 1}\right)$$

通过求 II－I、III－II，并令二者相除，整理得 c、b、a 为：

$$c = \left(\frac{\text{III} - \text{II}}{\text{II} - \text{I}}\right)^{\frac{1}{n}}$$

$$b = (\text{II} - \text{I})\frac{c - 1}{(c^n - 1)^2}$$

$$a = \frac{1}{n}\left[\text{I} - b\left(\frac{c^n - 1}{c - 1}\right)\right] \tag{9.28}$$

双指数曲线模型：

$$y_t = ab^t c^{t^2} \tag{9.29}$$

其中，a、b、c 均为参数；t 为时间变量。将上式两边取对数，得到

$$\lg y_t = \lg a + t \lg b + t^2 \lg c \tag{9.30}$$

令 $\alpha = \lg a, \beta = \lg b, \gamma = \lg c$

则有

$$\lg y_t = \alpha + \beta t + \gamma t^2 \tag{9.31}$$

故称此种曲线为对数抛物线。

对式(9.31)两边 t 求微商，得到 $\dfrac{y_t'}{y_t} = \beta + 2\gamma t$

若令 $u_t = y_t'$，则得到双指数曲线的增长特征是 $\dfrac{u_t}{y_t}$ 呈线性变化。

(5) 趋势外推-生长曲线法

生物的生长一般要经历发生、发展、成熟到衰老几个阶段，在不同的生长阶段，生物生长的速度也不一样。

发生初期成长速度较慢，由慢到快；发展时期生长速度则较快；成熟时期，生长速度达到最快而后逐渐变慢；衰老期则几乎停止生长。

指数曲线模型不能预测接近极限值时生物生长的特性值，因为趋近极限值时，生物生长特性值已不按指数规律增长。描述生物生长过程可以考虑运用形

状近似于 S 型的曲线(称为 S 曲线)。

龚珀兹曲线和皮尔曲线,均属于生长曲线回归预测方法。

① 龚珀兹曲线模型及其应用

龚珀兹曲线多用于新产品的研制、发展、成熟和衰退分析。产品寿命一般可分为四个时期,即引入期、成长期、成熟期和衰退期。

龚珀兹曲线特别适合用于对处在成熟期的商品进行预测。

龚珀兹曲线预测模型为:

$$\hat{y}=ka^{b^t} \tag{9.32}$$

式中,a、b、k 为待定参数,k 又称极限参数;t 为时间变量。随 a、b 取值的不同,曲线有四种类型,如图 9.3 所示。

两边取对数,得到 $\lg y_t = \lg k + b^t \lg a$

令 $k_1 = \lg k$,$a_1 = \lg a$

则 $\lg y_t = k_1 + a_1 b^t$

可见,它是一种修正的指数曲线,其参数 k_1、a_1、b 可用分组法求得。

$$\begin{cases} b = \left(\dfrac{\text{III} - \text{II}}{\text{II} - \text{I}}\right)^{\frac{1}{n}} \\ \lg a = (\text{II} - \text{I}) \cdot \dfrac{b-1}{(b^n-1)^2} \\ \lg k = \dfrac{1}{n}\left(\text{I} - \dfrac{b^n-1}{b-1} \cdot \lg a\right) \\ \text{或 } \lg k = \dfrac{1}{n}\left(\dfrac{\text{I} \cdot \text{III} - \text{II}^2}{\text{I} + \text{II} - 2\text{III}}\right) \end{cases} \tag{9.33}$$

通过对(9.32)式求一阶和二阶导数得到:

$$(\lg y_t)' = b^t (\lg a) \ln b$$
$$(\lg y_t)'' = b^t (\lg a)(\ln b)^2 \tag{9.34}$$

由此可知曲线的性质为:

当 $b>1$,$\lg a>0$ 时,有 $(\lg y_t)'$ 与 $(\lg y_t)''$ 均大于 0,所以 $\lg y_t$ 与 $(\lg y_t)'$ 均是增函数,增长曲线 y_t 是凹的。参见图 9.3 中的曲线 IV,它说明了预测目标值随时间的延长而不断地增加。

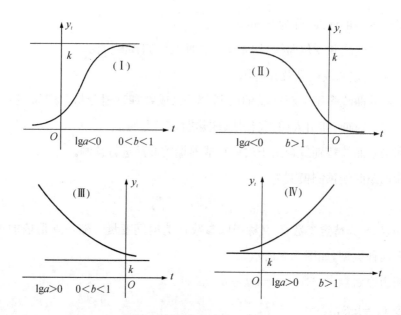

图 9.3 龚珀兹曲线一般形状

当 $1>b>0$，$\lg a<0$ 时，有 $(\lg y_t)'>0$，$(\lg y_t)''<0$，这说明 $\lg y_t$ 是时间 t 的增函数，但 $(\lg y_t)'$ 则是减函数。由此可知，目标值 y 虽然随着时间的推移仍保持增长，但增长的速度却在下降，因此，y 的图像是凸的。

当 $b>1$，$\lg a<0$ 时，有 $(\lg y_t)'<0$，$(\lg y_t)''<0$，说明 $\lg y_t$ 与 $(\lg y_t)'$ 均随 t 的增大而下降，因此，y 随 t 的增大而不断下降，参见图 9.3 中的曲线 Ⅱ。

当 $0<b<1$，$\lg a>0$ 时，有 $(\lg y_t)'<0$，$(\lg y_t)''>0$，从而 $\lg y_t$ 不断下降。

龚珀兹曲线的增长变化特征：对式(9.32)两边 t 求微商，得

$$\frac{y'_t}{y_t}=(\ln a)(\ln b)b^t \tag{9.35}$$

令 $u_t=y'_t$，代入式(9.35)，并两边取对数，即得 $\lg\dfrac{u_t}{y_t}$ 是 t 的线性函数。

龚珀兹曲线对数一阶差的比率表，如表 9.10 所示。

当一组统计数据对数一阶差的一次比率大致相等时，就可选用龚珀兹曲线进行预测。

表 9.10 龚珀兹曲线模型一阶差的比率计算表

时序 t	$y=ka^{bt}$	$\lg y_t = \lg k + b^t \lg a$	$\lg y_t - \lg y_{t-1}$	$\dfrac{\lg y_t - \lg y_{t-1}}{\lg y_{t-1} - \lg y_{t-2}}$
1	ka^b	$\lg k + b \lg a$	—	—
2	ka^{b^2}	$\lg k + b^2 \lg a$	$b(b-1)\lg a$	—
3	ka^{b^3}	$\lg k + b^3 \lg a$	$b^2(b-1)\lg a$	b
4	ka^{b^4}	$\lg k + b^4 \lg a$	$b^3(b-1)\lg a$	b
⋮	⋮	⋮	⋮	⋮
$t-1$	$ka^{b^{t-1}}$	$\lg k + b^{t-1} \lg a$	$b^{t-2}(b-1)\lg a$	b
t	ka^{b^t}	$\lg k + b^t \lg a$	$b^{t-1}(b-1)\lg a$	b

② 皮尔曲线模型(逻辑增长曲线模型)

皮尔曲线多用于生物繁殖、人口发展统计,也适用于对产品生命周期进行分析预测,尤其适用于处在成熟期的商品的市场需求饱和量(或称市场最大潜力)的分析和预测。

皮尔曲线函数模型为:

$$y_t = \frac{k}{1 + a\mathrm{e}^{-bt}} \tag{9.36}$$

其中,k、a、b 是参数,k 又称为极限参数,它表示 y_t 处于饱和状态时的值。

当 $t \to -\infty$ 时,$y_t \to 0$;

当 $t \to +\infty$ 时,$y_t \to k$。

皮尔曲线描绘了这样一种发展过程:初始阶段发展是缓慢的,接着是急剧的增长阶段,然后是一个平稳的发展时期,最后达到饱和状态。这是许多技术的发展或某些产品销售特性的表现形式。例如,企业集团形成发展行为,技术创新扩散的基本规律,电视机、电脑的普及过程等均遵从这种 S 型曲线的增长规律。

为求出逻辑曲线的增长变化特征,首先对式(9.36)求导数,得到

$$y'_t = \frac{kab\mathrm{e}^{-bt}}{(1+a\mathrm{e}^{-bt})^2} \tag{9.37}$$

从而

$$\frac{y'_t}{y_t^2} = \frac{1}{k} ab\mathrm{e}^{-bt} \tag{9.38}$$

令 $u_t = y_t'$，对式(9.38)两边取对数，得到

$$\lg \frac{u_t}{y_t^2} = \lg \frac{ab}{k} - b(\lg e)t \tag{9.39}$$

由此可见，$\lg \dfrac{u_t}{y_t^2}$ 是 t 的线性函数。

参数 k、a、b 的求取最常用的方法是倒数和法。

对式(9.36)两端取倒数，得：

$$y_t^{-1} = \frac{1 + a e^{-bt}}{k} \tag{9.40}$$

用倒数和法确定参数 k、a、b 的具体步骤为：

① 收集的历史统计数据的样本数要能够被 3 整除，设为

$$y_1, y_2, \cdots, y_{3n}$$

② 将收集到的数据分成每组数据个数相等的 3 组：

$$y_1, y_2, \cdots, y_n$$

$$y_{n+1}, y_{n+2}, \cdots, y_{2n}$$

$$y_{2n+1}, y_{2n+2}, \cdots, y_{3n}$$

③ 对各组中的样本数据 y_t 取倒数，用前述分组法步骤可进一步求得 k、a、b 的值。

$$y_1^{-1}, y_2^{-1}, \cdots, y_n^{-1}$$

$$y_{n+1}^{-1}, y_{n+2}^{-1}, \cdots, y_{2n}^{-1}$$

$$y_{2n+1}^{-1}, y_{2n+2}^{-1}, \cdots, y_{3n}^{-1}$$

记：$D_1 = \mathrm{I} - \mathrm{II}$　$D_2 = \mathrm{II} - \mathrm{III}$　$C = \dfrac{e^{-b}(1-e^{-nb})}{1-e^{-b}}$

则：$b = \dfrac{1}{n} \ln \dfrac{D_1}{D_2}$　$k = \dfrac{n}{\mathrm{I} - \dfrac{D_1^2}{D_1 - D_2}}$　$a = \dfrac{L}{C} \cdot \dfrac{D_1^2}{D_1 - D_2}$

生长曲线模型可以描述事物发生、发展和成熟的全过程，是情报研究中常用的一种方法。

生物群体的生长，例如人口的增加、细胞的繁殖，开始几乎都是按指数函数的规律增长的。在达到一定的生物密度以后，由于自身和环境的制约作用，其增长逐渐趋于稳定。通过对技术发展过程的研究，发现其也具有类似的规律。

由于技术性能的提高与生物群体的生长存在着这种非严谨的类似,因而可用生长曲线来模拟技术的发展过程。

生长曲线法几乎可用来研究每个技术领域的发展,它不仅可以描述技术发展的基本倾向,更重要的是,它可以说明一项技术的增长由高速发展变为缓慢发展的转折时期,为规划决策确定开发新技术的恰当时机提供依据。

有些经济现象也符合或近似生长曲线的变化规律,因而它也完全可以用来研究经济领域的问题。

9.4 季节模型预测方法

季节性变动的发生,不仅是由于气候的直接影响,社会制度及风俗习惯也会引起季节性变动。经济统计中的月度和季度数据或大或小都含有季节性变动因素,以月份或季度作为时间观测单位的经济时间序列通常具有一年一度的周期性变化,这种周期变化是由于季节因素的影响造成的,在经济分析中称为季节性波动。

经济时间序列的季节性波动是非常显著的,它往往遮盖或混淆了经济发展中其他客观变化规律,以致给经济增长速度和宏观经济形势的分析造成困难和麻烦。因此,在进行经济增长分析时,必须去掉季节波动的影响,将季节要素从原序列中剔除,这就是所谓的"季节调整"(Seasonal adjustment)。

经济指标的月度或季度时间序列包含四种变动要素:长期趋势要素(T)、循环要素(C)、季节变动要素(S)和不规则要素(I)。

长期趋势要素(T):代表经济时间序列长期的趋势特性。

循环要素(C):是以数年为周期的一种周期性变动。

季节变动要素(S):是每年重复出现的循环变动,以 12 个月或 4 个季度为周期的周期性影响,由温度、降雨、每年中的假期和政策等因素引起。季节要素和循环要素的区别在于季节变动是固定间距(如季或月)中的自我循环;而循环要素是从一个周期变动到另一个周期,间距比较长且不固定的一种周期性波动。

不规则要素(I):又称随机因子、残余变动或噪声,其变动无规则可循,这类因素是由偶然发生的事件引起的,如罢工、意外事故、地震、水灾、恶劣气候、战争、法令更改和预测误差等。

传统的时间序列分析法是在分析四种成分的实际变化的基础上找到规律,并以此推测未来的预测方法。

当有理由相信时间序列的循环成分不存在,只需考虑其基本长期趋势和季节成分时,可以根据时序数据,找到长期趋势和季节变动(若有季节变动存在),建立可能的预测模型,再通过模型分析,确定合适的模型。

经济时间序列一般可以分解为四个因素:长期趋势(T)、周期变动(C)、季节因素(S)和随机因素(I),并有如下两种模型:

乘法模型:
$$Y = TCSI \tag{9.41}$$

加法模型:
$$Y = T + C + S + I \tag{9.42}$$

下面,分别介绍乘法型和加法型序列的趋势外推预测方法。

(1) 季节性水平模型
$$\hat{Y}_t = \overline{Y} f_i \quad (i=1,2,\cdots,T) \tag{9.43}$$

其中,$\overline{Y}$ 为平均数,其取值根据实际时间序列的变化确定;T 为季节周期的长度,可以是 4 或 12;f_i 为季节指数,可以通过式(9.44)求出,但一般采用移动平均法计算。

$$f_i = \frac{同月(或同季)平均数}{已知年份月(或季)总平均数} \tag{9.44}$$

季节性水平模型适用于只有季节变动,无明显的趋势变动的时间序列。

例 9.5:汗衫背心零售量预测。

① 时序变化分析

绘制时间序列曲线图,观察时序随时间变化规律。如时序存在明显的季节变动,但无明显的趋势变动,可以建立季节性水平模型。

② 建模

Y 的计算:由图 9.4 可以看出,2012 年各月零售量大多高于往年同月,如果 2013 年的销售状况与 2012 年关系较为密切,可以考虑只采用 2012 年各月平均零售量,即 135.58 万件。

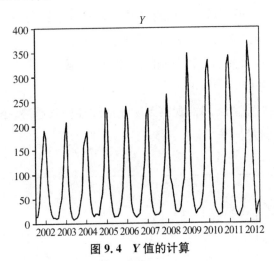

图 9.4 Y 值的计算

运用移动平均法得到 f_i,其反映序列随季节变化的规律(图 9.5)。

Scaling Factors:	
1	0.315053
2	0.404907
3	1.024636
4	1.570320
5	3.254136
6	4.552088
7	4.156810
8	1.998651
9	0.951953
10	0.486552
11	0.291839
12	0.292868

图 9.5 移动平均法计算 f_i

③ 预测

预测模型:$\hat{Y}_t = \bar{Y} f_i = 135.58 \times f_i$

注意预测的条件:时间序列未来的变化规律和过去基本一样,季节变化规律延续。

(2) 季节性交乘趋向模型

$$Y_t=(a+bt) \cdot f_i (i=1,2,\cdots,T) \tag{9.45}$$

其中,$V_t=(a+bt)$ 为趋势部分,线性或非线性;f_i 为季节指数,可以通过移动平均法得到;T 为季节周期的长度,取 4 或 12。

季节性交乘趋向模型适用于既有季节变动又有趋势变动,且波动幅度不断变化的时间序列,至少需要 5 年分月或分季的数据。

例 9.6:我国社会商品零售总额的月度分析预测。

① 时序变化分析

绘制时序曲线图(图 9.6),观察到明显的线性增长趋势、季节波动,且波动幅度随趋势略有增大。

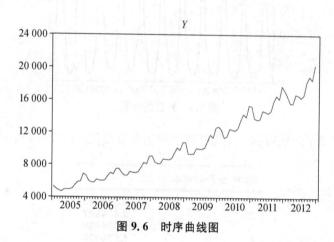

图 9.6　时序曲线图

② 建模

用前一部分数据建模,预留 2013 年数据对模型的效果进行分析评价。

建立直线趋势方程,最小二乘估计

$$V_t=3\ 457.164+144.744\ 2t$$

2002—2012 年各月社会商品零售总额季节指 f_i,f_i 可以通过移动平均法得到。

③ 预测

$$Y_t=(3\ 457.164+144.744\ 2t) \cdot f_i$$

在模型的实证分析中,我们可以通过对过去数据进行预测验证来评估模型的准确性。例如,使用 2005 年至 2012 年的数据进行预测,计算得到的平均绝对百分比误差(MAPE)为 6.3621。进一步使用此模型预测 2013 年各月份的数据,计算得到 MAPE 为 6.0502,说明误差有所降低,模型预测的精度提高。

如果未来的预测趋势和季节性波动规律保持不变,可以将此模型继续用于未来时间的外推预测。此外,通过对 2005 年 1 月至 2023 年 1 月间的样本数据进行移动平均和季节调整得到的序列 Y 和调整后的序列 YSA 进一步分析(图 9.7),可以增强模型的稳定性和预测效果。

```
Sample: 2005M01 2013M01
Included observations: 96
Ratio to Moving Average
Original Series: Y
Adjusted Series: YSA

Scaling Factors:
1         1.095221
2         0.996982
3         0.946601
4         0.935184
5         0.989691
6         0.964715
7         0.941980
8         0.945455
9         1.007891
10        1.057170
11        1.020704
12        1.118685
```

图 9.7 建模

(3)季节性迭加趋向模型

$$Y_t = (a+bt) + d_i (i=1,2,\cdots,T) \qquad (9.46)$$

其中,$V_t = (a+bt)$ 为趋势部分,线性或非线性;d_i 为季节增量,有与序列相同的计量单位,可以通过移动平均法得到;T 为季节周期的长度,取 4 或 12。

季节性迭加趋向模型适用于既有季节变动又有趋势变动,且波动幅度基本不变化的时间序列,至少需要 5 年分月或分季的数据。

例 9.7:我国社会商品零售总额的月度分析预测。

(1)时序变化分析

绘制时序曲线图,观察到明显的线性增长趋势、季节波动,且波动幅度随趋势变化不是很大(图9.8)。

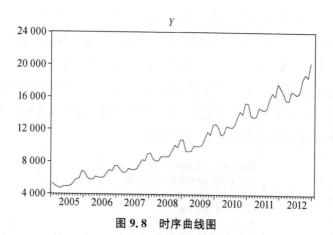

图 9.8 时序曲线图

(2) 建模

用前一部分数据建模,预留2013年数据对模型的效果进行分析评价。

建立直线趋势方程,最小二乘估计

$$V_t = 3\,457.164 + 144.744\,2t$$

d_i 为季节增量,可以通过移动平均法得到。

(3) 预测

$$Y_t = (3\,457.164 + 144.744\,2t) + d_i$$

2005—2012 年 MAPE=6.656 2;外推预测 2013 年各月值,计算 MAPE=6.095 4,小于 6.656 2,误差减小,若今后有关规律可以延伸,则适宜进一步外推预测。

(4) 加法型序列的外推预测法

假设样本序列为 $y_1, y_2, \cdots, y_n$,序列 y_t 是加法型,即

$$y_t = T_t + S_t + \varepsilon_t \tag{9.47}$$

其中,T_t、S_t、ε_t 均具有相同的量纲;T_t 有线性趋势;S_1、S_2、S_3、S_4 为季节分量,服从 $N(0, \sigma)$ 分布,满足 $\sum_{i=1}^{4} S_i = 0, S_i = S_{i+4t}(t=1,2,\cdots,T; i=1,2,3,4)$;$\varepsilon_t$ 为独立的随机变量序列,服从 $N(0, \sigma)$ 分布。

求 y_{n+T} 的预测值,预测步骤如下:

第一步,对样本序列做时段长为3的滑动平均,消去随机干扰,记滑动平均

后的序列为 $\bar{y}_t=(y_t+y_{t-1}+y_{t-2})/3(t=3,\cdots,n-1)$。

第二步,对 $\hat{\bar{y}}_t,(t=3,\cdots,n-1)$ 求出趋势线:

$$\hat{T}_t=a+bt \tag{9.48}$$

第三步,将序列 y_t 消除线性趋势因素的影响,求出消去趋势影响后的序列值 M_t:

$$M_t=y_t-\hat{T}_t \tag{9.49}$$

第四步,将 M_t 值按季节次序重排,如表 9.11 所示,在此假定 $t=1$ 代表春季,$n=20$。

表 9.11 按季节次序对序列值重排

季节	春	夏	秋	冬
消去趋势影响后的序列值	M_1	M_2	M_3	M_4
	M_5	M_6	M_7	M_8
	M_9	M_{10}	M_{11}	M_{12}
	M_{13}	M_{14}	M_{15}	M_{16}
	M_{17}	M_{18}	M_{19}	M_{20}
平均值	S_1	S_2	S_3	S_4

对表 9.11 各列算出平均值,依序记为 $\bar{S}_1、\bar{S}_2、\bar{S}_3、\bar{S}_4$,分别表示样本序列的季节指数。

第五步,对样本季节指数进行检验,若 $\sum_{i=1}^{4}\bar{S}_i=0$,则符合季节指数的条件;若 $\sum_{i=1}^{4}\bar{S}_i\neq0$,则需对样本季节指数进行修正。

修正的方法是:若 $\sum_{i=1}^{4}\bar{S}_i=3$,则将每个 $\bar{S}_i$ 减去 $3/4$,即令标准化的季节指数为 $S_i:S_i=\bar{S}_i-3/4$。

那么有 $\sum_{i=1}^{4}S_i=\sum_{i=1}^{4}(\bar{S}_i-3/4)=\sum_{i=1}^{4}\bar{S}_i-3=0$。

第六步,运用已求得的 $T_t、S_i$ 即可进行预测,由于 ε_t 是不可预测的随机干扰,由此得到

$$\hat{y}_{n+T} = \hat{T}_{n+T} + S_{n+T} = [a+b(n+T)] + S_{n+T}$$
$$= [a+b(n+T)] + S_{i+4n} = [a+b(n+T)] + S_i (i=1,2,3,4)$$

例 9.8:某地某种服装的销售量有下述季度销售数据(表 9.12),并绘制出销售量依时间变化的图形。

从表 9.12 可以明显地看出,序列呈季节性变化,季节长度为 4。此外,序列有线性长期趋势,按乘法型序列外推预测法的基本原理,其模式为

$$y_t = T_t \times S_t \times e^{\varepsilon_t}$$

试求 2000 年春、夏、秋、冬各季某种服装的销售量预测值。

表 9.12 某种服装的销售量预测值

年份	季度	销售量 y_t/万件	年份	季度	销售量 y_t/万件
1991	1	80	1994	13	104
	2	70		14	100
	3	90		15	120
	4	100		15	140
1992	5	90	1995	17	114
	6	80		18	104
	7	105		19	130
	8	120		20	148
1993	9	98	1996	21	122
	10	90		22	112
	11	110		23	138
	12	130		24	158

第一步,根据表 9.12 的数据,进行滑动时段长为 4 的滑动平均,得到如表 9.13 的滑动平均值。这些数值消除了季节波动与随机干扰的影响,显示出序列的趋势变化,见表 9.13 中 T_t 列中的数据。

第二步,将表 9.13 中 y_t 列中的数据除以 T_t 列中的数据,即得到 $S_t \times e^{\varepsilon_t}$ 列的数据,这表示已将 $S_t \times e^{\varepsilon_t}$ 从 y_t 中分离出来。

第三步,从 $S_t \times e^{\varepsilon_t}$ 序列中消除随机性的影响,分离出季节因素。

9 基本预测方法介绍

表 9.13 从序列中消除随机性的影响

年份	季度	y_t	T_t	$S_t e^{ti}$	年份	季度	y_t	T_t	$S_t e^{ti}$
1991	1	80	—	—	1994	13	104	111.0	0.937
	2	70	—	—		14	100	113.5	0.881
	3	90	85.0	1.059		15	120	116.0	1.035
	4	100	87.5	1.143		16	140	118.5	1.181
1992	5	90	92.7	0.973	1995	17	114	122.0	0.934
	6	80	93.75	0.853		18	104	122.0	0.853
	7	105	98.75	1.063		19	130	124.0	1.048
	8	120	100.75	1.191		20	148	126.0	1.175
1993	9	98	103.25	0.949	1996	21	122	128.0	0.953
	10	90	104.5	0.861		22	112	130.0	0.862
	11	110	107.0	1.028		23	138	132.5	1.042
	12	130	108.5	1.198		24	158	—	—

将表 9.13 中 $S_t \times e^{\varepsilon_t}$ 列的数据,按年、季重排,如表 9.14 所示,然后,分别计算各季度的均值,这样便消去了随机性,保留了季节性。

表 9.14 从序列中分离出季节因素

年份	季度			
	春	夏	秋	冬
1991	—	—	1.059	1.143
1992	0.973	0.853	1.063	1.191
1993	0.949	0.861	1.028	1.198
1994	0.937	0.881	1.035	1.181
1995	0.934	0.853	1.048	1.75
1996	0.953	0.862	1.042	—
平均	$S_1=0.949$	$S_2=0.862$	$S_3=1.046$	$S_4=1.178$

表 9.14 中各列的平均值,即为各季的季节指数,又称为样本季节指数。对各样本季节指数求总,得

$$\sum_{i=1}^{4} \bar{S}_i = 4.035 \neq 4$$

与标准季节指数有差异,因此,要作必要的调整,调整的方法是将 $\bar{S}_i$ 乘以修正系数 α:

$$\frac{4}{\sum_{i=1}^{4}\bar{S}_i}=\frac{4}{4.035}=0.991$$

由此,得到调整后的季节指数为

$$S_1=0.949\times 0.991=0.942$$
$$S_2=0.862\times 0.991=0.854$$
$$S_3=1.046\times 0.991=1.037$$
$$S_4=1.178\times 0.991=1.167$$

第四步,求出趋势直线方程

$$\hat{T}_t=\hat{a}+\hat{b}t \tag{9.50}$$

参数 $\hat{a}$、$\hat{b}$,可用目估法或最少二乘法求出。

用目估法求得 $\hat{a}=79, \hat{b}=2.5$,则有 $\hat{T}_t=79+2.5t$。

第五步,进行预测,2000年春季相当于第37季度,由此得到2000年各季度某种服装的销售量预测值为

$$\hat{y}_{2000春}=(79+2.5\times 37)\times S_1=161.55$$
$$\hat{y}_{2000夏}=(79+2.5\times 38)\times S_2=148.60$$
$$\hat{y}_{2000秋}=(79+2.5\times 39)\times S_3=183.03$$
$$\hat{y}_{2000冬}=(79+2.5\times 40)\times S_4=208.89$$

9.5 因果关系模型预测方法

回归分析主要用于研究不同变量之间的相互关系,是一种通过分析事物之

间的因果关系和影响程度进行预测的方法,主要包括一元线性回归、多元线性回归、非线性回归。

"回归"最初是遗传学中的一个名词,是由英国生物学家兼统计学家高尔顿(Francis Galton)提出的。他在研究人的身高时,发现高个子父母的子女身高有低于其父母身高的趋势。从整个发展趋势看高个子的身高逐渐回归于人口的平均身高,而矮个子的身高也具有同样的规律。"回归"的现代含义是研究自变量与因变量之间的关系形式的分析方法,其目的是根据已知自变量来估计和预测因变量的总平均值。

回归模型的分类包括:根据自变量的多少可分为一元回归、多元回归;根据模型是否为线性可分为线性回归、非线性回归;根据是否带虚拟变量可分为普通回归、带虚拟变量回归;根据是否用滞后的因变量作自变量可分为无自回归、自回归。

(1) 一元线性回归预测法

概念:根据成对的两个自变量数据分析大体上呈直线趋势时,采用适当的计算方法,找到两者之间特定的经验公式;然后根据自变量的变化,来预测因变量发展变化的方法。

预测步骤:

① 建立模型

一元线性回归模型为

$$y_i = b_0 + b_1 x_i + u_i \tag{9.51}$$

其中,b_0、b_1 是未知参数;u_i 为剩余残差项或称随机扰动项。u_i 具有以下 5 个特征:u_i 是随机变量;$E(u_i)=0$;$D(u_i)=\sigma_u^2$;各 u_i 间相互独立;u_i 与自变量无关。

② 估计参数

一元线性回归预测式为

$$\hat{y}_i = b_0 + b_1 x_i \tag{9.52}$$

运用普通最小二乘法(OLS)对其参数 b_0、b_1 进行估计:

$$b_1 = \frac{\sum (x-\bar{x})(y-\bar{y})}{\sum (x-\bar{x})^2}, b_0 = \bar{y} - b_1 \bar{x} \tag{9.53}$$

③ 进行检验

标准误差:估计值与因变量间的平均平方误差。

$$SE = \sqrt{\frac{\sum(y-\hat{y})^2}{n-2}} \tag{9.54}$$

判定系数:衡量因变量与自变量关系的密切程度。

$$R^2 = 1 - \frac{\sum(y-\hat{y})^2}{\sum(y-\bar{y})^2} \text{ 或者 } R^2 = \left[\frac{\sum(x-\bar{x})(y-\bar{y})}{\sqrt{\sum(x-\bar{x})^2}\sqrt{\sum(y-\bar{y})^2}}\right]^2 \tag{9.55}$$

相关系数:用来测定拟合优度的指标。

$$r = \frac{\sum(x-\bar{x})(y-\bar{y})}{\sqrt{\sum(x-\bar{x})^2}\sqrt{\sum(y-\bar{y})^2}} \tag{9.56}$$

回归系数显著性检验——t 检验:

$$H_0: b_1 = 0, H_1: b_1 \neq 0$$

选取统计量:

$$t_{b_1} = \frac{b_1}{S_{b_1}} \tag{9.57}$$

其中,$S_{b_1} = \frac{SE}{\sqrt{(x-\bar{x})^2}}$。

拒绝域为 $\{|t_{b_1}| > t_\alpha(n-2)\}$,$\alpha$ 为给定的显著性水平。

F 检验:

$$H_0: b_0 = b_1 = 0$$

选取统计量:

$$F = \frac{\dfrac{\sum(\hat{y}-\bar{y})^2}{1}}{\dfrac{\sum(y-\hat{y})^2}{n-2}} \tag{9.58}$$

拒绝域为 $\{F > F_\alpha(1, n-2)\}$,α 为给定的显著性水平。

D-W 检验:检验模型是否存在自相关。

White 检验:检验是否存在异方差。

$$D-W = \frac{\sum_{i=2}^{n}(u_i - u_{i-1})^2}{\sum_{i=1}^{n} u_i^2} \tag{9.59}$$

其中，$u_i = y_i - \hat{y}_i$。

根据给定的显著性水平及自变量个数从 D-W 检验表中查得 D-W 值之上限 d_U 和下限 d_L，利用表 9.15 判别检验。

表 9.15　检验结果

D-W 值	
$4-d_L < \text{D-W} < 4$	否定假设，出现负自相关
$0 < \text{D-W} < d_L$	否定假设，出现正自相关
$d_U < \text{D-W} < 4-d_U$	接受假设，不存在自相关
$d_L < \text{D-W} < d_U$	检验无结论
$4-d_U < \text{D-W} < 4-d_L$	检验无结论

④ 进行预测

给定显著性水平 α，在小样本情形下，近似的置信区间为：

$$\hat{y} \pm t_\alpha(n-2) \cdot SE \tag{9.60}$$

其中，n 是观察值的个数。

较为精确的置信区间计算公式为：

$$\hat{y} \pm t_\alpha(n-2) SE \sqrt{1 + \frac{1}{n} + \frac{(x_0 - \bar{x})^2}{\sum (x - \bar{x})^2}} \tag{9.61}$$

其中，x_0 为用于预测 y 的 x 值。x_0 为样本点 x 以外的解释变量值。

(2) 多元线性回归预测法

将一元线性回归模型中的自变量个数扩展到两个及两个以上的自变量的回归。

① 二元线性回归模型的参数估计

预测模型：

$$\hat{y} = b_0 + b_1 x_1 + b_2 x_2 \tag{9.62}$$

对于未知参数 b_0、b_1、b_2 可以通过 OLS 方法求得。

两个以上自变量的多元回归模型：

$$\hat{y} = b_0 + b_1 x_1 + b_2 x_2 + \cdots + b_n x_n \tag{9.63}$$

可用计算机程序计算系数 b_0 至 b_n。

② 拟合优度和置信范围

拟合优度指标包括标准误差和可决系数。

标准误差:

$$SE=\sqrt{\frac{\sum(y-\hat{y})^2}{n-3}} \qquad (9.64)$$

可决系数:

$$R^2=1-\frac{\sum(y-\hat{y})^2}{\sum(y-\bar{y})^2} \qquad (9.65)$$

置信范围:

$$\hat{y} \pm t_a(n-k) \cdot SE \qquad (9.66)$$

其中, n 是观察值的个数; k 是包括因变量在内的变量的个数。

③ 自相关、异方差和多重共线性问题

自相关检验:可用 D-W 统计量作为检验指标。若发现自相关,可通过差分或者广义最小二乘法来消除。

异方差:可用 White 检验。可通过加权最小二乘法来消除。

多重共线性检验:可通过相关矩阵删除高度相关的自变量;对多元回归方程也需要进行回归系数的显著性检验和 F 检验。

(3) 非线性回归预测法

① 配曲线问题

确定变量间函数的类型:根据理论及过去积累的经验,或根据原始资料作散点图。

确定相关函数中的未知参数:先通过变量变换,把非线性函数关系转化成线性关系,再用最小二乘法确定未知参数。

② 一些常见非线性回归模型(表 9.16)

表 9.16　一些常见非线性回归模型

原模型	模型代换	代换后模型	参数估计法
幂函数模型 $\hat{y}=ax^b$	$y'=\lg y, x'=\lg x$ $a'=\lg a$	$y'=a+bx'$	一元线性回归 OLS 法
指数模型 $\hat{y}=ae^{bx}$	$y'=\ln y, a'=\ln a$	$y'=a+bx'$	一元线性回归 OLS 法
二次曲线模型 $\hat{y}=a+bx+cx^2$	$z=x^2$	$\hat{y}=a+bx+cz$	多元线性回归 OLS 法

续表

原模型	模型代换	代换后模型	参数估计法
对数模型 $\hat{y}=a+b\lg x$	$x'=\lg x$	$y=a+bx'$	一元线性回归 OLS 法
S 型函数模型 $\hat{y}=\dfrac{1}{a+be^{-x}}$	$y'=\dfrac{1}{y}, x'=e^{-x}$	$y'=a+bx'$	一元线性回归 OLS 法

（4）应用回归预测时应注意的问题

① 用定性分析判断现象之间的依存关系。

② 避免回归预测的任意外推。

③ 应用合适的数据资料：预测资料的准确性；各指标值所包含的经济内容、指标口径、范围、计算方法和计量单位须一致，且各年的指标应当是当年的生产成果；假定社会经济现象基本稳定。

（5）回归预测小结

① 一元线性回归预测：根据成对的两个自变量数据分析大体上呈直线趋势时，运用合适的参数估计方法，求出一元线性回归模型；然后根据自变量与因变量之间的关系，来预测因变量的趋势。

② 多元回归：包含两个或两个以上的自变量的回归。可用 OLS 法估计模型参数，需对模型及模型参数进行统计检验。

③ 非线性回归：通过变量代换，将非线性回归转化为线性回归。

10

神经网络预测方法介绍

10.1 神经网络基本理论

人工神经网络(Artificial neural network,ANN),是由大量处理单元(神经元,Neurons)广泛互连而成的网络[105],由分布于若干层的节点组成。每个单节点都有自己的输入值、权重、求和与激活函数以及输出值。在处理之前,数据被分为训练数据集(Training data set)和测试数据集(Testing data set),然后将权重或输入指派到第一层的每一个节点。每次重复时,系统处理输入,并与实际值相比较,得到度量后的误差,并反馈给系统,调整权重。大多数情形下,调整后的权重都能更好地预测实际值。当达到预定义的最小误差水平时,处理结束。

研究人工神经网络的目的:① 探索和模拟人的感觉、思维和行为的规律,设计具有人类智能的计算机系统;② 探讨人脑的智能活动,用物化了的智能来考察和研究人脑智能的物质过程及其规律。

神经网络原理:神经生理学和神经解剖学的研究表明,人脑极其复杂,由一千多亿个神经元交织在一起形成的网状结构构成,其中大脑皮层约有140亿个神经元,小脑皮层约有1 000亿个神经元。人脑能完成智能、思维等高级活动,为了能利用数学模型来模拟人脑的活动,开展了神经网络的研究。

神经系统的基本构造是神经元(神经细胞),它是处理人体内各部分之间信息传递的基本单元。

神经元由四部分构成(图10.1):

① 细胞体(主体部分):包括细胞质、细胞膜和细胞核。

② 树突:为细胞体传入信息。

③ 轴突:为细胞体传出信息,其末端是轴突末梢,含传递信息的化学物质。

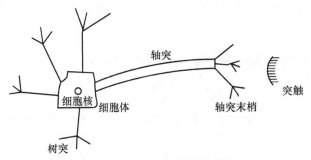

图 10.1 单个神经元的解剖图

④ 突触：是神经元之间的接口（$10^4 \sim 10^5$ 个/每个神经元）。

通过树突和轴突，神经元之间实现了信息的传递。

神经元具有如下功能：

① 兴奋与抑制：如果传入神经元的冲动经整合后使细胞膜电位升高，超过动作电位的阈值时即为兴奋状态，产生神经冲动，并由轴突经神经末梢传出。如果传入神经元的冲动经整合后使细胞膜电位降低，低于动作电位的阈值时即为抑制状态，不产生神经冲动。

② 学习与遗忘：由于神经元结构的可塑性，突触的传递作用可增强和减弱，因此神经元具有学习与遗忘的功能。

决定神经网络模型性能的三大要素为：

① 神经元（信息处理单元）的特性。

② 神经元之间相互连接的形式——拓扑结构。

③ 为适应环境而改善性能的学习规则。

神经网络的分类：目前神经网络模型的种类相当丰富，已有约 40 种神经网络模型。

典型的神经网络有多层前向传播网络（BP 网络）、Hopfield 网络、CMAC 小脑模型、ART 网络、BAM 双向联想记忆网络、SOM 自组织网络、Blotzman 机网络和 Madaline 网络等。

根据神经网络的连接方式，神经网络可分为三种形式：

① 前向网络

如图 10.2 所示，神经元分层排列，组成输入层、隐含层和输出层。每一层的神经元只接受前一层神经元的输入。输入模式经过各层的顺次变换后，由输出层输出。在各神经元之间不存在反馈。感知器和误差反向传播网络采用前向网络形式。

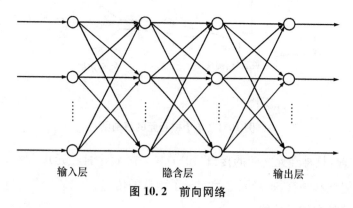

图 10.2　前向网络

② 反馈网络

反馈网络结构在输出层到输入层存在反馈，即每一个输入节点都有可能接受来自外部的输入和来自输出神经元的反馈，如图 10.3 所示。这种神经网络是一种反馈动力学系统，它需要工作一段时间才能达到稳定。

Hopfield 神经网络是反馈网络中最简单且应用最广泛的模型，它具有联想记忆的功能。如果将 Lyapunov 函数定义为寻优函数，Hopfield 神经网络还可以解决寻优问题。

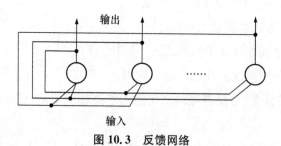

图 10.3　反馈网络

③ 自组织网络

网络结构如图 10.4 所示。Kohonen 网络是最典型的自组织网络。荷兰神经网络专家 Kohonen 教授认为，当神经网络在接受外界输入时，网络将会分成不同的区域，不同区域具有不同的响应特征，即不同的神经元以最佳方式响应不同性质的信号激励，从而形成一种拓扑意义上的特征图，该图实际上是一种非线性映射。这种映射是通过无监督的自适应过程完成的，所以也称为自组织特征图。

Kohonen 网络通过无导师的学习方式进行权值的学习,稳定后的网络输出就对输入模式生成自然的特征映射,从而达到自动聚类的目的。

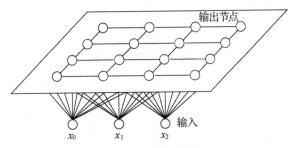

图 10.4　自组织神经网络

神经网络学习算法是神经网络智能特性的重要标志,神经网络通过学习算法,实现了自适应、自组织和自学习的能力。

目前神经网络的学习算法有多种,按有无导师分类,可分为有导师学习(Supervised learning)、无导师学习(Unsupervised learning)和再励学习(Reinforcement learning)等几大类。

在有导师的学习方式中,对网络的输出和期望的输出(即教师信号)进行比较,然后根据两者之间的差异调整网络的权值,最终使差异变小(图 10.5)。

在无导师的学习方式中,输入模式进入网络后,网络按照一预先设定的规则(如竞争规则)自动调整权值,使网络最终具有模式分类等功能(图 10.6)。

再励学习是介于上述两者之间的一种学习方式。

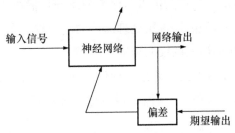

图 10.5　有导师指导的神经网络学习

神经网络具有以下几个特征:

① 能逼近任意非线性函数。

② 信息的并行分布式处理与存储。

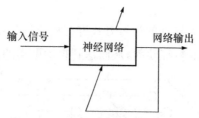

图 10.6　无导师指导的神经网络学习

③ 可以多输入、多输出。

④ 便于用超大规模集成电路或光学集成电路系统实现,或用现有的计算机技术实现。

⑤ 能进行学习,以适应环境的变化。

10.2　BP 神经网络

BP(Back-propagation network)是一种多层网络的"逆推"学习算法。其基本思想是学习过程由信号的正向传播与误差的反向传播组成的。正向传播时,输入样本从输入层传入,经隐层逐层处理后传向输出层。若输出层的实际输出与期望输出不符,则转向误差的反向传播阶段[106]。

误差的反向传播是将输出误差以某种形势通过隐层向输入层逐层反传,并将误差分摊给各层的所有单元,从而获得各层单元的误差信号,此误差信号即作为修正各单元权值的依据。

这种信号正向传播与误差反向传播的各层权值调整过程周而复始地进行。权值不断调整的过程,也就是网络的学习训练过程。此过程一直进行到网络输出的误差减少到可以接受的程度,或进行到预设定的学习次数为止。

BP 网络是一种单向传播的多层前向网络,具有三层或三层以上的神经网络,包括输入层、中间层(隐层)和输出层。上下层之间实现全连接,每一层神经元之间无连接。

一般输入层和隐层的传递函数是 S 型函数(logsig):

$$f(x) = \frac{1}{1+e^{-x}} \tag{10.1}$$

正切 S 型函数(tansig):

$$f(x) = \frac{1-e^{-x}}{1+e^{-x}} \tag{10.2}$$

输出层的是线性函数,用 purelin 表示。

网络通过对已知信息的反复学习训练,运用根据误差来逐步调整与改变神经元连接权重和神经元阈值的方法,使得相似的输入有相似的输出,从而达到处理信息、模拟输入输出关系的目的。

其学习过程为:① 读入样本;② 数据处理;③ 创建网络;④ 设定参数;⑤ 训练网络;⑥ 模拟输出;⑦ 调整参数,包括学习速率、动量系数、训练次数、误差精度等;⑧ 仿真预测,包括网络固定,输入新的样本集,模拟输出。

BP 神经网络通过对以往历史数据的学习,找出数据的变化趋势之间的非线性关系,并将其存储在网络具体的权值和阈值中,从而预测未来数据的走势。

$$X_{n+m+k} = f(X_n, X_{n+1}, \cdots, X_{n+m}) \tag{10.3}$$

用神经网络进行预测,即用神经网络通过一组数据点 $X_n, X_{n+1}, \cdots, X_{n+m}$ 来拟合函数 f,得出未来 $n+m+k(k>1)$ 时刻数据的预测值。

单步预测:当 $k=1$ 时,且网络的所有输入数据都是时间序列的实际观测值时所做的预测就是单步预测。在进行预测时,把实际的时序观测值 $X_n, X_{n+1}, \cdots, X_{n+m}$ 这 m 个数据输入网络,输出的是下一时刻的预测值 X'_{n+m+1}。若要继续对 X_{n+m+2} 的值进行预测,则用实际观测值 $X_{n+1}, X_{n+2}, \cdots, X_{n+m+1}$ 作为输入数据,得到预测值 X'_{n+m+2}。

多步预测:当 $k>1$ 时,网络输入 m 个历史数据,输出预测值。多步预测用于股票价格预测误差较大,这是因为在网络运行调整权值和阈值时,每次迭代都要累加前一次 k 个预测值的误差,从而造成网络难以收敛的情况,甚至导致网络发生振荡。

滚动预测:又称为迭代一步预测,其先进行单步预测,再将网络输出的预测值反馈给网络输入端作为输入的一部分,用于下一步的预测。若开始预测时输入的数据是实际的时序观测值 $X_n, X_{n+1}, \cdots, X_{n+m}$,输出的是下一时刻的预测值 X'_{n+m+1},再将 X'_{n+m+1} 与 $X_{n+1}, X_{n+2}, \cdots, X_{n+m}$ 一起作为输入数据对 X_{n+m+2} 项进行估计,得到输出的预测值 X'_{n+m+2}。如此反复迭代,就得到对未来一段时期的预测值。

10.2.1 BP算法的基本思想

学习过程由信号的正向传播与反向传播两个过程组成。正向传播时,输入样本从输入层传入,经各隐层逐层处理后,传向输出层。若输出层的实际输出与期望输出(教师信号)不符合时,则转入误差的反向传播阶段。误差反传是将输出误差以某种形式通过隐层向输入层逐层反传,并将误差分摊给各层的所有单元,从而获得各层单元的误差信号,此信号作为修正各单元权值的依据。

(1) BP算法基本步骤

① 初始化网络各层的权值及神经元阈值。

② 向前传播输入:对每一样本,计算隐藏层和输出层每个单元的净输入和输出。

③ 后向传播误差:通过更新权值和偏置以反映网络的预测误差。

④ 终止条件:更新权值较小,正确分类的样本百分比,超过预先指定的训练周期(实践中,权收敛可能需要数十万个周期)。

图 10.7 中,$x = (x_1, \cdots x_m)^T$ 输入向量,y 为输出,w_i 是权系数。输入与输出具有如下关系:

$$y = f\left(\sum_{i=1}^{m} w_i x_i - \theta\right) \tag{10.4}$$

其中,θ 为阈值;$f(X)$ 是激活函数,它可以是线性函数,也可以是非线性函数。

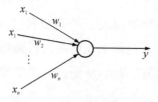

图 10.7 神经元的数学模型

例如,若记

$$z = \sum_{i=1}^{m} w_i x_i - \theta \qquad (10.5)$$

取激发函数为符号函数

$$\mathrm{sgn}(x) = \begin{cases} 1 & (x>0) \\ 0 & (x\leqslant 0) \end{cases} \qquad (10.6)$$

则

$$y = f(z) = \begin{cases} 1 & \left(\sum_{i=1}^{m} w_i x_i > \theta\right) \\ 0 & \left(\sum_{i=1}^{m} w_i x_i \leqslant \theta\right) \end{cases} \qquad (10.7)$$

S型激发函数：

$$f(x) = \frac{1}{1+\mathrm{e}^{-x}} \quad (0 \leqslant f(x) \leqslant 1)$$

或 $\quad f(x) = \dfrac{\mathrm{e}^x - \mathrm{e}^{-x}}{\mathrm{e}^x + \mathrm{e}^{-x}} \quad (-1 < f(x) < 1) \qquad (10.8)$

注：若将阈值看作是一个权系数，-1 是一个固定的输入，另有 $m-1$ 个正常的输入，则也可表示为：

$$y = f\left(\sum_{i=1}^{m} w_i x_i\right) \qquad (10.9)$$

参数识别：假设函数形式已知，则可以从已有的输入输出数据确定权系数及阈值。

假设有 P 个训练样本，即有 P 个输入输出对

$$(\boldsymbol{I}_p, \boldsymbol{T}_p), p=1,\cdots,P$$

其中，输入向量 $\boldsymbol{I}_p = (i_{p1},\cdots,i_{pm})^\mathrm{T}$；目标输出向量（实际上的）$\boldsymbol{T}_p = (t_{p1},\cdots,t_{pm})^\mathrm{T}$；网络输出向量（理论上的）$\boldsymbol{O}_p = (o_{p1},\cdots,o_{pn})^\mathrm{T}$。

记 w_{ij} 为从输入向量的第 j ($j=1,2,\cdots,m$) 个分量到输出向量的第 i ($i=1,2,\cdots,n$) 个分量的权重。通常理论值与实际值有误差，网络学习则是指不断地把 $\boldsymbol{O}_p$ 与 $\boldsymbol{T}_p$ 比较，并根据极小原则修改参数 w_{ij}，使误差平方和达最小：

$$\min \sum_{i=1}^{n} (t_{pi} - o_{pi})^2 \qquad (10.10)$$

记 Δw_{ij} 表示递推一次的修改量，则有

$$w_{ij} + \Delta w_{ij} \Rightarrow w_{ij}$$

$$\Delta w_{ij} = \sum_{p=1}^{P} \eta(t_{pi} - o_{pi})i_{pj} = \sum_{p=1}^{P} \eta \delta_{pi} i_{pj}$$
$$\delta_{pi} = t_{pi} - o_{pi} \tag{10.11}$$

其中，η 称为学习速率。

注：第 i 个神经元的输出可表示为

$$o_{pi} = f\left(\sum_{j=1}^{m} w_{ij} i_{pj}\right) \tag{10.12}$$

其中，$i_{pm} = -1$，w_{im} 为第 i 个神经元的阈值。

特别当 f 是线性函数时

$$o_{pi} = a\left(\sum_{j=1}^{m} w_{ij} i_{pj}\right) + b \tag{10.13}$$

(2) 神经网络拓扑结构的确定

① 隐层数

一般认为，增加隐层数可以降低网络误差。Hornik 等早已证明：若输入层和输出层采用线性转换函数，隐层采用 Sigmoid 转换函数，则含一个隐层的 MLP 网络能够以任意精度逼近任何有理函数。显然，这是一个存在性结论。在设计 BP 网络时可参考这一点，优先考虑 3 层 BP 网络(即有 1 个隐层)。一般地，靠增加隐层节点数来获得较低的误差，其训练效果要比增加隐层数更容易实现。

② 隐层节点数

在确定隐层节点数时必须满足下列条件：隐层节点数必须小于 $N-1$；输入层的节点数(变量数)必须小于 $N-1$。

训练样本数必须多于网络模型的连接权数，一般为 2～10 倍，否则，样本必须分成几部分并采用"轮流训练"的方法才可能得到可靠的神经网络模型。

③ 学习率和冲量系数

大的学习率可能使网络权值每一次的修正量过大，甚至会导致权值在修正过程中超出某个误差的极小值呈不规则跳跃而不收敛；过小的学习率导致学习时间过长，不过能保证收敛于某个极小值。所以，一般倾向选取较小的学习率以保证学习过程的收敛性(稳定性)，通常在 0.01～0.8 之间。

增加冲量项的目的是避免网络训练陷于较浅的局部极小点。理论上其值大小应与权值修正量的大小有关，但实际应用中一般取常量，通常在 0～1 之间,而且一般比学习率要大。

10.2.2 BP 神经网络预测应用算例

例 10.1： 表 10.1 为某药品的销售情况,现构建一个如下的三层 BP 神经网络对药品的销售进行预测:输入层有 3 个节点;隐含层有 5 个节点,隐含层的激活函数为 tansig;输出层有 1 个节点,输出层的激活函数为 logsig。利用此网络对药品的销售量进行预测,预测方法采用滚动预测方式,即用前三个月的销售量来预测第 4 个月的销售量,如用 1、2、3 月的销售量为输入预测第 4 个月的销售量,用 2、3、4 月的销售量为输入预测第 5 个月的销售量,如此反复直至满足预测精度要求为止。

表 10.1 某药品的销售情况

月份	1	2	3	4	5	6
销量/盒	2 056	2 395	2 600	2 298	1 634	1 600
月份	7	8	9	10	11	12
销量/盒	1 873	1 478	1 900	1 500	2 046	1 556

以每三个月的销售量经归一化处理后作为输入

P[0.515 2 0.817 3 1.000 0 0.730 8 0.139 0 0.108 7 0.817 3 1.000 0 0.730 8 0.139 0 0.108 7 0.352 0 1.000 0 0.730 8 0.139 0 0.108 7 0.352 0 0]′以第 4 个月的销售量归一化处理后作为目标向量

T=[0.730 8 0.139 0 0.108 7 0.352 0 0.000 0 0.376 1]

创建一个 BP 神经网络,每一个输入向量的取值范围为[0,1],隐含层有 5 个神经元,输出层有 1 个神经元,隐含层的激活函数为 tansig,输出层的激活函数为 logsig,训练函数为梯度下降函数。

net=newff([0 1;0 1;0 1],[5,1],{'tansig','logsig'},'traingd');

net.trainParam.epochs=15000;

net.trainParam.goal=0.01;

设置学习速率为 0.1

LP.lr=0.1;

net=train(net,P,T);

sim(net,P)

plot(i,T,'B+',i,ans,'g*')

由对比图 10.8 可以看出预测效果与实际存在一定误差,此误差可以通过增加运行步数和提高预设误差精度以进一步缩小。

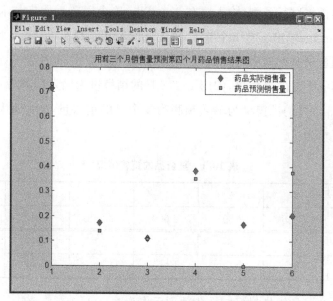

图 10.8　BP 网络应用于药品预测对比图

传统的 BP 算法也存在一些不足,如效率低、收敛慢、易于陷入局部极小等,许多改进算法如共轭梯度算法、基于信息熵优化的算法、模拟退火算法和基因复合算法等已不断得到应用。

10.2.3　BP 神经网络的 MATLAB 函数

(1) 数据的预处理和后处理

数据的预处理和后处理是有效训练神经网络的关键步骤,直接影响到训练后神经网络的性能。常见的方法是将原始数据进行归一化处理,即通过一定的线性变换将输入和输出数据统一限制在[0,1]或[-1,1]区间内。

利用 premnmx 或 prestd 函数可以对输入和目标数据集进行归一化处理,

使其落入[-1,1]区间。

格式：[Pn,minp,maxp]=premnmx(P)

[Pn,minp,maxp,Tn,mint,maxt]=premnmx(P,T)

说明：premnmx 函数用于对网络的输入数据或目标数据进行归一化，归一化后的数据将分布在[-1,1]区间内。归一化公式为：

$$Pn = 2 \times (P - minp)/(maxp - minp) - 1 \quad (10.14)$$

$$Tn = 2 \times (T - mint)/(maxt - mint) - 1 \quad (10.15)$$

其中，P 为原始输入数据，$maxp$ 和 $minp$ 分别是 P 中的最大值和最小值，Pn 为归一化后的输入数据。T 是原始目标数据，$maxt$ 和 $mint$ 分别是 T 的最大值和最小值，Tn 是归一化后的目标数据。

格式：[P,T]=postmnmx(Pn,minp,maxp,Tn,mint,maxt)

说明：postmnmx 函数可将 premnmx 函数所归一化数据进行反归一化处理。

$$P = 0.5 \times (Pn+1) \times (maxp - minp) + minp \quad (10.16)$$

$$T = 0.5 \times (Tn+1) \times (maxt - mint) + mint \quad (10.17)$$

将输入数据或目标数据转化为区间[0,1]的归一化处理公式为：

$$Pn = (P - minp)/(maxp - minp) \quad (10.18)$$

$$Tn = (T - mint)/(maxt - mint) \quad (10.19)$$

其对应的反归一化处理公式为：

$$P = Pn \times (maxp - minp) + minp \quad (10.20)$$

$$T = Tn \times (maxt - mint) + mint \quad (10.21)$$

(2) 创建网络

① newff 函数：用来建立一个前馈 BP 网络。

格式：net=newff(PR,SN,TF,BTF,BLF,PF)。

说明：PR 表示由每组输入（共 P 组）元素的最大值和最小值组成的 $P \times 2$ 矩阵；或用函数 minmax(P)表示。

SN 表示网络隐含层和输出层神经元的个数。

TF 表示网络隐含层和输出层的传递函数，如 tansig（默认）、logsig、purelin。

BTF 表示网络的训练函数。普通训练 traingdm 需设定学习速率、动量系数,快速训练 trainlm(默认)。

BLF 表示网络权值学习函数,learngdf(默认)。

PF 表示网络性能函数,mse(默认),网络输出和目标输出的均方误差。

(3) 设定参数

net=init(net);初始化网络权值和阈值(可不设定)。

net.trainparam.show=训练状态的显示幅度;(默认 25)。

net.trainparam.lr=学习速率;(权值阈值的调整幅度)。

net.trainparam.mc=动量系数;(权阈值改变的重复度)。

net.trainparam.epochs=训练次数;(默认 100)。

net.trainparam.goal=误差精度;(默认 0)。

net.trainparam.time=训练秒数;(可不选)。

(4) 训练网络

格式:[net,tr]=train(net,P,T)

说明:P 为输入样本矢量集;T 为对应的目标样本矢量集;等号左右两侧的 net 分别用于表示训练得到和训练以前的神经网络对象;tr 存储训练过程中的步数信息和误差信息,并给出网络误差实时变化曲线。

(5) BP 神经网络的仿真

格式:[Y,Pf,Af,E,perf]=sim(net,P,Pi,Ai,T)

说明:输入 net 为神经网络对象,P 为网络输入,Pi 为输入延迟的初始状态,Ai 为层延迟的初始状态,T 为目标矢量,Y 为网络输出,Pf 为训练终止时的输入延迟状态,Af 为训练终止时的层延迟状态,E 为输出和目标矢量之间的误差,perf 为网络性能值。

(6) 模拟输出

图形输出:plot(横坐标、纵坐标、'参数')。

查看参数:权值:net.IW(层序号)。

阈值:net.b(层序号)。

10.2.4　BP 神经网络预测应用案例

例 10.2:某市 2011 年至 2022 年房地产开发投资的资金来源中的国内贷

款额与各种房屋类型销售额数据如表 10.2 所示，进而计算出 2012 年至 2022 年各项指标的增长率，数据如表 10.3 所示。试将住宅、办公楼、商业营业用房的销售额增长率作为输入元素，国内贷款额增长率作为目标函数，建立 BP 神经网络仿真模拟。

表 10.2　某市房地产开发投资及销售原始数据　　　　　　　　单位：亿元

日期	国内贷款额	住宅销售额	办公楼销售额	商业营业用房销售额
2011	165.22	232.02	66.08	7.62
2012	238.82	409.34	51.80	4.25
2013	340.30	531.71	61.73	12.46
2014	382.77	716.53	57.68	25.95
2015	586.86	789.16	40.58	51.78
2016	549.96	1 085.11	99.21	50.59
2017	676.92	1 739.94	249.62	120.85
2018	841.42	1 626.30	352.94	162.56
2019	1 063.21	1 845.97	402.54	237.07
2020	889.37	1 201.37	230.72	192.76
2021	2 367.77	2 486.77	431.14	299.86
2022	1 439.08	2 060.52	487.32	318.99

表 10.3　某市房地产开发投资及销售额增长率

日期	国内贷款额增长率	住宅销售额增长率	办公楼销售额增长率	商业营业用房销售额增长率
2012	0.368 4	0.567 7	−0.243 5	−0.583 9
2013	0.354 1	0.261 6	0.175 4	1.075 6
2014	0.117 6	0.298 3	−0.067 9	0.733 6
2015	0.427 4	0.096 5	−0.351 6	0.690 8
2016	−0.064 9	0.318 5	0.894 0	−0.023 3
2017	0.207 7	0.472 2	0.922 7	0.870 8
2018	0.217 5	−0.067 5	0.346 4	0.296 5
2019	0.234 0	0.126 7	0.131 5	0.377 3
2020	−0.178 5	−0.429 5	−0.556 6	−0.206 9
2021	0.979 2	0.727 5	0.625 2	0.441 9
2022	−0.497 9	−0.188 0	0.122 5	0.061 8

MATLAB 程序如下：

```
clear
p=[0.5677   -0.243 5   -0.583 9
   0.261 6   0.175 4    1.075 6
   0.298 3  -0.067 9    0.733 6
   0.096 5  -0.351 6    0.690 8
   0.318 5   0.894 0   -0.023 3
   0.472 2   0.922 7    0.870 8
  -0.067 5   0.346 4    0.296 5
   0.126 7   0.131 5    0.377 3
  -0.429 5  -0.556 6   -0.206 9
   0.727 5   0.625 2    0.441 9
  -0.188 0   0.122 5    0.061 8]';
t=[0.368 4   0.354 1   0.117 6   0.427 4  -0.064 9   0.207 7
   0.217 5   0.234 0  -0.178 5   0.979 2  -0.497 9];
(rand('state',0);                  % 保证每次结果都相同
net= newff(minmax(p),[3,7,1],{'tansig','tansig','purelin'},…
'trainlm');
net.trainparam.lr= 0.1;
net.trainparam.epochs= 1000;
net.trainparam.goal= 0.001;
net= train(net,p,t);
y= sim(net,p)
e= t- y
res= norm(e)                       % 整个网络误差
m= 2011:2022;
plot(m,t,'- +',m,y,'o')
xlabel('日期')
ylabel('国内贷款额增长率')
```

确定最佳隐含层神经元个数

网络的设计及训练代码如下：

```
s= 4:8
res= 1:5
for i= 1:5
rand('state',0);
net= newff(minmax(p),[s(i),1],{'tansig','purelin'});
net.trainparam.lr= 0.1;
net.trainparam.epochs= 1000;
net.trainparam.goal= 0.001;
net= train(net,p,t);
y= sim(net,p)
e= t- y
res(i)= norm(e)
end
```

10.3　神经网络控制的研究领域

(1) 研究领域

① 基于神经网络的系统辨识

将神经网络作为被辨识系统的模型，可在已知常规模型结构的情况下，估计模型的参数；利用神经网络的线性、非线性特性，可建立线性、非线性系统的静态、动态、逆动态及预测模型，实现非线性系统的建模和辨识。

② 神经网络控制器

神经网络作为实时控制系统的控制器，可以对不确定、不确知系统及扰动进行有效控制,使控制系统达到所要求的动态、静态特性。

③ 神经网络与其他算法相结合

将神经网络与专家系统、模糊逻辑、遗传算法等相结合,可设计新型智能控制系统。

④ 优化计算

在常规的控制系统中,常遇到求解约束优化问题,神经网络为这类问题的解决提供了有效的途径。

目前,神经网络控制已经在多种控制结构中得到应用,如 PID 控制、模型参考自适应控制、前馈反馈控制、内模控制、预测控制、模糊控制等。

(2) 人工神经网络研究的局限性

① ANN 研究受到脑科学研究成果的限制。

② ANN 缺少一个完整、成熟的理论体系。

③ ANN 研究带有浓厚的策略和经验色彩。

④ ANN 与传统技术的接口不成熟。

一般而言,与经典计算方法相比,只有当常规方法解决不了问题或解决问题效果不佳时,ANN 方法才能显示出其优越性,尤其对问题的机理不甚了解或不能用数学模型表示的系统,如故障诊断、特征提取和预测等问题,ANN 往往是最有力的工具。另一方面,ANN 对处理大量原始数据而不能用规则或公式描述的问题,表现出极大的灵活性和自适应性。

11
统计预测方法介绍

11.1 时间序列预测

11.1.1 时间序列预测简介

统计预测是一种运用数理统计方法研究事物的发展变化规律,估计其未来变化趋势和方向的预测方法。统计预测方法是现代地理学研究中常用的预测方法之一。本部分将结合有关实例,简要介绍两种重要的统计预测方法,即时间序列预测与马尔可夫预测法。其中,时间序列预测是对具体变量随时间变化的具体数值进行预测;马尔可夫预测则是对事件发生的概率进行预测。

(1) 时间序列的组合成分

① 长期趋势(T):指时间序列随时间的变化而逐渐增加或减少的长期变化的趋势。

② 季节变动(S):指时间序列在一年中或固定时间内,呈现出的固定规则的变动。

③ 循环变动(C):指沿着趋势线如钟摆般地循环变动,又称景气循环变动(Business cycle movement)。

④ 不规则变动(I):指在时间序列中由于随机因素影响所引起的变动。

(2) 时间序列的组合模型

① 加法模型:假定时间序列是基于 4 种成分相加而成的。长期趋势并不影响季节变动。若以 Y 表示时间序列,则加法模型为

$$Y=T+S+C+I \tag{11.1}$$

② 乘法模型:假定时间序列是基于 4 种成分相乘而成的。假定季节变动与

循环变动为长期趋势的函数,该模型的方程式为
$$Y = T \times S \times C \times I \tag{11.2}$$

11.1.2 时间序列预测方法介绍

(1) 平滑法

时间序列分析的平滑法主要有以下三类:

① 移动平均法

设某一时间序列为 $y_1, y_2, \cdots, y_t$,则 $t+1$ 时刻的预测值为

$$\hat{y}_{t+1} = \frac{1}{n}\sum_{j=0}^{n-1} y_{t-j} = \frac{y_t + y_{t-1} + \cdots + y_{t-n+1}}{n} = \hat{y}_t + \frac{1}{n}(y_t - y_{t-n}) \tag{11.3}$$

其中,$\hat{y}_t$ 为 t 点的移动平均值;n 称为移动时距。

② 滑动平均法

滑动平均法计算公式为

$$\hat{y}_t = \frac{1}{2l+1}(y_{t-l} + y_{t-(l-1)} + \cdots + y_{t-1} + y_t + y_{t+1} + \cdots + y_{t+l}) \tag{11.4}$$

其中,$\hat{y}_t$ 为 t 点的滑动平均值;l 为单侧平滑时距。

若 $l=1$,则称为三点滑动平均,其计算公式为

$$\hat{y}_t = (y_{t-1} + y_t + y_{t+1})/3 \tag{11.5}$$

若 $l=2$,则称为五点滑动平均,其计算公式为

$$\hat{y}_t = (y_{t-2} + y_{t-1} + y_t + y_{t+1} + y_{t+2})/5 \tag{11.6}$$

例 11.1:以某地区 2001—2015 年粮食产量为例,其平滑结果如表 11.1 所示。

表 11.1 某地区 2001—2015 年粮食产量及其平滑结果

年份	自然序号	粮食产量 $y/10^4$ t	移动平均		滑动平均	
			三点移动	五点移动	三点滑动	五点滑动
2001	1	3 149.44				
2002	2	3 303.66			3 54.47	
2003	3	3 010.30			3 141.19	3 242.44
2004	4	3 109.61	3 154.47		3 253.04	3 263.32

续表

年份	自然序号	粮食产量 $y/10^4$ t	移动平均		滑动平均	
			三点移动	五点移动	三点滑动	五点滑动
2005	5	3 639.21	3 141.19		3 334.21	3 295.88
2006	6	3 253.80	3 253.04	3 242.44	3 453.17	3 461.80
2007	7	3 466.50	3 334.21	3 263.32	3 520.07	3 618.81
2008	8	3 839.90	3 453.17	3 295.88	3 733.69	3 692.89
2009	9	3 894.66	3 520.07	3 461.80	3 914.72	3 892.78
2010	10	4 009.61	3 733.69	3 618.81	4 052.51	4 019.78
2011	11	4 253.25	3 914.72	3 692.89	4 121.45	4 075.78
2012	12	4 101.50	4 052.51	3 892.78	4 158.21	4 148.58
2013	13	4 119.88	4 121.45	4 019.78	4 160.01	4 227.01
2014	14	4 258.65	4 158.21	4 075.78	4 260.11	
2015	15	4 401.79	4 160.01	4 148.58		

③ 指数平滑法

一次指数平滑的预测公式为

$$\hat{y}_{t+1} = \sum_{j=0}^{n-1} \alpha(1-\alpha)^j y_{t-j} = \alpha y_t + (1-\alpha)\hat{y}_t \tag{11.7}$$

其中,α 为平滑系数。若时间序列较平稳,α 取值可小一些,一般取 $\alpha \in (0.05, 0.3)$;若时间序列数据起伏波动比较大,则 α 应取较大的值,一般取 $\alpha \in (0.7, 0.95)$。

例 11.2:取平滑系数 $\alpha=0.5$,将某城市 2010—2015 年用水量数据(表 11.2)代入公式(11.7)计算,即可得到该城市 2016 年用水量的指数平滑预测值。

表 11.2 某城市 2010—2015 年用水量数据

年份	2010	2011	2012	2013	2014	2015
用水量$/10^6$ t	211.30	260.18	209.10	248.79	241.00	250.00

$$\begin{aligned}\hat{y}_{(2016)} &= \alpha y_{(2015)} + \alpha(1-\alpha)y_{(2014)} + \alpha(1-\alpha)^2 y_{(2013)} + \alpha(1-\alpha)^3 y_{(2012)} + \\ &\quad \alpha(1-\alpha)^4 y_{(2011)} + \alpha(1-\alpha)^5 y_{(2010)} \\ &= 0.5 \times 250.00 + 0.5 \times 0.5 \times 241.00 + 0.5 \times 0.5^2 \times 248.79 + 0.5 \times \\ &\quad 0.5^3 \times 209.10 + 0.5 \times 0.5^4 \times 260.18 + 0.5 \times 0.5^5 \times 211.30 \\ &= 240.85 (10^6 \text{ t})\end{aligned}$$

二次指数平滑法的预测公式为

$$a_t = 2S_t^{(1)} - S_t^{(2)}$$

$$b_t = \frac{\alpha}{1-\alpha}(S_t^{(1)} - S_t^{(2)}) \tag{11.8}$$

其中,$S^{(1)}$、$S^{(2)}$分别代表一次和二次指数平滑值。

三次指数平滑法的预测公式为

$$\hat{y}_{t+k} = a_t + b_t k + c_t k^2 \tag{11.9}$$

其中:

$$a_t = 3S_t^{(1)} - 3S_t^{(2)} + S_t^{(3)}$$

$$b_t = \frac{\alpha}{2(1-\alpha)^2}[(6-5\alpha)S_t^{(1)} - 2(5-4\alpha)S_t^{(2)} + (4-3\alpha)S_t^{(3)}] \tag{11.10}$$

$$c_t = \frac{\alpha^2}{2(1-\alpha)^2}[S_t^{(1)} - 2S_t^{(2)} + S_t^{(3)}]$$

其中,$S^{(1)}$、$S^{(2)}$、$S^{(3)}$分别代表一次、二次和三次指数平滑值。

(2) 趋势线法

三种最常用的趋势线如下:

① 直线型趋势线

$$y_t = a + bt \tag{11.11}$$

② 指数型趋势线

$$y_t = ab^t \tag{11.12}$$

③ 抛物线型趋势线

$$y_t = a + bt + ct^2 \tag{11.13}$$

(3) 自回归模型

① 自相关性判断

时间序列的自相关,是指序列前后期数值之间的相关关系,对这种相关关系程度的测定便是自相关系数。

测度:设 $y_1, y_2, \cdots, y_t, \cdots, y_n$,共有 n 个观察值。把前后相邻两期的观察值一一配对,便有 $(n-1)$ 对数据,即 $(y_1, y_2), (y_2, y_3), \cdots, (y_t, y_{t+1}), \cdots, (y_{n-1}, y_n)$。

其一阶自相关系数为

$$r_1 = \frac{\sum_{t=1}^{n-1}(y_t - \hat{y}_t)(y_{t+1} - \hat{y}_{t+1})}{\sqrt{\sum_{t=1}^{n-1}(y_t - \hat{y}_t)^2 \cdot \sum_{t=1}^{n-1}(y_{t+1} - \hat{y}_{t+1})^2}} \tag{11.14}$$

二阶自相关系数为

$$r_2 = \frac{\sum_{t=1}^{n-2}(y_t - \hat{y}_t)(y_{t+2} - \hat{y}_{t+2})}{\sqrt{\sum_{t=1}^{n-2}(y_t - \hat{y}_t)^2 \cdot \sum_{t=1}^{n-2}(y_{t+2} - \hat{y}_{t+2})^2}} \tag{11.15}$$

k 阶自相关系数为

$$r_k = \frac{\sum_{t=1}^{n-k}(y_t - \hat{y}_t)(y_{t+k} - \hat{y}_{t+k})}{\sqrt{\sum_{t=1}^{n-k}(y_t - \hat{y}_k)^2 \cdot \sum_{t=1}^{n-k}(y_{t+k} - \hat{y}_{t+k})^2}} \tag{11.16}$$

② 常见的线性自回归模型

一阶线性自回归预测模型

$$y_t = \varphi_0 + \varphi_1 y_{t-1} + \varepsilon_t \tag{11.17}$$

二阶线性自回归预测模型

$$y_t = \varphi_0 + \varphi_1 y_{t-1} + \varphi_2 y_{t-2} + \varepsilon_t \tag{11.18}$$

一般地，p 阶线性自回归模型

$$y_t = \varphi_0 + \varphi_1 y_{t-1} + \cdots + \varphi_p y_{t-p} + \varepsilon_t \tag{11.19}$$

在以上各式中，$\varphi_i(i=0,1,2,\cdots,p)$ 为待估计的参数值，它们可以通过最小二乘法估计获得。

11.2 季节变动预测

11.2.1 季节变动预测基本步骤

季节变动预测基本步骤：

① 对原时间序列求移动平均，以消除季节变动和不规则变动，保留长期趋势。

② 将原序列 y 除以其对应的趋势方程值(或平滑值),分离出季节变动(含不规则变动),即季节系数$=TSCI/$趋势方程值$(TC$ 或平滑值$)=SI$。

③ 将月度(或季度)的季节指标加总,以由计算误差导致的值去除理论加总值,得到一个校正系数,并以该校正系数乘以季节性指标从而获得调整后的季节性指标。

④ 求预测模型,若求下一年度的预测值,延长趋势线即可;若求各月(季)的预测值,需以趋势值乘以各月份(季度)的季节性指标。

求季节变动预测的数学模型(以直线为例)为

$$y_{t+k}=(a_t+b_t k)\theta_k \tag{11.20}$$

其中,y_{t+k} 是 $t+k$ 时的预测值;a_t、b_t 为方程系数;θ_k 为季节性指标。

11.2.2 季节变动预测算例

例 11.3:用上述步骤,根据表 11.3 中的数据,预测某市 2016 年各季度的客流量。

表 11.3 某市 2013—2015 年各季度客流量及其三次滑动平均值

年份	季度	t	游客人数/10^4 人次	三次滑动平均/10^4 人次
2013	1	1	260.00	
	2	2	375.00	325.00
	3	3	340.00	312.67
	4	4	223.00	279.33
2014	1	5	275.00	303.33
	2	6	412.00	346.33
	3	7	352.00	331.67
	4	8	231.00	290.00
2015	1	9	287.00	315.33
	2	10	428.00	359.67
	3	11	364.00	345.00
	4	12	243.00	

解题步骤：

(1) 求时间序列的三次滑动平均值，见表 11.3 第 5 列。

(2) 求季节性指标：将表 11.3 中第 4 列数据分别除以第 5 列各对应数据，得到相应的季节系数，然后把各季度的季节系数平均得到改进的季节系数，见表 11.4 所示。

季节性指标之和理论上应等于 4。现改进的季节系数等于 3.951 5，因此需要进行校正。校正方法是：

先求校正系数：θ=4/3.951 5=1.012 3；然后将表 11.4 中第 5 行数据分别乘以 θ，即得校正后的季节性指标，见表 11.4 第 6 行。

表 11.4 季节性指标及其校正值

	1	2	3	4
2013	—	1.153 8	1.087 4	0.798 3
2014	0.906 6	1.189 6	1.061 3	0.796 6
2015	0.910 1	1.190 0	1.055 1	—
改进的季节系数	0.908 4	1.177 8	1.067 9	0.797 4
校正的季节性指标	0.919 5	1.192 3	1.081 0	0.807 2

(3) 用二次指数平滑法，求预测模型系数：取平滑指数 α=0.2，分别计算一次指数平滑值和二次指数平滑值，然后再分别计算趋势预测模型的系数和，结果如表 11.5 所示。

由表 11.5 可知，预测模型为

$$y_{12+k}=(a_t+b_tk)\theta_k$$

其中，a_t 为第 t 期的平滑水平值；b_t 为第 t 期的平滑趋势值；θ_k 为季节性调整系数；k 为预测的步长，即第 t 期向前预测的周期数。

表 11.5 预测模型系数

年份	季度	t	游客人数/10^4 人次	一次指数平滑值/10^4 人次	二次指数平滑值/10^4 人次	a_t	b_t
2013	1	1	260.00	260.00	260.00	260.000 0	0.000 0
	2	2	375.00	283.00	264.60	301.400 0	4.600 0
	3	3	340.00	294.40	270.56	318.240 0	5.960 0
	4	4	223.00	280.12	272.47	287.768 0	1.912 0
2014	1	5	275.00	279.10	273.80	284.395 2	1.324 8
	2	6	412.00	305.68	280.17	331.180 8	6.376 0
	3	7	352.00	314.94	287.13	342.756 4	6.953 7
	4	8	231.00	298.15	289.33	306.974 5	2.205 3
2015	1	9	287.00	295.92	290.65	301.195 1	1.318 1
	2	10	428.00	322.34	296.99	347.688 4	6.337 6
	3	11	364.00	330.67	303.72	357.616 7	6.736 6
	4	12	243.00	313.14	305.61	320.666 1	1.882 4

(4) 求预测值：以 2015 年第四季度为基期套用公式，计算预测 2016 年各季度的客流量。

第一季度：

$$\hat{y}_{12+1}=(320.666\ 1+1.882\ 4\times 1)\times 0.919\ 5=296.588\ 2(10^4\ \text{人次})$$

第二季度：

$$\hat{y}_{12+2}=(320.666\ 1+7.529\ 7\times 2)\times 1.192\ 3=386.803\ 1(10^4\ \text{人次})$$

第三季度：

$$\hat{y}_{12+3}=(320.666\ 1+7.529\ 7\times 3)\times 1.081\ 0=352.749\ 7(10^4\ \text{人次})$$

第四季度：

$$\hat{y}_{12+4}=(320.666\ 1+7.529\ 7\times 4)\times 0.807\ 2=264.926\ 2(10^4\ \text{人次})$$

由此可以计算出 2016 年全年度的客流量预测值为：

296.588 2+386.803 1+352.749 7+264.926 2=1 301.067 2(10^4 人次)

上述时间序列分析的计算过程，可以借助 SPSS 或 MATLAB 编程实现。

11.3 马尔可夫预测

11.3.1 马尔可夫预测方法简介

对事件的全面预测,不仅要能够指出事件发生的各种可能结果,而且还必须给出每一种结果出现的概率。

马尔可夫(Markov)预测方法,就是一种预测事件发生的概率的方法。它是基于马尔可夫链,根据事件的目前状况预测其将来各个时刻(或时期)变动状况的一种预测方法[107]。

状态:指某一事件在某个时刻(或时期)出现的某种结果。

状态转移过程:事件的发展,从一种状态转变为另一种状态,称为状态转移。

马尔可夫过程:在事件的发展过程中,若每次状态的转移都仅与前一时刻的状态有关,而与过去的状态无关,或者说状态转移过程是无后效性的,则这样的状态转移过程就称为马尔可夫过程。

11.3.2 马尔可夫链基本概念

状态转移概率:在事件的发展变化过程中,从某一种状态出发,下一时刻转移到其他状态的可能性,称为状态转移概率。由状态 E_i 转为状态 E_j 的状态转移概率 $P(E_i \to E_j)$ 就是条件概率 $P(E_j | E_i)$,即

$$P(E_i \to E_j) = P(E_j | E_i) = P_{ij}$$

状态转移概率矩阵：假定某一个事件的发展过程有 n 个可能的状态，即 $E_1, E_2, \cdots, E_n$。记为从状态 E_i 转变为状态 E_j 的状态转移概率 $P(E_i \to E_j)$，则矩阵

$$\boldsymbol{P} = \begin{bmatrix} P_{11} & P_{12} & \cdots & P_{1n} \\ P_{21} & P_{22} & \cdots & P_{2n} \\ \vdots & \vdots & & \vdots \\ P_{n1} & P_{n2} & \cdots & P_{nn} \end{bmatrix}$$

称为状态转移概率矩阵。

$$\begin{cases} 0 \leqslant P_{ij} \leqslant 1 & (i,j=1,2,\cdots,n) \\ \sum_{j=1}^{n} P_{ij} = 1 & (i=1,2,\cdots,n) \end{cases}$$

一般地，将满足上述条件的任何矩阵都称为随机矩阵或概率矩阵。

不难证明，如果 $\boldsymbol{P}$ 为概率矩阵，则对于任何整数 $m>0$，矩阵 $\boldsymbol{P}^m$ 都是概率矩阵。

如果 $\boldsymbol{P}$ 为概率矩阵，而且存在整数 $m>0$，使得概率矩阵 $\boldsymbol{P}^m$ 中诸元素皆非零，则称 $\boldsymbol{P}$ 为标准概率矩阵。可以证明，如果 $\boldsymbol{P}$ 为标准概率矩阵，则存在非零向量 $\boldsymbol{\alpha} = [x_1, x_2, \cdots, x_n]$ 且 x_i 满足 $0 \leqslant x_i \leqslant 1$，$\sum_{i=1}^{n} x_i = 1$，使得

$$\boldsymbol{\alpha P} = \boldsymbol{\alpha} \tag{11.21}$$

这样的向量 α 称为平衡向量或终极向量。这就是说，标准概率矩阵一定存在平衡向量。

状态转移概率矩阵的计算：计算状态转移概率矩阵 $\boldsymbol{P}$，就是求从每个状态转移到其他任何一个状态的状态转移概率 $P_{ij}(i,j=1,2,\cdots,n)$。

为了求出每一个 P_{ij}，一般采用频率近似概率的思想进行计算。

11.3.3 马尔可夫预测算例

例 11.4：考虑某地区农业收成变化的三个状态，即"丰收""平收"和"歉收"，记 E_1 为"丰收"状态，E_2 为"平收"状态，E_3 为"歉收"状态。表 11.6 给出了该地区 1975—2014 年期间农业收成的状态变化情况。试计算该地区农业收

成变化的状态转移概率矩阵。

表 11.6 某地区农业收成变化的状态转移情况

年份	1975	1976	1977	1978	1979	1980	1981	1982	1983	1984
序号	1	2	3	4	5	6	7	8	9	10
状态	E_1	E_1	E_2	E_3	E_2	E_1	E_3	E_2	E_1	E_2
年份	1985	1986	1987	1988	1989	1990	1991	1992	1993	1994
序号	11	12	13	14	15	16	17	18	19	20
状态	E_3	E_1	E_2	E_3	E_1	E_2	E_1	E_3	E_3	E_1
年份	1995	1996	1997	1998	1999	2000	2001	2002	2003	2004
序号	21	22	23	24	25	26	27	28	29	30
状态	E_3	E_3	E_2	E_1	E_1	E_3	E_2	E_2	E_1	E_2
年份	2005	2006	2007	2008	2009	2010	2011	2012	2013	2014
序号	31	32	33	34	35	36	37	38	39	40
状态	E_1	E_3	E_2	E_1	E_1	E_2	E_2	E_3	E_1	E_2

(1) 计算：从表 11.6 中可以知道，在 15 个从 E_1 出发（转移出去）的状态中：

有 3 个是从 E_1 转移到 E_1 的（即 1→2,24→25,34→35）；有 7 个是从 E_1 转移到 E_2 的（即 2→3,9→10,12→13,15→16,29→30,35→36,39→40）；有 5 个是从 E_1 转移到 E_3 的（即 6→7,17→18,20→21,25→26,31→32）。

所以

$$P_{11}=P(E_1 \to E_1)=P(E_1|E_1)=\frac{3}{15}=0.2000$$

$$P_{12}=P(E_1 \to E_2)=P(E_2|E_1)=\frac{7}{15}=0.4667$$

$$P_{13}=P(E_1 \to E_3)=P(E_3|E_1)=\frac{5}{15}=0.3333$$

同理可得

$$P_{21}=P(E_2 \to E_1)=P(E_1|E_2)=\frac{7}{13}=0.5385$$

$$P_{22}=P(E_2 \to E_2)=P(E_2|E_2)=\frac{2}{13}=0.1538$$

$$P_{23}=P(E_2 \to E_3)=P(E_3|E_2)=\frac{4}{13}=0.3077$$

$$P_{31}=P(E_3 \to E_1)=P(E_1|E_3)=\frac{4}{11}=0.3636$$

$$P_{32}=P(E_3 \to E_2)=P(E_2|E_3)=\frac{5}{11}=0.4545$$

$$P_{33}=P(E_3 \to E_3)=P(E_3|E_3)=\frac{2}{11}=0.1818$$

（2）结论：该地区农业收成变化的状态转移概率矩阵为

$$\boldsymbol{P}=\begin{bmatrix} 0.2000 & 0.4667 & 0.3333 \\ 0.5385 & 0.1538 & 0.3077 \\ 0.3636 & 0.4545 & 0.1818 \end{bmatrix}$$

状态概率 $\pi_j(k)$：表示事件在初始($k=0$)状态为已知的条件下，经过 k 次状态转移后，在第 k 个时刻(时期)处于状态 E_j 的概率。且

$$\sum_{j=1}^{n}\pi_j(k)=1$$

根据马尔可夫过程的无后效性及 Bayes 条件概率公式，有

$$\pi_j(k)=\sum_{i=1}^{n}\pi_j(k-1)P_{ij} \quad (j=1,2,\cdots,n) \tag{11.22}$$

若记行向量 $\boldsymbol{\pi}(k)=[\pi_1(k),\pi_2(k),\cdots,\pi_n(k)]$，则由式(11.22)可以得到逐次计算状态概率的递推公式

$$\begin{cases} \pi(1)=\pi(0)P \\ \pi(2)=\pi(1)P=\pi(0)P^1 \\ \vdots \\ \pi(k)=\pi(k-1)P=\cdots=\pi(0)P^k \end{cases} \tag{11.23}$$

其中，$\boldsymbol{\pi}(0)=[\pi_1(0),\pi_2(0),\cdots,\pi_n(0)]$为初始状态概率向量。

如果某一事件在第 0 个时刻(或时期)的初始状态已知，即 $\boldsymbol{\pi}(0)$ 已知，则利用递推公式(11.23)，就可以求得它经过 k 次状态转移后，在第 k 个时刻(时期)处于各种可能的状态的概率，即 $\pi(k)$，从而得到该事件在第 k 个时刻(时期)的状态概率预测。

例 11.5：将例 11.4 中 2014 年的农业收成状态记为 $\pi(0)[0,1,0]$（因为 2014 年处于"平收"状态），将状态转移概率矩阵代入递推公式，可求得 2015—

2025 年可能出现的各种状态的概率(表 11.7)。

表 11.7 某地区 2015—2025 年农业收成状态概率预测值

年份	2015			2016			2017			2018		
状态	E_1	E_2	E_3	E_1	E_2	E_3	E_1	E_2	E_3	E_1	E_2	E_3
概率	0.538 5	0.153 8	0.307 7	0.302 4	0.414 8	0.282 7	0.386 7	0.333 4	0.279 8	0.358 7	0.358 9	0.282 3
年份	2019			2020			2021			2022		
状态	E_1	E_2	E_3	E_1	E_2	E_3	E_1	E_2	E_3	E_1	E_2	E_3
概率	0.367 7	0.350 9	0.281 3	0.364 8	0.353 4	0.281 7	0.365 7	0.352 6	0.281 5	0.365 4	0.352 9	0.281 6
年份	2023			2024			2025					
状态	E_1	E_2	E_3	E_1	E_2	E_3	E_1	E_2	E_3			
概率	0.365 5	0.352 8	0.281 7	0.365 4	0.352 8	0.281 5	0.365 4	0.352 8	0.281 5			

终极状态概率预测

① 定义:经过无穷多次状态转移后所得到的状态概率称为终极状态概率,即

$$\pi = [\lim_{k \to \infty}\pi_1(k), \lim_{k \to \infty}\pi_2(k), \cdots, \lim_{k \to \infty}\pi_n(k)] = \lim_{k \to \infty}\pi(k) \quad (11.24)$$

② 终极状态概率应满足的条件

$$\pi = \pi P$$
$$0 \leqslant \pi_i \leqslant 1 \quad (i=1,2,\cdots,n)$$
$$\sum_{i=1}^{n} \pi_i = 1 \quad (11.25)$$

在例 11.4 中,设终极状态的状态概率为

$$\pi = [\pi_1, \pi_2, \pi_3]$$

则有:

$$[\pi_1, \pi_2, \pi_3] = [\pi_1, \pi_2, \pi_3] \begin{bmatrix} 0.200\ 0 & 0.466\ 7 & 0.333\ 3 \\ 0.538\ 5 & 0.153\ 8 & 0.307\ 7 \\ 0.363\ 6 & 0.454\ 5 & 0.181\ 8 \end{bmatrix}$$

即

$$\begin{cases} \pi_1 = 0.200\ 0\pi_1 + 0.538\ 5\pi_2 + 0.363\ 6\pi_3 \\ \pi_2 = 0.466\ 7\pi_1 + 0.153\ 8\pi_2 + 0.454\ 5\pi_3 \\ \pi_3 = 0.333\ 3\pi_1 + 0.307\ 7\pi_2 + 0.181\ 8\pi_3 \end{cases}$$

求解得：$\pi_1=0.3654$，$\pi_2=0.3528$，$\pi_3=0.2815$。

这说明，该地区农业收成的变化过程，在无穷多次状态转移后，"丰收"和"平收"状态出现的概率都将大于"歉收"状态出现的概率。

在地理事件的预测中，被预测对象所经历的过程中各个阶段（或时点）的状态和状态之间的转移概率是最为关键的。

马尔可夫预测的基本方法就是利用状态之间的转移概率矩阵预测事件发生的状态及其发展变化趋势。

马尔可夫预测方法的基本要求是状态转移概率矩阵必须具有一定的稳定性。因此，必须具有足够的统计数据，才能保证预测的精度与准确性。换句话说，马尔可夫预测模型必须建立在大量的统计数据的基础之上。这一点也是运用马尔可夫预测方法预测地理事件的一个最为基本的条件。

11.4 灰色预测模型

11.4.1 灰色系统介绍

灰色系统是一种系统分析与决策支持方法，其主要应用于缺乏完整信息或数据不充分的情况下。它通过利用已知信息和未知信息之间的关系来进行预测和决策。灰色系统理论最早由中国科学家邓聚龙于1982年提出，被广泛应用于各种领域，如经济学、管理学、工程学等[108]。

灰色系统的核心思想是通过建立灰色模型来进行预测和决策。灰色模型是通过对已有数据进行建模，将其分为已知数据和未知数据两部分，然后利用已知数据来推测未知数据。常用的灰色模型包括灰色预测模型、灰色关联分析模型等。

灰色系统方法的优点如下：

① 适用性广泛。灰色系统方法可以应用于数据不完备或信息不充分的情况下，可以处理数据稀疏或样本量有限的问题。

② 预测准确性高。通过利用已知数据和未知数据之间的关系，灰色系统方法可以提供相对准确的预测结果，有助于决策者做出科学决策。

③ 简单易懂。相对于一些复杂的统计模型或机器学习算法，灰色系统方法具有较低的技术门槛，易于理解和应用。

④ 对数据要求较低。相对于传统的统计方法，灰色系统方法对数据的要求较低，可以处理样本量小、数据质量差或数据缺失的问题。

然而，灰色系统方法也存在一些缺点，如：

① 对数据质量敏感。灰色系统方法对数据的质量要求较高，如数据存在噪声或异常值，可能会对预测结果产生较大影响。

② 可解释性较差。灰色系统方法的模型通常比较简单，对于复杂的问题可能无法提供详细的解释或洞察。

③ 建模过程具主观性。在建立灰色模型时，需要进行一些参数的选择和调整，这涉及一定程度的主观性，可能对结果产生一定影响。

综上所述，灰色系统是一种适用于数据不完备情况下的预测和决策方法，具有广泛的应用领域和较高的预测准确性。

灰色系统的基本原理：

① 差异信息原理。"差异"是信息，凡信息必有差异。

② 解的非唯一性原理。信息不完全、不确定的解是非唯一的。该原理是灰色系统理论解决实际问题所遵循的基本法则。

③ 最少信息原理。灰色系统理论的特点是充分开发利用已占有的"最少信息"。

④ 认知根据原理。信息是认知的根据。

⑤ 新信息优先原理。新信息对认知的作用大于老信息。

⑥ 灰性不灭原理。"信息不完全"是绝对的。

只知道大概范围而不知道其确切值的数称为灰数，通常记为"$\otimes$"。

例如：

有多少头发才算是谢顶？这个答案应该是一个区间范围。

多少层的楼房算高楼、中高楼以及低楼？

一个人有多重才算超重？

灰数的种类包括：

① 仅有下界的灰数

有下界无上界的灰数记为：$\otimes \in [a, \infty]$。

② 仅有上界的灰数

有上界无下界的灰数记为：$\otimes \in [-\infty, b]$。

③ 区间灰数

既有上界又有下界的灰数记为：$\otimes \in [a, b]$。

④ 连续灰数与离散灰数

在某一区间内取有限个值的灰数称为离散灰数；取值连续地充满某一区间的灰数称为连续灰数。

灰色序列生成：是一种通过对原始数据的挖掘、整理来寻求数据变化的现实规律的途径，简称灰生成。

灰生成的特点：在保持原序列形式的前提下，改变序列中数据的值与性质。一切灰色序列都能通过某种生成弱化其随机性，显现其规律性。

灰生成的作用：

① 统一序列的目标性质，为灰决策提供基础。

② 将摆动序列转换为单调增长序列，以利于灰建模。

③ 揭示潜藏在序列中的递增势态，变不可比序列为可比序列。

11.4.2 灰色生成算子介绍

常见的几种灰生成类型：累加生成算子（Accumulating Generation Operator, AGO）；逆累加生成算子（Inverse Accumulating Generation Operator, IAGO）；均值生成算子（MEAN）；级比生成算子。

（1）累加生成算子（AGO）

累加生成算子是对原序列中的数据依次累加以得到生成序列。令 $x^{(0)}$ 为

原序列
$$X^{(0)} = \{x^{(0)}(1), x^{(0)}(2), \cdots, x^{(0)}(n)\} \quad (11.26)$$

我们说 $X^{(1)}$ 是 $X^{(0)}$ 的 AGO 序列,并记为 $X^{(1)} = \mathrm{AGO}X^{(0)}$

当且仅当 $X^{(1)} = \{x^{(1)}(1), x^{(1)}(2), \cdots, x^{(1)}(n)\}$,

并满足 $x^{(1)}(k) = \sum\limits_{m=1}^{k} x^{(0)}(m)$ $(k=1,2,\cdots,n)$。

例 11.6:摆动序列为:$X^{(0)} = (1, 2, 1.5, 3)$

通过 AGO 可以加工成单调增序列:$\mathrm{AGO}X^{(0)} = X^{(1)} = (1, 3, 4.5, 7.5)$

(2) 逆累加生成算子(IAGO)

逆累加生成算子是对 AGO 生成序列中相邻数据依次累减,又称累减生成。

令 $X^{(0)}$ 为原序列

$$X^{(0)} = \{x^{(0)}(1), x^{(0)}(2), \cdots, x^{(0)}(n)\}$$

称 Y 是 $X^{(0)}$ 的 IAGO 序列,并记为 $Y = \mathrm{IAGO}X^{(0)}$

当且仅当 $Y = \{y(1), y(2), \cdots, y(n)\}$,

并 $y(k) \in Y$ 满足 $y(k) = x^{(0)}(k) - x^{(0)}(k-1)$。

例 11.7:令原始序列 $X^{(0)}$ 为

$$X^{(0)} = \{x^{(0)}(1), x^{(0)}(2), x^{(0)}(3), x^{(0)}(4), x^{(0)}(5)\}$$
$$= (1, 1, 1, 1, 1)$$
$$\mathrm{AGO}X^{(0)} = X^{(1)} = (1, 2, 3, 4, 5)$$
$$\mathrm{IAGO}X^{(1)} = (1, 2-1, 3-2, 4-3, 5-4) = (1, 1, 1, 1, 1)$$

这表明

$$\mathrm{IAGO}X^{(1)} = \mathrm{IAGO}(\mathrm{AGO}X^{(0)}) = X^{(0)}$$

(3) 均值生成算子(MEAN)

均值生成算子是将 AGO 序列中前后相邻两数取平均数,以获得生成序列。

令 $X^{(1)}$ 为 $X^{(0)}$ 的 AGO 序列

$$X^{(1)} = \{x^{(1)}(1), x^{(1)}(2), \cdots, x^{(1)}(n)\} \quad (11.27)$$

称 $Z^{(1)}$ 为 $X^{(1)}$ 的 MEAN 序列,并记为 $Z^{(1)} = \mathrm{MEAN}X^{(1)}$

当且仅当 $Z^{(1)} = \{z^{(1)}(1), z^{(1)}(2), \cdots, z^{(1)}(n)\}$,

并且每个 $z^{(1)}(k) \in Z^{(1)}$ 满足 $z^{(1)}(k) = \dfrac{1}{2}[x^{(1)}(k) + x^{(1)}(k-1)]$。

例 11.8：对 $X^{(1)}=(1,2,3,4,5)$，有

$$\begin{aligned}\text{MEANZ}^{(1)} &= \{z^{(1)}(1),z^{(1)}(2),z^{(1)}(3),z^{(1)}(4)\} \\ &= \{0.5(1+2),0.5(2+3),0.5(3+4),0.5(4+5)\} \\ &= (1.5,2.5,3.5,4.5)\end{aligned}$$

(4) 级比生成算子

设序列 $X^{(0)}=\{x^{(0)}(1),x^{(0)}(2),\cdots,x^{(0)}(n)\}$，则称序列 $X^{(1)}$ 的级比为

$$\sigma(k)=\frac{x^{(0)}(k-1)}{x^{(0)}(k)} \quad (k=2,3,\cdots,n) \tag{11.28}$$

检验准则：设序列 $X^{(0)}=\{x^{(0)}(1),x^{(0)}(2),\cdots,x^{(0)}(n)\}$，其级比满足 $\sigma(k) \in (e^{-\frac{2}{n+1}},e^{\frac{2}{n+1}})$ 时，序列 $X^{(1)}$ 可做 $GM(1,1)$ 建模。

(5) $GM(1,1)$ 模型

灰色理论认为系统的行为现象尽管是朦胧的，数据是复杂的，但它毕竟是有序的，是有整体功能的。灰数的生成，就是从杂乱中寻找出规律。同时，灰色理论建立的是生成数据模型，不是原始数据模型。因此，灰色预测的数据是通过生成数据的 $GM(1,1)$ 模型所得到的预测值的逆处理结果。

$GM(1,1)$ 的符号含义：G，即 grey，灰色；M，即 model，模型；前一个 1，即一阶方程；后一个 1，即一个变量。

定义 1：设 $X^{(0)}=\{x^{(0)}(1),x^{(0)}(2),\cdots,x^{(0)}(n)\}$，$X^{(1)}=\{x^{(1)}(1),x^{(1)}(2),\cdots,x^{(1)}(n)\}$，则称 $x^{(0)}(k)+ax^{(1)}(k)=b$ 为 $GM(1,1)$ 模型的原始形式。

定义 2：设 $Z^{(1)}=\{z^{(1)}(1),z^{(1)}(2),\cdots,z^{(1)}(n)\}$，其中 $z^{(1)}(k)=0.5x^{(1)}(k)+0.5x^{(1)}(k-1)$，则称 $x^{(0)}(k)+az^{(1)}(k)=b$ 为 $GM(1,1)$ 模型的基本形式。

注意：原始序列 $X^{(0)}=\{x^{(0)}(1),x^{(0)}(2),\cdots,x^{(0)}(n)\}$ 必是非负的，其中 $x^{(0)}(k) \geqslant 0, k=1,2,\cdots,n$。

若原始序列 $X^{(0)}$ 不是非负的，则需要对 $X^{(0)}$ 中的元素做平移变换，即令 $x_+^{(0)}(k)=x^{(0)}(k)+a$，其中 $a>0, k=1,2,\cdots,n$。

显然，由此得到的累加生成序列 $X^{(1)}$ 和均值生成序列 $Z^{(1)}$ 都是非负的。

例 11.9：关于 $GM(1,1)$ 模型 $x^{(0)}(k)+az^{(1)}(k)=b$ 的参数 a 和 b 如何确定？

若 $P=(a,b)^{\mathrm{T}}$ 为参数列，且

$$Y = \begin{bmatrix} x^{(0)}(2) \\ x^{(0)}(3) \\ \vdots \\ x^{(0)}(n) \end{bmatrix} \quad B = \begin{bmatrix} -z^{(1)}(2) & 1 \\ -z^{(1)}(3) & 1 \\ \vdots & \vdots \\ -z^{(1)}(n) & 1 \end{bmatrix}$$

则其最小二乘估计参数列满足

$$\hat{P} = (\hat{a}, \hat{b})^T = (BB^T)^{-1} B^T Y$$

例 11.10：关于 $GM(1,1)$ 模型 $x^{(0)}(k) + az^{(1)}(k) = b$ 的解如何确定？

① 利用离散数据序列建立近似的微分方程模型：

$$\frac{dx^{(1)}}{dt} + ax^{(1)} = b \text{（白化方程）}$$

② 解得其时间响应函数为：

$$x^{(1)}(t) = \left[x^{(0)}(1) - \frac{b}{a} \right] e^{-ak} + \frac{b}{a}$$

③ 解得时间响应序列为：

$$\hat{x}^{(1)}(k+1) = \left[x^{(0)}(1) - \frac{\hat{b}}{\hat{a}} \right] e^{-\hat{a}k} + \frac{\hat{b}}{\hat{a}}$$

④ 原始数据序列 $X^{(0)}$ 的预测值：

$$\hat{x}^{(0)}(k+1) = \hat{x}^{(1)}(k+1) - \hat{x}^{(1)}(k) = (1 - e^{\hat{a}}) \left[x^{(0)}(1) - \frac{\hat{b}}{\hat{a}} \right] e^{-\hat{a}k}$$

注意：$\hat{x}^{(0)}(k)$ $(k=1,2,\cdots,n)$ 是原始数据序列 $x^{(0)}(k)$ $(k=1,2,\cdots,n)$ 的拟合值；$\hat{x}^{(0)}(k)$ $(k>n)$ 是原始数据序列的预测值。

例 11.11：如何检验 $GM(1,1)$ 模型的精度？

残差：

$$q(k) = x^{(0)}(k) - \hat{x}^{(0)}(k)$$

相对误差：

$$\varepsilon(k) = \frac{q(k)}{x^{(0)}(k)} \times 100\% = \frac{x^{(0)}(k) - \hat{x}^{(0)}(k)}{x^{(0)}(k)} \times 100\%$$

平均相对误差：

$$\varepsilon(\text{avg}) = \frac{1}{n-1} \sum_{k=2}^{n} |\varepsilon(k)|$$

精度：

$$p^0 = [1-\varepsilon(\text{avg})] \times 100\%$$

(6) 建立灰色预测模型的一般步骤

第一步,级比检验,建模可行性分析;

第二步,数据变换处理;

第三步,用 $GM(1,1)$ 建模;

第四步,模型检验。

11.4.3 灰色预测算例

例 11.12:根据表 11.8 中某城市 2013—2019 年交通噪声平均声级数据建立灰色预测模型。

表 11.8 某城市近年来交通噪声数据 [dB(A)]

序号	年份	L_{eq}	序号	年份	L_{eq}
1	2013	71.1	5	2017	71.4
2	2014	72.4	6	2018	72.0
3	2015	72.4	7	2019	71.6
4	2016	72.1			

第一步:级比检验,建模可行性分析。

(1) 建立交通噪声平均声级数据时间序列

$$X^{(0)} = \{x^{(0)}(1), x^{(0)}(2), \cdots, x^{(0)}(7)\}$$
$$= (71.1, 72.4, 72.4, 72.1, 71.4, 72.0, 71.6)$$

(2) 求级比

$$\sigma(k) = \frac{x^{(0)}(k-1)}{x^{(0)}(k)}$$

$$\sigma = \{\sigma(2), \sigma(3), \cdots \sigma(7)\}$$
$$= (0.9820, 1.0000, 1.0042, 1.0098, 0.9917, 1.0059)$$

(3) 级比判断

$$\sigma(k) \in (e^{-\frac{2}{n+1}}, e^{\frac{2}{n+1}})$$

由于所有的 $\sigma(k) \in [0.778800783, 1.284025417], (k=2,3,\cdots,7)$,故可

以用作满意的 $GM(1,1)$ 建模。

第二步：用 $GM(1,1)$ 建模。

(1) 对原始数据 $X^{(0)}$ 作一次累加

$$x^{(1)}(k)=\sum_{m=1}^{k}x^{(0)}(m)\ (k=1,2,\cdots,7)$$

得：

$$X^{(1)}=\{x^{(1)}(1),x^{(1)}(2),\cdots,x^{(1)}(7)\}$$
$$=(71.1,143.5,215.9,288,359.4,431.4,503)$$

(2) 构造数据矩阵 $\boldsymbol{B}$ 及数据向量 $\boldsymbol{Y}$

$$z^{(1)}(2)=\frac{1}{2}[x^{(1)}(1)+x^{(1)}(2)]=107.3$$

$$z^{(1)}(3)=\frac{1}{2}[x^{(1)}(2)+x^{(1)}(3)]=179.3$$

$$z^{(1)}(4)=\frac{1}{2}[x^{(1)}(3)+x^{(1)}(4)]=251.95$$

$$z^{(1)}(5)=\frac{1}{2}[x^{(1)}(4)+x^{(1)}(5)]=323.7$$

$$z^{(1)}(6)=\frac{1}{2}[x^{(1)}(5)+x^{(1)}(6)]=395.4$$

$$z^{(1)}(7)=\frac{1}{2}[x^{(1)}(6)+x^{(1)}(7)]=467.2$$

于是得到：

$$\boldsymbol{Y}=\begin{bmatrix}x^{(0)}(2)\\x^{(0)}(3)\\x^{(0)}(4)\\x^{(0)}(5)\\x^{(0)}(6)\\x^{(0)}(7)\end{bmatrix}=\begin{bmatrix}72.4\\72.4\\72.1\\71.4\\72.0\\71.6\end{bmatrix},\boldsymbol{B}=\begin{bmatrix}-z^{(1)}(2)&1\\-z^{(1)}(2)&1\\-z^{(1)}(2)&1\\-z^{(1)}(2)&1\\-z^{(1)}(2)&1\\-z^{(1)}(2)&1\end{bmatrix}=\begin{bmatrix}-107.3&1\\-179.7&1\\-251.95&1\\-323.7&1\\-359.4&1\\-467.2&1\end{bmatrix}$$

(3) 最小二乘估计求参数列 $P=(a,b)^{\mathrm{T}}$

$$\hat{P}=(\hat{a},\hat{b})^{\mathrm{T}}=(BB^{\mathrm{T}})^{-1}B^{\mathrm{T}}Y=\begin{pmatrix}0.00234379\\72.6572696\end{pmatrix}$$

于是得到 $\hat{a}=0.00234379,\hat{b}=72.6572696$。由

(4)建立模型
$$x^{(0)}(k)+0.00234379z^{(1)}(k)=72.6572696$$
解得时间响应序列为:
$$\hat{x}^{(1)}(k+1)=\left(x^{(0)}(1)-\frac{\hat{b}}{\hat{a}}\right)\mathrm{e}^{-\hat{a}k}+\frac{\hat{b}}{\hat{a}}$$
$$=-30928.85259\mathrm{e}^{-0.00234379k}+30999.95259$$

(5)求生成数列值 $\hat{x}^{(1)}(k+1)$ 及模型还原值 $\hat{x}^{(0)}(k+1)$

令 $k=1,2,\cdots,6$,代入时间响应函数可算得 $\hat{x}^{(1)}(k)$,其中取 $\hat{x}^{(1)}(1)=\hat{x}^{(0)}(1)=x^{(1)}(1)=71.1$。

由累减生成 $\hat{x}^{(0)}(k)=\hat{x}^{(1)}(k)-x^{(0)}(k-1)$,得还原值:
$$\hat{x}^{(0)}=\{\hat{x}^{(0)}(1),\hat{x}^{(0)}(2),\cdots,\hat{x}^{(0)}(7)\}$$
$$=(71.1,72.4,72.2,72.1,71.9,71.7,71.6)$$

第三步:模型检验(表11.9)。

表11.9 $GM(1,1)$模型检验表

序号	年份	原始值	预测值	残差	相对误差/%
1	2013	71.1	71.1	0	0
2	2014	72.4	72.4	0	0
3	2015	72.4	72.2	0.2	0.28
4	2016	72.1	72.1	0	0
5	2017	71.4	71.9	−0.5	−0.7
6	2018	72.0	71.7	0.3	0.42
7	2019	71.6	71.6	0	0

平均相对误差:
$$\varepsilon(\mathrm{avg})=\frac{1}{n-1}\sum_{k=2}^{n}|\varepsilon(k)|=0.002$$

精度:
$$p^0=[1-\varepsilon(\mathrm{avg})]\times100\%=99.8\%$$

经验证,该模型的精度较高,可进行预报和预测。

12 系统动力学及 Vensim 模拟

12.1 系统动力学简介

系统动力学的基本观点：系统动力学是一门基于系统论，吸取反馈理论与信息论等，并借助计算机模拟技术的交叉学科。

系统动力学能定性与定量地分析研究系统，从系统的微观结构入手建模，构造系统的基本结构，进而模拟与分析系统的动态行为。

系统的行为由其结构和功能所决定。

"反馈"就是信息的传输与回授。顾名思义，反馈的重点应在于"回授"即"反"字上。

反馈的概念是普遍存在的。比如，空调设备是人们所熟知的，为了维持室内的温度，需要由热敏器件组成的温度继电器与冷却（或加热）系统联合运行。前者对室内温度进行检测，并与给定的期望室温加以比较，然后把信息馈送至控制器，使冷却（或加热）器在最大与关停之间进行调节，从而实现控制室温的目的。其中温度继电器就是反馈器件，上述的信息馈送过程就是信息反馈作用。

系统：一个由相互区别、相互作用的各部分有机地联结一起，为同一目的而完成某种功能的集合体。

系统动力学是认识系统问题和解决系统问题的有效工具之一。

系统的结构：所谓结构是指单元的秩序。它包含两层意思，首先是指组成系统的各单元，其次是指诸单元间的作用与关系。系统的结构标志着系统构成的特征。例如系统建模中对问题的分解（结构建构），系统分析中的共性结构分析，复杂模型的基模研究。

系统动力学的两个重要原理：

① 分解原理：目标、边界、框架和结构。确定分析维度和视角（自然科学与社会科学的区分），由粗到细（自上而下）逐步分解（结构演进）。

② 综合原理：分解的逆过程。

系统动力学的特点：

① 研究的对象主要是社会经济系统。

② 分析与解决问题的方法不是建立一组微分方程去求解，而是：

- 分析系统的结构：划分子系统。
- 分析变量之间的相互作用：因果关系。
- 区分速率变量、状态变量、辅助变量，研究反馈关系。

③ 通过建立直观的模型，进行计算机模拟，从而解决问题。

④ 事件—行为模式—系统结构：系统结构决定行为模式，行为模式决定具体事件，因此解决问题的根本出发点是系统结构分析。

系统动力学能解决微分方程组方法难以解决的复杂非线性系统问题。

12.2 系统动力学的学科基础

系统动力学的学科基础可划分为三个层次。

第一层次，方法论。系统动力学的方法论是系统方法论，其基本原则是将所研究对象置于系统的形式中加以考察。系统方法论目前还不很完善，系统动力学自身的发展也将会丰富、充实系统方法论。

第二层次，技术科学和基础理论，主要有反馈理论、控制理论、控制论、信息论、非线性系统理论、大系统理论和正在发展中的系统学。

第三层次，应用技术。为了使系统动力学的理论与方法能真正用于分析研究实际系统，使系统动力学模型成为实际系统的"实验室"，必须借助计算机模拟技术。

系统动力学解决问题的一般过程如图12.1所示。

图 12.1　系统动力学解决问题的一般过程图

提出问题：明确建立模型的目的，即明确要研究和解决什么问题。

参考行为模式分析：分析系统的事件，及实际存在的行为模式，提出设想和期望的系统行为模式，作为改善和调整系统结构的目标。

提出假设建立模型：由行为模式，提出系统的结构假设。由假设出发，设计系统的因果关系图、流图，并列出方程，定义参数。从而将一系列的系统动力学假设，表示成清晰的数学关系集合。

模型模拟：调整参数，运行模型，产生行为模式。建立好的模型是一个实验室，通过这个模型可以观察试验参数和结构的变化，理解结构与系统行为模式的关系。

系统动力学建模流程如图12.2所示。

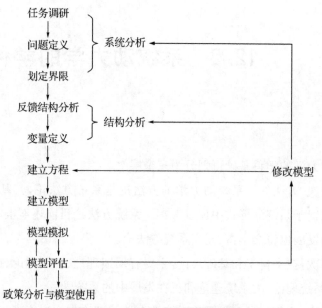

图 12.2　系统动力学建模流程图

系统动力学数学描述：根据分解原理，将系统 S 划分成若干个(p 个)相互关联的子系统(子结构)S_i。

$$S=\{S_i \in S|_{1-p}\} \quad (i=1,2,\cdots,p)$$

其中，S 代表整个系统；S_i 代表子系统。

系统动力学的系统观点基础：

① 系统可以用一组随时间变化的状态变量 $X=(x_1,x_2,\cdots,n)$ 描述，即系统的相空间。

② 系统包含一定的变量：$U=(u_1,u_2,\cdots,u_m)$，U 作为控制量。

③ 系统是通过相互作用而发展变化，用方程 $X'=f(X,U,t)$ 表达。

④ 系统由多个子系统组成，最小的子系统是一阶反馈回路，它包含状态量、速率量及辅助变量，是一个多元一阶微分方程。

⑤ 系统的未来发展取决于其结构及初始条件通过 U 和 $f(X,U,t)$ 表达。

⑥ 系统动力学的模型，相当于微分方程组，形式为 $X'=f(X,U,t)$。

12.3　Vensim 软件简介

Vensim 个人学习版(Vensim PLE)提供一般建模模拟、多视窗、因果追踪和复合模块等功能，对教育机构免费开放；Vensim PLE Plus 除具备上述功能外，还支持 Monte Carlo 灵敏度测试和输入输出控制；Vensim Professional 在 PLE Plus 基础上增加了真实性测试、灵敏度测试、模型优化、方程文本编辑和下标变量等高级功能；而 Vensim DSS 进一步扩展了功能，支持模拟飞行器开发、宏定义、外部函数引用，以及通过 DLL 与其他程序交互的功能。

Vensim Model Reader：供无 Vensim 及高版本的用户阅读、运行和分析模型，但是不能修改模型。免费。

Molecules：分子软件，用于构建系统动力学模型的"块"或分子结构。用于多个建模者一起合作。

Venapps：自定义 Vensim 应用程序（飞行模拟器和其他接口模型）可以在 Venapp builder 中开发；可用 Visual Basic、C、C++、Visual C++、Delphi、Excel 等编程语言或多媒体工具。

Vensim 软件的界面如图 12.3 所示。

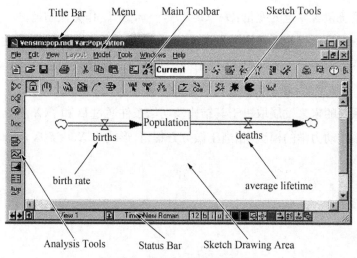

图 12.3　Vensim 软件的界面图

Title Bar：标题栏。

Menu：菜单栏。

Main Toolbar：工具栏。

Status Bar：状态栏。

Main Tools：主工具。

Sketch Tools：绘图工具。

Lock：图形锁定。

Move/Size：移动。

Variable：创建变量。

Box Variable：创建状态变量。

Arrow：创建箭头。

Rate：建立速率变量。

Merge：合并变量。

Delete：删除模型的结构、变量及注释。

Model Variable：在图形中增加已存在模型变量和引起变量原因。

Shadow Variable：在图形中增加已存在模型变量作为影子变量。

Input Output Object：在图形中增加输入滑动器和输出曲线图及图表。

Sketch Comment：对图表增加注释和图片。

Unhide Wand：在图表中显示被隐藏的变量。

Hide Wand：在图表中隐藏某变量。

Equations：使用方程编辑器创建模型方程。

Reference Model：绘制与编辑参考模型。

Simulation Tools：模拟工具。

Control：模拟控制。

Set up a simulation：建立模拟。

Run Name：数据集名称。

Choose Runname：选择数据集名称。

Simulate：模拟。

SyntheSim：符合模拟。

Game：博弈。

Sensitivity：灵敏度测试。

Optimize：优化。

Reality Check：真实性检验。

Build Windows：切换到建模窗口。

Output Windows：切换到输出窗口。

Control Panel：控制窗口。

Subscrip：下标变量。

Analysis Tools：分析工具。

软件中附带 Vesim\models\guide, Vesim\models\mguide, Vesim\models\sample 等模型。

建模初期有以下五个重要环节：

① 系统框图；

② 因果回路图构建；

③ 因果链与反馈分析；

④ 模型流图构建；

⑤ 变量与方程建立。

12.4　因果链

因果与相互关系回路图往往用于以下两个方面：

① 构思模型的初始阶段；

② 非技术性地、直观地描述模型结构，便于与建模人员交流讨论。

因果链与反馈分析较之头脑风暴法更系统、具体和专业；因果链与反馈分析较之 SWOT 方法更具连续性（有利于数学建模）。

(1) 反馈结构应形成闭合回路。图 12.4 中的结构即为开环回路。

(2) 在因果与相互关系图中采用名词或名词的短语，不用动词。变量之间的影响与作用以带箭头的因果链表示。因此，图 12.5 中左图是错误的，右图才是正确的。

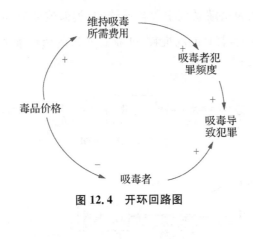

图 12.4 开环回路图

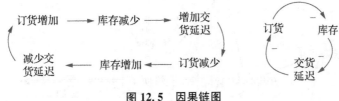

图 12.5 因果链图

(3) 因果链极性

因果链 $A \rightarrow +B$(连接 A 与 B 的因果链取正号):

A 增加使 B 也增加,或 A 减少使 B 也减少;A 的变化使 B 在同一方向上发生变化。

因果链 $A \rightarrow -B$(连接 A 与 B 的因果链取负号):

A 的增加使 B 减少,或 A 的减少使 B 增加;A 的变化使 B 在相反方向上发生变化。

确定回路极性的一般原则:① 若反馈回路包含偶数个负的因果链,则其极性为正;② 若反馈回路包含奇数个负的因果链,则其极性为负。

(4) 流图构建(模型的实质性)

因果回路图适用于表达系统中的因果关系和反馈回路。在建模开始的时候,因果回路图可以用来和客户沟通,以便于了解系统结构,这是非常有效的。但是当建模项目继续进行下去,需要量化模型的时候,只用因果回路图就不够了。

系统动力学认为反馈系统中包含连续的、类似流体流动与积累的过程,则有速率或称变化率,随着时间的推移,使状态变量的值增加或减少(图12.6、图12.7)。

图12.6 简单流图

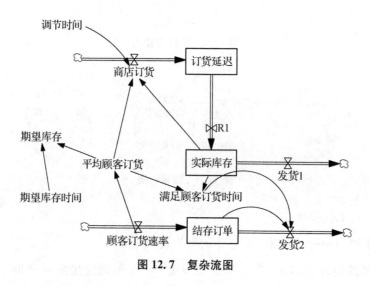

图12.7 复杂流图

建立流图时应遵循以下一般原则:

① 每一个反馈回路都至少有一个存量。

② 只有流量能够改变存量。

③ 一般情况下,存量为系统提供信息,而这些信息会用于改变流量,表示根据系统状态进行决策,对系统进行控制。

④ 辅助变量都是在信息流中。

例12.1:简单的库存系统。

下面以一个简单的库存系统为例说明 Vensim 如何模拟一个连续变化的反馈系统。收货与发货可分别视为仓库的连续输入与输出。若输入等于输出,库存量不变;入大于出,库存增加;出大于入,库存减少。为简单起见,考虑输入输出都是常数的情况:假定每月发货与入库各为100件和80件。则库存(INV)每月减少20件,其动态行为是线性的,用图形表示就是随时间变化的一条直线。

用数学表达则有：

$$INV(现在)=INV(过去)+时间间隔×速率$$

如果当初库存量为1 200件,考虑5个月后的情况,则有：

$$INV(现在)=1\ 200+5×(80-100)=1\ 100(件)$$

用Vensim软件进行模拟时,只需要做出如下流图(图12.8)：

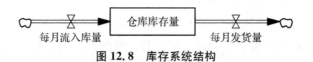

图12.8 库存系统结构

软件可以自动生成上面的计算方程,此时只需要给库存量赋初值1 200,给每月入库和发货量赋值80和100,设置模拟时间为5个月,就可以模拟出结果(图12.9)：

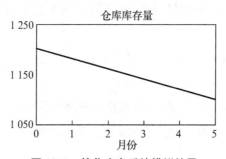

图12.9 简化库存系统模拟结果

例12.1中,变化速率是一个固定的值,那么当速率随时间而变化时又如何表述呢？

计算机处理连续变量就是将它离散化,所以Vensim在模拟时会把连续的时间分割成小的时间间隔,在各小间隔内速率是固定的,然后逐段地加以计算,这实际上是一个积分的过程。

上述积分过程如果离散化来看的话,用K表示现在时刻,J表示刚刚过去的时刻,L表示即将到来的时刻,DT表示时间间隔,它们之间的关系如图12.10所示。

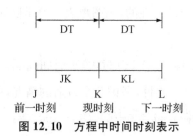

图 12.10　方程中时间时刻表示

上面的库存方程可以变化成：

$$INV.K = INV.J + DT \times (ORRE.JK - SH.JK) \quad (12.1)$$

其中，INV.K 为库存现有量；INV.J 为 DT 前的库存量；DT 为计算的时间间隔；ORRE 为在 JK 间隔内收到的订货量；SH 为在 JK 间隔内的发货量。

在此模型中，变量可以分几类：

① level variable：状态变量，又称积累变量，表示系统中某一特定时间的状态。

② rate variable：速率变量，表示状态变量的变化率，在每个时间间隔内保持不变。

③ auxiliary variable：辅助变量，用于描述模型中的中间变量、辅助计算结果。

④ constant variable：常量，表示在整个模型中保持不变的固定数值。

⑤ exogenous variable：外生变量，表示模型外部的影响变量，对系统起到驱动作用。

Vensim 模型中常用流程图符号见图 12.11 所示。

在 Vensim 模型中，这些变量类型可以通过常用的流程图符号表示，例如状态(level)变量、速率(rate)变量、物质流和信息链等。

图 12.11　Vensim 模型中常用流程图符号

L 状态(State，level)变量方程

其中，状态变量的计算通常通过状态方程实现，在 DYNAMO 中计算状态变量(或称积累变量)的方程称为状态变量方程。

L　LEVEL.K＝LEVEL.J＋DT×(INFLOW.JK－OUTFLOW.JK)

(12.2)

L　CoffeeT.K＝CoffeeT.J＋(DT)×(cooling.JK)　　(12.3)

R 速率(变化率)方程

速率变量的计算则通过速率方程表示。速率方程无一定格式，速率的值在 DT 时间内是不变的，其时间下标为 KL。

R　cooling.KL＝TIME TO COOL×DISC.K　　(12.4)

A 辅助(Auxiliary)方程

辅助方程在模型中起着支撑和桥接的作用，通常用于计算中间变量，以便在状态变量和速率变量之间提供衔接，使模型更为精致准确。辅助方程定义为在反馈系统中描述信息的运算式，"辅助"的含义就是帮助建立速率方程。

A　DISC.K＝ROOMT－CoffeeT.K　　(12.5)

C 赋值予常数。

- C　ROOMT＝20
- C　TIME TO COOL＝0.2

T 赋值予表函数中 Y 坐标。

N 为 LEVEL 方程赋予初始值，N　CoffeeT＝40

在模型结构的构思中：

首先要明确系统的界限主要包括库存、劳动力两个核心要求。

接着，需要分析系统的反馈结构，通过以库存和劳动力为主的因果反馈回路来揭示变量间的相互作用机制。

基于反馈结构的分析，构建相应的反馈结构流图，并通过建立模型的方程式来准确地描述和模拟系统的动态行为(图 12.12、表 12.1)。

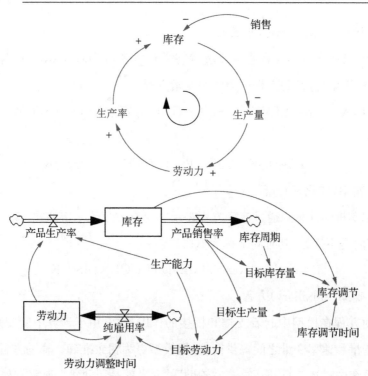

图 12.12 库存与劳动力模型

表 12.1 库存与劳动力模型方程

01	FINAL TIME =100 Units：Month The final time for the simulation	07	劳动力 INTEG（纯雇用率，目标劳动力） Units：Person
02	INITIAL TIME =0 Units：Month The initial time for the simulation	08	劳动力调整时间 3 Units：Month
03	SAVEPER =TIME STEP Units：Month The frequency with which output is stored	09	库存 INTEG（产品生产率－产品销售率，300） Units：Widget
04	TIME STEP =1 Units：Month The time step for the simulation	10	库存周期 3 Units：Month
05	产品生产率＝劳动力×生产能力 Units：Widget/Month	11	库存调节（目标库存量－库存）/库存调节时间 Units：Widget/Month
06	产品销售率 100＋STEP(50,20) Units：Widget/Month	12	库存调节时间 2 Units：Month

12.5 简单系统与行为模式

系统动力学对一阶系统的认识：系统动力学中的阶（order）指的是系统中状态变量的个数。一阶系统仅包括一个存量状态。

系统动力学认为一阶反馈回路是构成系统的基本结构。一个复杂系统是由这些相互作用的反馈回路组成的。

一阶正反馈系统：正反馈能产生自身运动的加强过程，在此过程中运动或动作所引起的后果将回授，使原来的趋势得到加强。

正反馈系统就是正反馈起主导作用的系统。

$$人口总量_{t+1} = 人口总量_t + 人口净增长_t \times DT$$

$$人口净增长_t = 人口总量_t \times 人口净增长率$$

$$\frac{d 人口总量}{dt} = 人口总量 \times 人口净增长率$$

$$人口总量 = 人口总量_0 e^{人口净增长率 \times t} \tag{12.6}$$

正反馈系统的数学描述：

$$y = a e^{\frac{1}{T}t} \tag{12.7}$$

正反馈系统如图 12.13 所示。

注意：指数增长的初期，和线性增长非常相似。

如果只看较短的时间，很可能会把系统行为判断为线性增长，并以此判断来估计未来，这样会和实际情况产生很大差别，导致决策失误。指数增长（几何级增长）的力量在后期会变得很大，而这种力量往往被人们低估。

人们对指数衰减的估计更加准确一些。

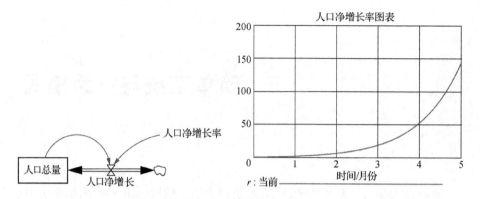

图 12.13 正反馈系统

例 12.2：古代国王要奖励大臣，大臣说在国际象棋的棋盘上放米。第一格放一粒米，第二格放两粒米，第三格放四粒米，第四格放八粒米，然后是十六粒、三十二粒，以此类推，一直放满六十四格。

$$2^{63} = 9\ 223\ 372\ 036\ 854\ 775\ 808 \approx 10^{19}$$

一阶负反馈系统：负反馈能自动寻求给定的目标，未达到（或者未趋近）目标时将不断作出响应。所谓负反馈系统就是负反馈起主导作用的系统（或称寻的系统）。负反馈系统见图 12.14 所示。

$$y = a_0(1 - e^{-\frac{1}{AT}t}) \tag{12.8}$$

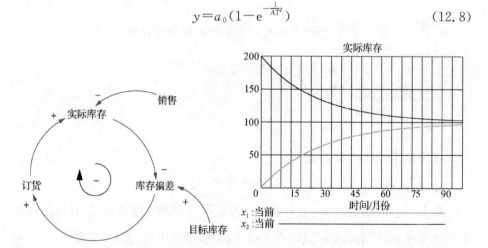

图 12.14 负反馈系统

S型增长：S型增长是一种典型的系统行为，它包含了指数与寻的行为的两种增长过程（图12.15）。S型增长是社会事物发展中常见的增长和扩散现象。

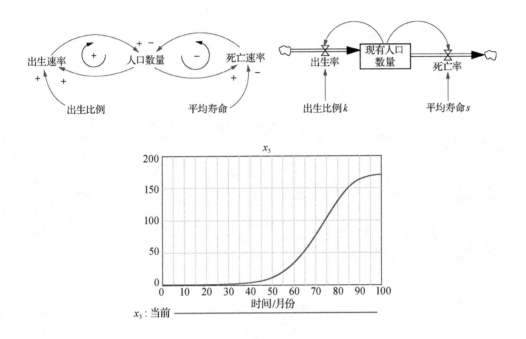

图 12.15　S 型增长

二阶系统比一阶系统更为复杂，一般在一个系统中包含两个独立的状态变量，并且这两个状态变量在同一个回路中（图12.16）。

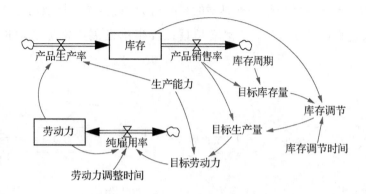

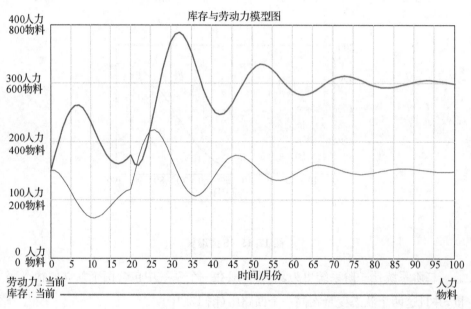

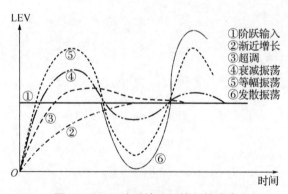

图 12.16 二阶系统阶跃输入的响应

12.6 Vensim 应用算例

本部分参考案例为"Dynamic formation mechanism of airport competitiveness—The case of China",发表的期刊为 *Transportation Research Part A*,作者为崔强、匡海波、武春友和李烨[109]。

基本思路为用结构方程模型构建空港竞争力系统动力学的路径和计算系数,然后用 Vensim 软件进行模拟拟合。

12.6.1 潜变量和可测变量集

在应用系统动力学测度空港竞争力前,需要先用结构方程搭建基本路径,并且计算各路径的系数,需要建立各指标的潜变量和可测变量集,如表 12.2 所示。

表 12.2 潜变量和可测变量集

指标分类	潜变量	可测变量
静态指标体系	空港竞争力	主营业务收入
		资产回报率
形成机理指标体系	区域发展	国内生产总值
		第三产业产值比重
		城市 R&D 投入
		高等学校毕业生数
	生产因素	飞行区等级
		大专及以上学历员工比例
		资产总额
		空港自身投资

续表

指标分类	潜变量	可测变量
形成机理指标体系	需求状况	城市居民交通支出
		服务半径
		城市固定资产投资额
		入驻空港的航空公司数量
	支撑产业	公路、铁路和水路客运量
		公路、铁路和水路货运量
		旅游总收入

12.6.2 基本假设条件和数据介绍

基本假设为：

H1：区域发展(RD)对空港竞争力(Com)有正向影响关系。

H2：区域发展(RD)对需求状况(DC)有正向影响关系。

H3：需求状况(DC)对生产因素(PF)有正向影响关系。

H4：需求状况(DC)对支撑产业(SI)有正向影响关系。

H5：支撑产业(SI)对空港竞争力(Com)有正向影响关系。

H6：支撑产业(SI)对生产因素(PF)有正向影响关系。

H7：生产因素(PF)对空港竞争力(Com)有正向影响关系。

本节选取广州、上海、深圳、厦门、北京、海口、济南、重庆、乌鲁木齐、西安、大连、武汉、沈阳、哈尔滨、三亚、长沙、杭州、太原、郑州、青岛、昆明、成都、天津、南京、宁波等25个大城市的空港2006—2010年的数据作为基本数据，进行实证研究。

12.6.3 结构方程结果

本节采用Visual PLS软件进行实证检验，并通过RSq值来验证模型的解释情况，具体实验结果见图12.17所示。

12 系统动力学及 Vensim 模拟

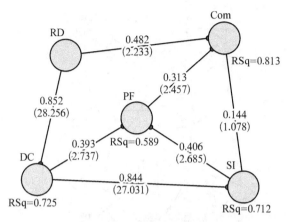

图 12.17 结构方程结果

12.6.4 Vensim 动态流图设计

基于构建的结构方程结果,本节利用 Vensim 软件进行动态流图设计。一般情况下,系统投入可分为三类:人力投入、物质投入和财力投入。因此为了更好地分析这种影响机理,本节以人口(Pop)、城市投资(Inv)、空港自身投资(Own Inv)为起点,利用 Vensim 软件建立系统动力学影响机理流图,如图 12.18 所示。

基于结构方程得到参数,构建动力方程如下:

(1) 潜变量层与可测变量层之间的动力方程

① 区域发展(RD)

区域发展状况有四个可测变量:国内生产总值(GDP)、第三产业产值比重(Third)、城市 R&D 投入(R&D)和高等学校毕业生数(Graduated)。

其动力方程如下:

$$GDP(t) = C_1 \times Inv(t)$$
$$Third(t) = C_2 \times GDP(t) = C_2 \times C_1 \times Inv(t)$$
$$R\&D(t) = C_3 \times Inv(t)$$
$$Graduated(t) = C_4 \times R\&D(t) = C_4 \times C_3 \times Inv(t)$$
$$RD(t) = 0.224 \times GDP(t) + 0.221 \times Third(t) + 0.283 \times R\&D(t) + 0.195 \times Graduated(t)$$

(12.9)

249

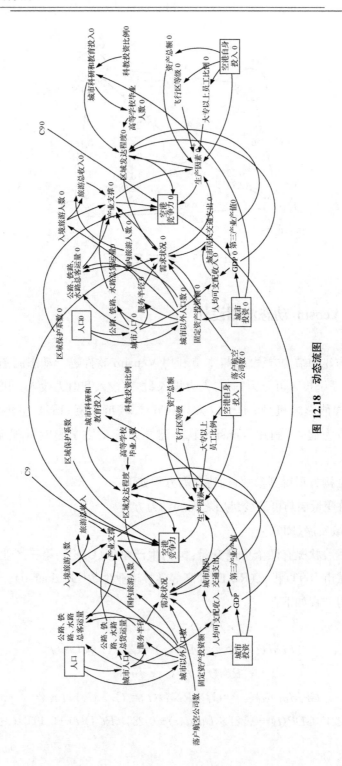

图 12.18 动态流图

其中，C_1、C_2、C_3、C_4 为比例系数；Inv 为城市投资额。

② 需求状况（DC）

需求状况有四个可测变量：城市居民交通支出（Spending）、服务半径（Radius）、城市固定资产投资额（Fixed）和入驻空港的航空公司数量（Num）。

其动力方程如下：

$$Spending(t) = C_5 \times DisposableIncome(t) = C_5 \times C_6 \times \frac{GDP(t)}{CityPop(t)}$$

$$Radius(t) = CityPop(t) + C_7 \times PopulationOutside(t)$$

$$Fixed(t) = C_8 \times Inv(t) \quad (12.10)$$

$$DC(t) = [0.430 \times Spending(t) + 0.400 \times Radius(t) + 0.417 \times Fixed(t) + 0.312 \times Num(t)] \times \frac{C_9 \times Com_i(t-1)}{\sum_{j=1}^{n} Com_j(t-1)}$$

其中，$DisposableIncome$ 代表城镇居民可支配收入；$CityPop$ 代表城市人口数量；$PopulationOutside$ 代表区域内本城市以外人口数量；Inv 代表城市投资额；C_5、C_6、C_7、C_8 为比例系数；C_9 为区域保护系数（$1 \leqslant C_9 \leqslant 2$）；$Com(t-1)$ 代表 $t-1$ 年的空港竞争力（假设同一区域内有 n 个空港）。

③ 支撑产业（SI）

支撑产业有三个可测变量：公路、铁路和水路客运量（Passenger），公路、铁路和水路货运量（Freight）和旅游总收入（Tourism）。

其动力方程如下：

$$Passenger(t) = C_{10} \times CityPop(t) + C_{11} \times PopulationOutside(t)$$

$$Freight(t) = C_{12} \times Passenger(t)$$

$$Tourism(t) = C_{13} \times PopulationOutside(t)$$

$$SI(t) = 0.242 \times Passenger(t) + 0.366 \times Freight(t) + 0.610 \times Tourism(t)$$

$$(12.11)$$

其中，C_{10}、C_{11}、C_{12}、C_{13} 为比例系数；$PopulationOutside$ 代表区域内本城市以外人口数量；$CityPop$ 代表本城市人口数量。

④ 生产因素（PF）

生产因素有四个可测变量：飞行区等级（Level）、大专及以上学历员工比例（Proportion College）、资产总额（Asset）和空港自身投资（Own Inv）。

其动力方程如下：

$$ProportionCollege(t) = C_{14} \times OwnInv(t)$$
$$Asset(t) = C_{15} \times OwnInv(t) \quad (12.12)$$
$$Level(t) = C_{16} \times OwnInv(t)$$
$$PF(t) = 0.382 \times Level(t) + 0.213 \times ProportionCollege(t) +$$
$$0.266 \times Asset(t) + 0.331 \times OwnInv(t)$$

其中，C_{14}、C_{15}、C_{16} 为比例系数；$OwnInv$ 代表空港自身投资额。

⑤ 空港竞争力(Com)

空港竞争力有两个可测变量：主营业务收入(Main Business Income)和资产回报率(ROA)。

其动力方程为：

$$Com(t) = 0.593 \times MainBusinessIncome(t) + 0.595 \times ROA(t) \quad (12.13)$$

(2) 潜变量层的动力方程

$$DC(t) = 0.852 \times RD(t)$$
$$SI(t) = 0.844 \times DC(t) \quad (12.14)$$
$$PF(t) = 0.393 \times DC(t) + 0.406 \times SI(t)$$
$$Com(t) = Com(t-1) + 0.482 \times RD(t) + 0.313 \times PF(t) + 0.144 \times SI(t)$$

其中，Com 代表空港竞争力；RD 代表区域发展；DC 代表需求状况；SI 代表支撑产业；PF 代表生产因素。

12.6.5 主要影响因素仿真

本节以东北亚的枢纽机场竞争为例。在东北亚，有三个空港竞争"东北亚枢纽机场"：北京首都国际机场、首尔仁川国际机场和东京羽田国际机场。以北京2010年的数据作为标准，将北京人口数的初始值设定为1，将城市投资额的初始值设定为1，将空港自身投资额的初始值设定为0.1。则根据世界银行数据库的数据，首尔仁川国际机场人口数、城市投资额和空港自身投资额的初始值分别为0.50、0.85和0.076，东京羽田国际机场人口数、城市投资额和空港自身投资额的初始值分别为1.87、0.92和0.082。为了简化起见，三个城市空港竞争力的初始值设定为0，三个城市的人口增长率、城市投资额的增长率和空港自身投资额的增长率都设定为1%,城市人口占总人口的比例为10%。另外,城市投资额对国内生产总值的拉动系数为10,第三产业产值占GDP的比重为0.5,其他系数的值都设定为0.01,系统动力学的运行周期为10年。北京首都国际机场的竞争力变化情况见图12.19所示。

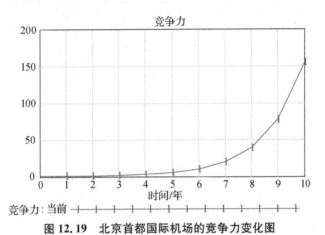

图12.19 北京首都国际机场的竞争力变化图

空港自身投资对空港竞争力的影响程度仿真见表12.3所示。

表12.3 空港自身投资对空港竞争力的影响程度分析

空港自身投资每年的增长率/%	空港竞争力									
	1	2	3	4	5	6	7	8	9	10
10	0.210	0.441	0.926	1.945	4.084	8.577	18.011	37.823	79.428	166.799
30	0.230	0.529	1.217	2.798	6.436	14.804	34.048	78.311	180.115	414.265
50	0.250	0.625	1.563	3.906	9.766	24.414	61.035	152.588	381.470	953.674

城市R&D投入对空港竞争力的影响程度仿真见表12.4所示。

表12.4 城市R&D投入对空港竞争力的影响程度分析

城市R&D投入占城市投资额的比重/%	空港竞争力									
	1	2	3	4	5	6	7	8	9	10
5	0.275	0.626	1.331	2.743	5.578	11.272	22.711	45.697	91.895	184.745
10	0.311	0.733	1.580	3.280	6.693	13.546	27.317	54.990	110.607	222.392
20	0.382	0.947	2.080	4.355	8.923	18.099	36.539	73.596	148.077	297.777

区域保护系数对空港竞争力的影响程度仿真见表 12.5 所示。

表 12.5　区域保护系数对空港竞争力的影响程度分析

区域保护系数	空港竞争力									
	1	2	3	4	5	6	7	8	9	10
1.2	0.247	0.540	1.128	2.305	4.666	9.403	18.918	38.035	76.451	153.659
1.5	0.247	0.541	1.129	2.310	4.677	9.429	18.974	38.153	76.695	154.158
1.8	0.247	0.541	1.131	2.314	4.687	9.454	19.030	38.271	76.940	154.659

13

MATLAB 在经济学研究方法中的应用

13.1 MATLAB 基础知识

13.1.1 MATLAB 简介

MATLAB 是一种高级的数值计算和科学编程语言，广泛应用于工程、科学和数学领域的数据分析、模拟和可视化。它的名称来源于"Matrix Laboratory"（矩阵实验室），因为 MATLAB 最初是专门用于处理矩阵运算的工具。

MATLAB 提供了一个强大而灵活的环境，使用户能够进行各种数值计算、数据处理和可视化任务。它包含了许多内置函数和工具箱，涵盖了各种领域的应用，如信号处理、图像处理、优化、控制系统、统计分析等。此外，MATLAB 还支持面向对象编程，使用户能够创建和管理复杂的数据结构和应用程序。

使用 MATLAB，用户可以轻松进行矩阵和向量运算，执行算法和模型的数值计算，编写脚本和函数来自定义计算过程，以及可视化分析数据。MATLAB 提供了直观的交互式环境，使得用户能够快速实验和调试代码，同时也支持批处理和脚本运行模式，以便于处理大量的数据和自动化任务。

MATLAB 还具有丰富的图形和可视化功能，可以生成二维和三维的图形、绘制曲线、制作动画等，帮助用户更好地理解和展示数据和计算结果。此外，MATLAB 还支持与其他编程语言和工具的集成，如 C/C++、Python、Java 等，以便于扩展和与外部系统的交互。

总之，MATLAB 是一种功能强大的数值计算和科学编程环境，适用于各种领域的数据处理、模拟和可视化任务，为科学家、工程师和研究人员提供了一个高效和灵活的工具。

13.1.2 MATLAB 窗口介绍

MATLAB 窗口是 MATLAB 软件的主要界面,提供了一个交互式环境,用于执行 MATLAB 代码、查看结果、编辑脚本和函数以及进行数据可视化。以下是 MATLAB 窗口的主要组件和功能介绍:

命令窗口(Command Window):命令窗口是 MATLAB 的主要交互界面,用户可以在其中输入 MATLAB 命令、表达式和函数调用,并直接查看执行结果。在命令窗口中,还可以进行简单的算术计算、变量赋值和基本的编程操作。

编辑窗口(Editor Window):编辑窗口提供了一个编辑器界面,用于编写、编辑和保存 MATLAB 脚本文件(.m 文件)和函数文件。在编辑窗口中,用户可以使用丰富的编辑工具和语法高亮功能,增加代码的可读性和编写效率。

工作空间(Workspace):工作空间是用于管理和查看 MATLAB 中定义的变量和数据的区域。在工作空间中,可以查看变量的名称、类型、大小和值,并进行变量的清除、导入和导出操作。工作空间的变量可以在命令窗口中直接使用或进行进一步的计算和处理。

当前文件夹(Current Folder):当前文件夹显示了 MATLAB 当前工作目录中的文件和文件夹列表。用户可以在其中浏览文件夹、打开文件、创建新文件夹等。MATLAB 执行文件操作(如读取或保存文件)时,默认在当前文件夹中进行。

命令历史(Command History):命令历史记录了在命令窗口中输入的所有 MATLAB 命令和表达式。用户可以通过查看命令历史、复制之前的命令和重新执行命令来提高工作效率。

图形窗口(Figure Windows):图形窗口用于显示 MATLAB 中生成的图形和图像。当使用绘图函数或可视化工具时,MATLAB 将在新的图形窗口中显示图形结果,用户可以对图形进行交互操作、调整显示选项和保存图形为图像文件。

此外,MATLAB 窗口还包括其他一些功能和面板,如编辑器工具栏、命令窗口工具栏、工具箱窗口(用于访问 MATLAB 工具箱中的函数和工具)、搜索路径、帮助文档等,以便用户更好地管理和使用 MATLAB 的各种功能。

总的来说,MATLAB 窗口提供了一个集成的开发环境,用于编写、执行和调试 MATLAB 代码,进行数据分析和可视化,并提供丰富的工具和功能来增强用户的编程和科学计算体验。

13.2 MATLAB 在效率评价中的应用举例

本节参考的论文题目为"Measuring the energy efficiency for airlines under the pressure of being included into the EU ETS",发表的期刊为 *Journal of Advanced Transportation*,作者为崔强、魏一鸣、于晨璐和李烨[76]。

13.2.1 算例介绍

本算例是一个网络 DEA 方法在航空公司效率评价中的应用。
(1) 效率评价理论框架
航空公司的完整生产过程为分为运营、服务和销售三个阶段,每个阶段都有其投入和产出指标,并且有中间产出链接相邻两个阶段。其理论框架如图 13.1 所示。

投入、产出和中间产出总结如下:
① 运营阶段
投入 1:员工数量和航空煤油。
产出 1:可用座公里和可用吨公里。
② 服务阶段
投入 2:可用座公里、可用吨公里和机队规模。
产出 2:收入客公里和收入吨公里。
非期望产出:温室气体排放量。

③ 销售阶段

投入3:收入客公里、收入吨公里和销售成本。

产出3:营业总收入。

④ 中间产出。

链接(运营阶段到服务阶段):可用座公里和可用吨公里。

链接(服务阶段到销售阶段):收入客公里和收入吨公里。

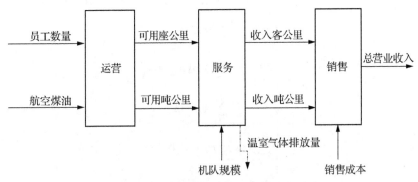

图 13.1　航空公司效率网络结构图

(2) 样本与数据情况

本节选取了22家航空公司:中国东方航空、中国南方航空、大韩航空、澳洲航空、法荷航空、汉莎航空、北欧航空、达美航空、阿拉斯加航空、中国国际航空(简称"国航")、海南航空、阿联酋航空、埃塞俄比亚航空、格陵兰航空、加拿大航空、国泰航空、肯尼亚航空、马来西亚航空、韩亚航空、西南航空、新加坡航空和全日空航空等,数据周期为2008—2012年。

根据国际航空运输协会的世界航空运输统计数据,在这22家航空公司中,有6家航空公司2012年旅客运输量跻身全球前10名(达美航空、西南航空、南方航空、东方航空、汉莎航空和法荷航空);2012年全球排名前20的航空公司有10家(另外4家是国航、澳洲航空、全日空航空和阿联酋航空)。这22家航空公司来自亚洲、美洲、欧洲、非洲和大洋洲,具有一定的全球航空公司代表性。员工人数、飞机数量、业务总收入、收入吨公里、收入客公里、销售成本、可用吨公里和可用座公里等数据均来自航空公司的年报。航空煤油吨数和温室气体排放数据取自22家航空公司的可持续发展、环境和企业社会责任报告。

(3) 具体的效率评估模型

本节考虑对非期望产出进行弱处理和强处理的方式,并且基于网络 RAM 模型,构建了具体的效率评价模型,并对弱处理和强处理的结果进行比较分析。

基于图 13.1,构建的弱处理网络 RAM 模型为

$$\theta_0 = 1 - \max\left[\frac{1}{5} \times \left(\frac{s_0^{NE}}{RNE} + \frac{s_0^{AK}}{RAK} + \frac{s_0^{FS}}{RFS} + \frac{s_0^{SC}}{RSC} + \frac{s_0^{TBI}}{RTBI}\right)\right]$$

$$\text{s.t.} \begin{cases} NE_0 = \sum_k \lambda_k NE_k + s_0^{NE} \\ AK_0 = \sum_k \lambda_k AK_k + s_0^{AK} \\ \sum_k \lambda_k = 1 \\ \sum_k (\lambda_k - \mu_k) ASK_k = 0 \\ \sum_k (\lambda_k - \mu_k) ATK_k = 0 \\ FS_0 = \sum_k \mu_k FS_k + s_0^{FS} \\ GHG_0 = \sum_k \mu_k GHG_k \\ \sum_k \mu_k = 1 \\ \sum_k (\mu_k - \eta_k) RPK_k = 0 \\ \sum_k (\mu_k - \eta_k) RTK_k = 0 \\ SC_0 = \sum_k \eta_k SC_k + s_0^{SC} \\ TBI_0 = \sum_k \eta_k TBI_k - s_0^{TBI} \\ \sum_k \eta_k = 1 \end{cases} \quad (13.1)$$

运营阶段的阶段效率为

$$\rho_1 = 1 - \frac{1}{2} \times \left(\frac{s_0^{NE}}{RNE} + \frac{s_0^{AK}}{RAK}\right) \quad (13.2)$$

服务阶段的阶段效率为

$$\rho_2 = 1 - \frac{s_0^{FS}}{RFS} \tag{13.3}$$

销售阶段的阶段效率为

$$\rho_3 = 1 - \frac{1}{2} \times \left(\frac{s_0^{SC}}{RSC} + \frac{s_0^{TBI}}{RTBI} \right) \tag{13.4}$$

基于图 13.1,构建的强处理处理网络 RAM 模型为

$$\theta_0 = 1 - \max\left[\frac{1}{6} \times \left(\frac{s_0^{NE}}{RNE} + \frac{s_0^{AK}}{RAK} + \frac{s_0^{FS}}{RFS} + \frac{s_0^{SC}}{RSC} + \frac{s_0^{TBI}}{RTBI} + \frac{s_0^{GHG}}{RGHG} \right) \right]$$

$$\text{s.t.} \begin{cases} NE_0 = \sum_k \lambda_k NE_k + s_0^{NE} \\ AK_0 = \sum_k \lambda_k AK_k + s_0^{AK} \\ \sum_k \lambda_k = 1 \\ \sum_k (\lambda_k - \mu_k) ASK_k = 0 \\ \sum_k (\lambda_k - \mu_k) ATK_k = 0 \\ FS_0 = \sum_k \mu_k FS_k + s_0^{FS} \\ GHG_0 = \sum_k \mu_k GHG_k + s_0^{GHG} \\ \sum_k \mu_k = 1 \\ \sum_k (\mu_k - \eta_k) RPK_k = 0 \\ \sum_k (\mu_k - \eta_k) RTK_k = 0 \\ SC_0 = \sum_k \eta_k SC_k + s_0^{SC} \\ TBI_0 = \sum_k \eta_k TBI_k - s_0^{TBI} \\ \sum_k \eta_k = 1 \end{cases} \tag{13.5}$$

运营阶段的阶段效率为

$$\rho_1 = 1 - \frac{1}{2} \times \left(\frac{s_0^{NE}}{RNE} + \frac{s_0^{AK}}{RAK} \right) \tag{13.6}$$

服务阶段的阶段效率为

$$\rho_2 = 1 - \frac{1}{2} \times \left(\frac{s_0^{FS}}{RFS} + \frac{s_0^{GHG}}{RGHG} \right) \tag{13.7}$$

销售阶段的阶段效率为

$$\rho_3 = 1 - \frac{1}{2} \times \left(\frac{s_0^{SC}}{RSC} + \frac{s_0^{TBI}}{RTBI} \right) \tag{13.8}$$

模型中的具体变量为：

NE_k 为航空公司 k 的员工数量；

AK_k 为航空公司 k 的航空煤油；

FS_k 为航空公司 k 的机队规模；

ASK_k 为航空公司 k 的可用座公里；

ATK_k 为航空公司 k 的可用吨公里；

GHG_k 为航空公司 k 的温室气体排放量；

SC_k 为航空公司 k 的销售成本；

RPK_k 为航空公司 k 的收入客公里；

RTK_k 为航空公司 k 的收入吨公里；

TBI_k 为航空公司 k 的总营业收入；

RNE 为员工数量的极差；

RAK 为航空煤油的极差；

RFS 为机队规模的极差；

$RGHG$ 为温室气体排放量的极差；

RSC 为销售成本的极差；

$RTBI$ 为总营业收入的极差。

在模型中，所有的变量都是非负的。

13.2.2　MATLAB 程序代码及计算结果

我们以 2012 年的数据为例，展示 MATLAB 程序代码。原始数据如表 13.1 所示。

13 MATLAB 在经济学研究方法中的应用

表 13.1 2012年航空公司原始数据

航空公司	可用吨公里(ATK)/百万吨公里	销售成本(Sales Cost)/百万美元	可用座公里(ASK)/百万座公里	收入吨公里(RTK)/百万吨公里	客运人公里(RPK)/百万人公里	总营业收入(TBI)/亿美元	航空煤油(AK)/万美元	员工人数(NE)/人	机队规模(FS)/架	温室气体排放(GHG)/万t
中国东方航空	7 416.25	1.091 4	136 723.95	14 406.48	109 112.68	139.14	414.31	41 235	410	840.24
中国南方航空	23 052.95	11.603 4	169 630.45	16 160.12	135 534.73	165.01	480.93	73 668	491	1 514.92
大韩航空	15 789.33	2.770 0	102 139.42	11 242.00	84 980.00	114.46	401.90	20 634	146	1 204.53
澳洲航空	5 662.54	6.350 0	139 423.00	3 029.46	111 692.00	157.24	378.06	33 584	298	1 227.07
法荷航空	16 409.00	10.249 7	268 016.00	10 576.00	223 034.00	356.56	900.00	100 744	580	2 828.28
汉莎航空	14 749.00	4.793 5	260 169.00	10 240.00	205 015.00	419.18	887.89	118 368	627	629.50
北欧航空	4 475.00	4.911 8	31 620.00	3 141.16	29 650.00	500.57	124.40	14 897	190	391.90
达美航空	25 532.79	15.900 0	230 415.00	21 396.48	310 561.55	366.70	4 241.42	77 389	730	2 961.58
阿拉斯加航空	207.96	1.680 0	50 578.46	178.64	43 463.55	38.42	302.30	13 894	172	375.00
国航	23 020.94	11.104 9	161 382.14	4 548.00	129 773.00	162.34	530.63	59 328	461	1 381.70
海南航空	957.50	2.974 7	4 105.25	718.32	3 466.47	174.60	498.24	77 407	117	1 219.54
阿联酋南航空	35 467.00	3.019 8	200 678.00	23 672.00	160 446.00	169.61	614.54	33 634	191	2 244.44
埃塞俄比亚航空	4 631.00	1.333 1	22 394.00	2 922.00	16 175.00	19.26	378.50	6 559	48	18.32

续表

航空公司	可用吨公里(ATK)/百万吨公里	销售成本(Sales Cost)/百万美元	可用座公里(ASK)/百万座公里	收入吨公里(RTK)/百万吨公里	客运人公里(RPK)/百万人公里	总营业收入(TBI)/亿美元	航空煤油(AK)/万美元	员工人数(NE)/人	机队规模(FS)/架	温室气体排放(GHG)/万t
格陵兰航空	78.63	0.032 0	565.89	47.96	446.84	1.85	46.78	626	34	7.31
加拿大航空	949.65	5.081 5	108 258.96	785.36	89 553.56	102.66	12 838.75	27 226	205	906.98
国泰航空	26 250.00	17.547 9	129 595.00	18 819.00	103 837.00	135.91	499.60	29 900	138	1 573.80
肯尼亚航空	87.17	0.431 6	13 875.00	62.50	9 943.00	12.18	66.70	4 834	34	8.43
马来西亚航空	7 292.38	1.153 2	51 223.97	1 889.06	38 144.03	22.14	167.92	19 406	143	5 461.64
韩亚航空	6 702.23	46.890 9	38 086.81	4 209.00	32 907.00	53.73	177.93	9 595	71	561.21
西南航空	2 728.79	10.430 0	206 216.69	2 191.22	165 561.23	170.88	559.33	45 861	694	1 799.70
新加坡航空	11 286.50	4.978 0	113 409.70	7 198.20	87 824.00	148.58	480.36	13 893	100	1 405.93
全日空航空	1 470.83	14.805 4	91 106.00	1 084.00	59 800.00	117.80	245.60	32 634	231	920.00

基于对非期望产出弱处理的网络 RAM 模型的原始 MATLAB 代码如下：

X1= [41 235,73 668,20 634,33 584,100 744,118 368,14 897,
77 389,13 894,59 328,77 407,33 634,6 559,626,27 226,29 900,4 834,
19 406,9 595,45 861,13 893,32 634;

414.31,480.93,401.90,378.06,900.00,887.89,124.40,4 241.42,
302.30,530.63,498.24,614.54,378.50,46.78,12 838.75,499.60,
66.70,167.92,177.93,559.33,480.36,245.60;

410,491,146,298,580,627,190,730,172,461,117,191,48,34,205,
138,34,143,71,694,100,231;

840.24,1 514.92,1 204.53,1 227.07,2 828.28,629.50,391.90,
2 961.58,375.00,1 381.70,1 219.54,2 244.44,18.32,7.31,906.98,
1 573.80,8.43,5 461.64,561.21,1 799.70,1 405.93,920.00;

1.091 4,11.603 4,2.770 0,6.350 0,10.249 7,4.793 5,4.911 8,
15.900 0,1.680 0,11.104 9,2.974 7,3.019 8,1.333 1,0.032 0,5.081 5,
17.547 9,0.431 6,1.153 2,46.890 9,10.430 0,4.978 0,14.805 4;

139.14,165.01,114.46,157.24,356.56,419.18,500.57,366.70,
38.42,162.34,174.60,169.61,19.26,1.85,102.66,135.91,12.18,
22.14,53.73,170.88,148.58,117.80];

% 投入与产出值,第一行为 NE,第二行为 AK,第三行为 FS,第四行为
GHG,第五行为 SC,第六行为 TBI。

X2= [136 723.95   169 630.45   102 139.42   139 423.00   268 016.00
260 169.00   31 620.00   230 415.00   50 578.46   161 382.14   4 105.25
200 678.00   22 394.00   565.89   108 258.96   129 595.00   13 875.00
51 223.97   38 086.81   206 216.69   113 409.70   91 106.00;

7 416.25   23 052.95   15 789.33   5 662.54   16 409.00   14 749.00
4 475.00   25 532.79   207.96   23 020.94   957.50   35 467.00
463 1.00   78.63   949.65   26 250.00   87.17   7 292.38   6 702.23
2 728.79   11 286.50   1 470.83;

109 112.68   135 534.73   84 980.00   111 692.00   223 034.00
205 015.00   29 650.00   310 561.55   43 463.55   129 773.00   3 466.47

160 446.00   16 175.00   446.84   89 553.56   103 837.00   9 943.00
38 144.03   32 907.00   165 561.23   87 824.00   59 800.00;
　　14 406.48   16 160.12   11 242.00   3 029.46   10 576.00   10 240.00
3 141.16   21 396.48   178.64   4 548.00   718.32   23 672.00   2 922.00
47.96   785.36   18 819.00   62.50   1 889.06   4 209.00   2 191.22
7 198.20   1 084.00];
　　% 中间产出值，第一行为 ASK，第二行为 ATK，第三行为 RPK，第四行为 RTK。
　　n= 22; % 样本数量
　　X3= X1(1:4,:);
　　X3= X3′;
　　X4= X1(5,:);
　　X4= X4′;
　　X11= [X1(1:3,:);X1(5:6,:)];
　　R= max(X11′)′- min(X11′)′; % 求极差
　　X5= (- 1/5)* (1./R); % 列向量
　　X8= [zeros(1,3* n),X5′]; % 目标函数矩阵
　　F= X8′;
　　X9= [eye(3),zeros(3,2);
　　zeros(1,5);
　　zeros(1,3),1,0;
　　zeros(1,4),- 1;
　　zeros(7,5)];
　　beq1= [X1;zeros(4,n);ones(3,n)];
　　Aeq1= [X1(1:2,:),zeros(2,44),X9(1:2,:);
　　　　zeros(1,n),X1(3,:),zeros(1,n),X9(3,:);
　　　　zeros(1,n),X1(4,:),zeros(1,n),X9(4,:);
　　　　zeros(2,2* n),X1(5:6,:),X9(5:6,:);
　　　　X2(1:2,:),- X2(1:2,:),zeros(2,n),X9(7:8,:);
　　　　zeros(2,n),X2(3:4,:),- X2(3:4,:),X9(9:10,:);

```
        ones(1,n),zeros(1,2*n),X9(11,:);
        zeros(1,n),ones(1,n),zeros(1,n),X9(12,:);
        zeros(1,2*n),ones(1,n),X9(13,:)
        ];
S= zeros(71,n);
for j= 1:n
    f= F;
    Aeq= Aeq1;
    beq= beq1(:,j);
    l= zeros(1,71);
    [xo,fo]= linprog(f,[],[],Aeq,beq,l,[]); % 数学规划程序
    S(:,j)= xo;
theta1(j)= fo;
end
S= S(67:71,:) % 所有投入产出指标的松弛量集合
theta= theta1'+ ones(n,1); % 总效率值
% 计算阶段效率
R1= (-1/2)*(1./R(1:2))';% 行向量
R2= (-1)*(1./R(3))';
R3= (-1/2)*(1./R(4:5))';
S1= S(1:2,:); % 运营阶段各指标松弛量
S2= S(3,:); % 服务阶段各指标松弛量
S3= S(4:5,:); % 销售阶段各指标松弛量
for i= 1:n
    p(i)= R1* S1(:,i)+ 1; % 运营阶段效率值
end
for i= 1:n
    q(i)= R2* S2(:,i)+ 1; % 服务阶段效率值
end
for i= 1:n
```

```
w(i)= R3* S3(:,i) + 1; % 销售阶段效率值
end
stage= [p;q;w]'% 阶段效率值组合
```

基于对非期望产出强处理的网络 RAM 模型的原始 MATLAB 代码如下:

```
X1= [41 235    73 668    20 634    33 584    100 744    118 368    14 897
77 389    13 894    59 328    77 407    33 634    6 559    626    27 226    29 900
4 834    19 406    9 595    45 861    13 893    32 634;

 414.31    480.93    401.90    378.06    900.00    887.89    124.40
4 241.42    302.30    530.63    498.24    614.54    378.50    46.78    12 838.75
499.60    66.70    167.92    177.93    559.33    480.36    245.60;

 410    491    146    298    580    627    190    730    172    461    117    191
48    34    205    138    34    143    71    694    100    231;

 840.24    1 514.92    1 204.53    1 227.07    2 828.28    629.50    391.90
2 961.58    375.00    1 381.70    1 219.54    2 244.44    18.32    7.31
906.98    1 573.80    8.43    5 461.64    561.21    1 799.700    1 405.93
920.00;

 1.091 4    11.603 4    2.770 0    6.350 0    10.249 7    4.793 5    4.911 8
15.900 0    1.680 0    11.104 9    2.974 7    3.019 8    1.333 1    0.032 0
5.081 5    17.547 9    0.431 6    1.153 2    46.890 9    10.430 0    4.978 0
14.805 4;

 139.14    165.01    114.46    157.24    356.56    419.18    500.57
366.70    38.42    162.34    174.60    169.61    19.26    1.85    102.66
135.91    12.18    22.14    53.73    170.88    148.58    117.800];

% 投入与产出值, 第一行为 NE, 第二行为 AK, 第三行为 FS, 第四行为
GHG, 第五行为 SC, 第六行为 TBI

X2= [136 723.95    169 630.45    102 139.42    139 423.00    268 016.00
260 169.00    31 620.00    230 415.00    50 578.46    161 382.14    4 105.25
200 678.00    22 394.00    565.89    108 258.96    129 595.00    13 875.00
51 223.97    38 086.81    206 216.69    113 409.70    91 106.00;

 7 416.25    23 052.95    15 789.33    5 662.54    16 409.00    14 749.00
```

4 475.00   25 532.79   207.96   23 020.94   957.50   35 467.00
463 1.00   78.63   949.65   26 250.00   87.17   7 292.38   6 702.229
299.00   2 728.79   11 286.50   1 470.83;
　　109 112.68   135 534.73   84 980 111 692.00   223 034.00
205 015.00   29 650.00   310 561.55   43 463.55   129 773.00   3 466.47
160 446.00   16 175.00   446.84   89 553.56   103 837.00   9 943.00
38 144.03   32 907.00   165 561.23   87 824.00   59 800.00;
　　14 406.48   16 160.12   11 242.00   3 029.46   10 576.00   10 240.00
3 141.16   21 396.48   178.64   4 548.00   718.32   23 672.00   2 922.00
47.96   785.36   18 819.00   62.504.00   1 889.06   4 209.00   2 191.22
7 198.20   1 084.00];

% 中间产出值，第一行为 ASK，第二行为 ATK，第三行为 RPK，第四行为 RTK 作。

```
n= 22; % 样本数量
X3= X1(1:4,:);
X3= X3';
X4= X1(5,:);
X4= X4';
R= max(X1')'- min(X1')';
X5= (- 1/6)* (1./R);
X8= [zeros(1,3* n),X5'];
F= X8';
X9= [eye(4),zeros(4,2);
zeros(1,4),1,0;
    zeros(1,5),- 1;
    zeros(7,6)];
beq1= [X1;zeros(4,n);ones(3,n)];
Aeq1= [X1(1:2,:),zeros(2,2* n),X9(1:2,:);
    zeros(1,n),X1(3,:),zeros(1,n),X9(3,:);
    zeros(1,n),X1(4,:),zeros(1,n),X9(4,:);
```

```
        zeros(2,2*n),X1(5:6,:),X9(5:6,:);
        X2(1:2,:),-X2(1:2,:),zeros(2,n),X9(7:8,:);
        zeros(2,n),X2(3:4,:),-X2(3:4,:),X9(9:10,:);
        ones(1,n),zeros(1,2*n),X9(11,:);
        zeros(1,n),ones(1,n),zeros(1,n),X9(12,:);
        zeros(1,2*n),ones(1,n),X9(13,:)
        ];
S= zeros(71,n);
for j= 1:n
    f= F;
    Aeq= Aeq1;
    beq= beq1(:,j);
    l= zeros(1,72);
    [xo,fo]= linprog(f,[],[],Aeq,beq,l,[]);
    S(:,j)= xo;
theta1(j)= fo;
end
S= S(67:72,:);
theta= theta1'+ ones(n,1); % 总效率
% 求阶段效率
R1= (-1/2)* (1./R(1:2))';
R2= (-1/2)* (1./R(3:4))'; % 强处理在服务阶段有 GHG 的松弛量
R3= (-1/2)* (1./R(5:6))';
S1= S(1:2,:);
S2= S(3:4,:);
S3= S(5:6,:);
for i= 1:n
    p(i)= R1* S1(:,i)+ 1;
end
for i= 1:n
```

```
    q(i)= R2* S2(:,i)+ 1;
end
for i= 1:n
    w(i)= R3* S3(:,i)+ 1;
end
stage= [p;q;w]'% 阶段效率组合
```

运用 MATLAB 运行上述两个程序后,得到相应的计算结果。如表 13.2 所示。

表 13.2 运算结果

航空公司	弱处理				强处理			
	总效率	运营	服务	销售	总效率	运营	服务	销售
中国东方航空	0.977	0.942	1.000	1.000	0.981	0.942	1.000	1.000
中国南方航空	0.598	0.701	0.401	0.592	0.622	0.699	0.575	0.592
大韩航空	0.876	0.918	0.881	0.832	0.858	0.917	0.824	0.832
澳洲航空	0.740	0.875	0.671	0.640	0.751	0.873	0.740	0.640
法荷航空	0.611	0.573	0.309	0.799	0.586	0.568	0.391	0.799
汉莎航空	0.606	0.493	0.183	0.931	0.660	0.493	0.557	0.931
北欧航空	0.953	0.962	0.841	1.000	0.955	0.963	0.903	1.000
达美航空	0.536	0.542	0.097	0.750	0.519	0.536	0.271	0.749
阿拉斯加航空	0.888	0.943	0.818	0.868	0.894	0.943	0.871	0.868
国航	0.630	0.760	0.441	0.595	0.654	0.758	0.609	0.595
海南航空	0.803	0.674	0.924	0.872	0.797	0.673	0.846	0.872
阿联酋航空	0.859	0.860	0.846	0.864	0.805	0.854	0.699	0.862
埃塞俄比亚航空	0.939	0.969	0.986	0.884	0.949	0.969	0.992	0.884
格陵兰航空	1.000	1.000	1.000	1.000	1.000	1.000	1.000	1.000
加拿大航空	0.565	0.414	0.797	0.599	0.616	0.413	0.836	0.599
国泰航空	0.736	0.886	0.910	0.500	0.736	0.884	0.823	0.500
肯尼亚航空	1.000	1.000	1.000	1.000	1.000	1.000	1.000	1.000
马来西亚航空	0.970	1.000	1.000	0.925	0.751	0.922	0.424	0.905
韩亚航空	0.631	0.983	0.983	0.104	0.684	0.983	0.965	0.104

续表

航空公司	弱处理				强处理			
	总效率	运营	服务	销售	总效率	运营	服务	销售
西南航空	0.594	0.817	0.117	0.611	0.609	0.814	0.403	0.611
新加坡航空	0.832	0.955	0.960	0.646	0.822	0.953	0.866	0.646
全日空航空	0.710	0.883	0.760	0.511	0.737	0.883	0.817	0.511

13.3 MATLAB在综合评价中的应用举例

本节拟采用熵值法与TOPSIS结合的模型——熵值TOPSIS模型对算例进行综合评价。

13.3.1 熵值TOPSIS模型介绍

熵值TOPSIS模型的基本思路是先用熵值法求得各指标的权重,然后用权重乘以原始数据得到加权后的数据,最后用TOPSIS方法进行排序。具体步骤为:

(1) 构建初始矩阵。假设评价 m 个对象,每个评价对象有 n 个评价指标,得到原始矩阵

$$X=(x_{ij})\ (i=1,2,\cdots,m;\ j=1,2,\cdots,n) \tag{13.9}$$

(2) 指标无量纲化

如果指标为正向指标,则

$$x'_{ij}=\frac{x_{ij}-\min(x_{ij})}{\max(x_{ij})-\min(x_{ij})}+0.001 \tag{13.10}$$

如果指标为负向指标,则

$$x'_{ij} = \frac{\max(x_{ij}) - x_{ij}}{\max(x_{ij}) - \min(x_{ij})} + 0.001 \tag{13.11}$$

加 0.001 是为了防止出现 ln0 的出现。

(3) 计算指标的比重阵

$$p_{ij} = \frac{x'_{ij}}{\sum_{i=1}^{m} x'_{ij}} \tag{13.12}$$

(4) 计算熵值

$$e_j = -\frac{1}{\ln m} \sum_{i=1}^{m} p_{ij} \ln p_{ij} \tag{13.13}$$

(5) 计算差异项系数

$$g_j = 1 - e_j \tag{13.14}$$

(6) 计算权重系数

$$w_j = \frac{g_j}{\sum_{j=1}^{n} g_j} \tag{13.15}$$

(7) 计算各样本的加权矩阵

$$\boldsymbol{R} = (r_{ij}), \; r_{ij} = w_j \times x'_{ij} \; (i=1,2,\cdots,m; j=1,2,\cdots,n) \tag{13.16}$$

(8) 确定最优解和最劣解

$$S_i^+ = \max(r_{i1}, r_{i2}, \cdots, r_{in}), \; S_i^- = \min(r_{i1}, r_{i2}, \cdots, r_{in}) \tag{13.17}$$

(9) 计算最优距离和最劣距离

$$D_i^+ = \sqrt{\sum_{j=1}^{n}(S_i^+ - r_{ij})^2}, \; D_i^- = \sqrt{\sum_{j=1}^{n}(S_i^- - r_{ij})^2} \tag{13.18}$$

(10) 计算综合评价得分

$$C_i = \frac{D_i^-}{D_i^- + D_i^+} \tag{13.19}$$

13.3.2 算例介绍

在本算例中,研究对象为 A、B、C、D、E、F、G、H、I、J、K、L、M、N 共 14 家供电

公司,数据为 2022 年的数据。本算例拟对这 14 家供电公司的运营水平进行综合评价。具体指标体系如表 13.3 所示。具体指标体系依据平衡记分卡的 4 个方面进行设计,包含财务、客户、内部流程和学习与成长。

表 13.3 配电公司评价指标体系

一级指标	二级指标	含义	指标类型
财务	总资产周转率	主营业务收入净额/平均资产总额	正向指标
	总资产报酬率	(利润总额+利息支出)/平均总资产×100%	正向指标
	单位电量输配电成本	输配电成本/售电量	负向指标
客户	电网通过率	满足 N-1 原则的元件数量/总元件数量	正向指标
	线路检修停运率	检修线路数/总线路数	负向指标
	跳闸指数	(线路跳闸指数+主变压器跳闸次数)/2	负向指标
内部流程	单位资产售电量	售电量/总资产	正向指标
	供电增长率	(期末供电量-期初供电量)/期初供电量×100%	正向指标
学习与成长	人才当量密度	∑最高折算值(职工学历、学位、职称、技能等级、优秀人才折算值)÷全资控股企业全部职工(不含内退职工)人数	正向指标
	技术创新指数	∑(最高折算系数×专利数量+最高折算系数×科技成果获奖数+最高折算系数×管理创新获奖数)/(专利数量+科技成果获奖数+管理创新获奖数)	正向指标

如表 13.3 所示,评价指标体系一共 10 个指标,7 个正向指标,3 个负向指标。

原始数据如表 13.4 所示。

表 13.4 原始数据

供电公司	总资产周转率	总资产报酬率/%	单位电量输配电成本/元	电网通过率/%	线路检修停运率/%	跳闸指数	单位资产售电量度	供电增长率/%	人才当量密度	技术创新指数
A	1.245	106.944	64.273	55.130	34.680	1.378	21.528	5.010	1.092	1.245
B	0.775	61.480	62.453	58.460	30.610	0.756	20.183	14.249	1.168	0.775
C	0.489	32.927	58.389	63.270	34.600	0.611	23.164	14.918	1.195	0.489
D	2.145	191.152	43.829	59.480	34.740	1.155	36.742	0.773	1.029	2.145
E	1.325	112.378	46.618	62.840	34.520	0.899	32.962	6.001	1.088	1.325
F	0.929	72.685	48.467	65.350	36.780	1.128	33.520	7.111	1.147	0.929
G	0.816	64.310	76.260	64.370	27.660	0.749	16.660	0.936	1.113	0.816
H	0.380	19.762	96.395	65.400	34.020	0.842	15.514	11.468	1.163	0.380
I	0.156	-0.626	88.088	68.650	23.500	0.026	15.773	8.243	1.200	0.156
J	1.488	119.996	82.779	65.830	33.360	0.965	25.651	5.936	1.089	1.488
K	0.889	63.057	88.806	69.830	33.330	0.802	23.953	9.168	1.112	0.889
L	0.570	30.498	94.791	75.200	30.600	0.075	24.252	9.520	1.165	0.570
M	1.227	102.450	68.862	64.080	34.610	1.273	23.965	1.862	1.005	1.227
N	0.812	62.522	71.598	73.010	23.800	0.440	20.801	4.566	1.087	0.812

13.3.3 MATLAB 程序代码及计算结果

以表 13.4 中的数据为例,用 MATLAB 实现熵值 TOPSIS 模型的代码如下:

```
X=[1.245   106.944  64.273   55.130   34.680   1.378    21.528
5.010    1.092    1.245    0.775    61.480   62.453   58.460   30.610
0.756    20.183   14.249   1.168    0.775    0.489    32.927   58.389
63.270   34.600   0.611    23.164   14.918   1.195    0.489    2.145
191.152  43.829   59.480   34.740   1.155    36.742   0.773    1.029
2.145    1.325    112.378  46.618   62.840   34.520   0.899    32.962
6.001    1.088    1.325    0.929    72.685   48.467   65.350   36.780
1.128    33.520   7.111    1.147    0.929    0.816    64.310   76.260
64.370   27.660   0.749    16.660   0.936    1.113    0.816    0.380
19.762   96.395   65.400   34.020   0.842    15.514   11.468   1.163
0.380    0.156   -0.626    88.088   68.650   23.500   0.026    15.773
8.243    1.200    0.156    1.488    119.996  82.779   65.830   33.360
0.965    25.651   5.936    1.089    1.488    0.889    63.057   88.806
69.830   33.330   0.802    23.953   9.168    1.112    0.889    0.570
30.498   94.791   75.200   30.600   0.075    24.252   9.520    1.165
0.570    1.227    102.450  68.862   64.080   34.610   1.273    23.965
1.862    1.005    1.227    0.812    62.522   71.598   73.010   23.800
0.440    20.801   4.566    1.087    0.812
];% 原始矩阵
[n,m]= size(X); % 得到矩阵的行和列数
for i= 1:n
    XX(i,1)= (X(i,1)- min(X(:,1)))/(max(X(:,1))- min(X(:,1)))+ 0.001;
    XX(i,2)= (X(i,2)- min(X(:,2)))/(max(X(:,2))- min(X(:,2)))+ 0.001;
```

```
        XX(i,3) = (max(X(:,3)) - X(i,3))/(max(X(:,3)) - min(X(:,
3))) + 0.001;
        XX(i,4) = (X(i,4) - min(X(:,4)))/(max(X(:,4)) - min(X(:,
4))) + 0.001;
        XX(i,5) = (max(X(:,5)) - X(i,5))/(max(X(:,5)) - min(X(:,
5))) + 0.001;
        XX(i,6) = (max(X(:,6)) - X(i,6))/(max(X(:,6)) - min(X(:,
6))) + 0.001;
        XX(i,7) = (X(i,7) - min(X(:,7)))/(max(X(:,7)) - min(X(:,
7))) + 0.001;
        XX(i,8) = (X(i,8) - min(X(:,8)))/(max(X(:,8)) - min(X(:,
8))) + 0.001;
        XX(i,9) = (X(i,9) - min(X(:,9)))/(max(X(:,9)) - min(X(:,
9))) + 0.001;
        XX(i,10) = (X(i,1) - min(X(:,10)))/(max(X(:,10)) - min(X
(:,10))) + 0.001;
    end   % 无量纲化
    for i= 1:n
        for j= 1:m
            p(i,j) = XX(i,j)/sum(XX(:,j));
        end
    end % 计算比重阵
    for j= 1:m
        e(j) = - 1/log(n) * sum(p(:,j) .* log(p(:,j)));
    end % 计算熵值
    d= ones(1,m) - e; % 计算差异项系数
    w= d./sum(d); % 计算熵值权重
    for i= 1:n
        for j= 1:m
            XXX(i,j) = XX(i,j) * w(j);
```

```
    end
end % 乘以熵值权重后的数据矩阵
D_P= sum([(XXX- repmat(max(XXX),n,1)).^2],2).^0.5;   % D+
```
与最大值的距离向量

```
D_N= sum([(XXX- repmat(min(XXX),n,1)).^2 ],2).^0.5;   % D-
```
与最小值的距离向量

```
S= D_N./(D_P+ D_N);% 最终得分
```
最终的计算结果如表 13.5 所示。

表 13.5　最终计算结果

供电公司	评价得分
A	0.358 2
B	0.481 4
C	0.470 4
D	0.540 2
E	0.525 6
F	0.478 6
G	0.369 7
H	0.320 1
I	0.460 2
J	0.429 9
K	0.394 0
L	0.462 6
M	0.345 5
N	0.500 8

13.4　MATLAB 在预测中的应用举例

13.4.1　算例介绍

在本部分,我们将运用 MATLAB 编程实现马尔可夫预测。本节以改革开放以来中国 GDP 历年增长率为基础数据(1978—2022 年),将历年的增长率分为 5 个增长速度段,首先分析各年的增长率落入哪个增长速度段,然后构建马尔可夫预测的概率转移矩阵,从而对 2023—2027 年的增长率情况做预测。

原始数据如表 13.6 所示。

表 13.6　中国 GDP 增长率(1978—2022 年)

年份	增长率	年份	增长率	年份	增长率	年份	增长率	年份	增长率
1978	0.113 3	1988	0.112 2	1998	0.078 5	2008	0.096 5	2018	0.067 5
1979	0.075 9	1989	0.042 1	1999	0.076 6	2009	0.094 0	2019	0.059 5
1980	0.078 3	1990	0.039 2	2000	0.084 2	2010	0.106 4	2020	0.022 4
1981	0.051 1	1991	0.092 6	2001	0.083 4	2011	0.095 5	2021	0.081 1
1982	0.090 2	1992	0.142 2	2002	0.091 3	2012	0.078 6	2022	0.030 0
1983	0.107 7	1993	0.138 8	2003	0.100 4	2013	0.077 7		
1984	0.151 9	1994	0.130 4	2004	0.101 1	2014	0.074 3		
1985	0.134 3	1995	0.109 5	2005	0.113 9	2015	0.070 4		
1986	0.089 5	1996	0.099 2	2006	0.127 2	2016	0.068 5		
1987	0.116 6	1997	0.092 4	2007	0.142 3	2017	0.069 5		

13.4.2 MATLAB 程序代码及计算结果

根据前文关于马尔可夫预测的介绍,马尔可夫预测一共分为三步:区分增长率速度段、构建概率转移矩阵以及预测结果。以表 13.6 为例,具体的 MATLAB 程序代码如下:

x= [0.113 3
0.075 9
0.078 3
0.051 1
0.090 2
0.107 7
0.151 9
0.134 3
0.089 5
0.116 6
0.112 2
0.042 1
0.039 2
0.092 6
0.142 2
0.138 8
0.130 4
0.109 5
0.099 2
0.092 4
0.078 5
0.076 6
0.084 9
0.083 4

```
    0.091 3
    0.100 4
    0.101 1
    0.113 9
    0.127 2
    0.142 3
    0.096 5
    0.094 0
    0.106 4
    0.095 5
    0.078 6
    0.077 7
    0.074 3
    0.070 4
    0.068 5
    0.069 5
    0.067 5
    0.059 5
    0.022 4
    0.081 1
    0.030 0]; % 1978—2022 年历年 GDP 增长率
n= length(x); % 样本个数
t= (max(x)- min(x))/5; % 判断各增长率速度段的宽度
xx= zeros(n);
for i= 1:n
    if x(i)< = min(x)+ t
        xx(i)= 1;
    else if x(i)< = min(x)+ 2* t
            xx(i)= 2;
        else if x(i)< = min(x)+ 3* t
```

```
                xx(i)= 3;
            else if x(i)< = min(x)+ 4* t
                xx(i)= 4;
            else
                xx(i)= 5;
            end
        end
    end
end
end % 判断每年的历史增长率分别落在哪个速度段
pro= zeros(5,5);
for i= 1:n- 1
    if (xx(i)= = 1)&(xx(i+ 1)= = 1)
        pro(1,1)= pro(1,1)+ 1;
    end
    if (xx(i)= = 1)&(xx(i+ 1)= = 2)
        pro(1,2)= pro(1,2)+ 1;
    end
    if (xx(i)= = 1)&(xx(i+ 1)= = 3)
        pro(1,3)= pro(1,3)+ 1;
    end
    if (xx(i)= = 1)&(xx(i+ 1)= = 4)
        pro(1,4)= pro(1,4)+ 1;
    end
    if (xx(i)= = 1)&(xx(i+ 1)= = 5)
        pro(1,5)= pro(1,5)+ 1;
    end
    if (xx(i)= = 2)&(xx(i+ 1)= = 1)
        pro(2,1)= pro(2,1)+ 1;
    end
```

```
if (xx(i)= = 2)&(xx(i+ 1)= = 2)
    pro(2,2)= pro(2,2)+ 1;
end
if (xx(i)= = 2)&(xx(i+ 1)= = 3)
    pro(2,3)= pro(2,3)+ 1;
end
if (xx(i)= = 2)&(xx(i+ 1)= = 4)
    pro(2,4)= pro(2,4)+ 1;
end
if (xx(i)= = 2)&(xx(i+ 1)= = 5)
    pro(2,5)= pro(2,5)+ 1;
end
if (xx(i)= = 3)&(xx(i+ 1)= = 1)
    pro(3,1)= pro(3,1)+ 1;
end
if (xx(i)= = 3)&(xx(i+ 1)= = 2)
    pro(3,2)= pro(3,2)+ 1;
end
if (xx(i)= = 3)&(xx(i+ 1)= = 3)
    pro(3,3)= pro(3,3)+ 1;
end
if (xx(i)= = 3)&(xx(i+ 1)= = 4)
    pro(3,4)= pro(3,4)+ 1;
end
if (xx(i)= = 3)&(xx(i+ 1)= = 5)
    pro(3,5)= pro(3,5)+ 1;
end
if (xx(i)= = 4)&(xx(i+ 1)= = 1)
    pro(4,1)= pro(4,1)+ 1;
end
```

```
        if (xx(i)= = 4)&(xx(i+ 1)= = 2)
            pro(4,2)= pro(4,2)+ 1;
        end
        if (xx(i)= = 4)&(xx(i+ 1)= = 3)
            pro(4,3)= pro(4,3)+ 1;
        end
        if (xx(i)= = 4)&(xx(i+ 1)= = 4)
            pro(4,4)= pro(4,4)+ 1;
        end
        if (xx(i)= = 4)&(xx(i+ 1)= = 5)
            pro(4,5)= pro(4,5)+ 1;
        end
        if (xx(i)= = 5)&(xx(i+ 1)= = 1)
            pro(5,1)= pro(5,1)+ 1;
        end
        if (xx(i)= = 5)&(xx(i+ 1)= = 2)
            pro(5,2)= pro(5,2)+ 1;
        end
        if (xx(i)= = 5)&(xx(i+ 1)= = 3)
            pro(5,3)= pro(5,3)+ 1;
        end
        if (xx(i)= = 5)&(xx(i+ 1)= = 4)
            pro(5,4)= pro(5,4)+ 1;
        end
        if (xx(i)= = 5)&(xx(i+ 1)= = 5)
            pro(5,5)= pro(5,5)+ 1;
        end
end % 判断概率转移情况
for i= 1:5
    for j= 1:5
```

```
                propro(i,j)= pro(i,j)/sum(pro(i,:));
            end
        end % 计算概率转移情况
x2022= zeros(1,5);
if (xx(n)= = 1)
    x2022(1)= x2022(1)+ 1;
    else if (xx(n)= = 2)
            x2022(2)= x2022(2)+ 1;
        else if (xx(n)= = 3)
                x2022(3)= x2022(3)+ 1;
                else if (xx(n)= = 4)
                        x2022(4)= x2022(4)+ 1;
                    else
                        x2022(5)= x2022(5)+ 1;
                    end
                end
            end
end % 计算 2022 年的状态向量
    x2023= x2022* propro; % 计算 2023 年落入各增长段的概率
    x2024= x2023* propro; % 计算 2024 年落入各增长段的概率
    x2025= x2024* propro; % 计算 2025 年落入各增长段的概率
    x2026= x2025* propro; % 计算 2026 年落入各增长段的概率
    x2027= x2026* propro; % 计算 2027 年落入各增长段的概率
    yucejieguo= [x2023;x2024;x2025;x2026;x2027] % 整体展示
```

将上述 MATLAB 程序转为 m 文件,点击运行后,得到 2023—2027 年各年 GDP 增长率的预测值。根据马尔可夫预测的步骤,在本案例中,我们将五个增长率速度段定义为: E1: [0.022 4,0.048 3]; E2: [0.048 3,0.074 2]; E3: [0.074 2,0.100 1]; E4: [0.100 1,0.126 0]; E5: [0.126 0,0.151 9]。如果某一年的增长率正好落在速度段的上限或者下限上,则向下取。比如,如果某一年的 GDP 增长率为 0.048 3,则这一年速度段为 E1。表 13.7 显示的是 2023 年到 2027 年的 GDP 预测增长率落入这五个段的概率。

表 13.7　马尔可夫预测得到的 2023—2027 年 GDP 增长率

年份	落入 E1 的概率	落入 E2 的概率	落入 E3 的概率	落入 E4 的概率	落入 E5 的概率
2023	0.333	0.000	0.667	0.000	0.000
2024	0.146	0.070	0.608	0.140	0.035
2025	0.108	0.111	0.518	0.180	0.083
2026	0.102	0.128	0.474	0.181	0.115
2027	0.100	0.136	0.457	0.177	0.131

如表 13.7 所示,在 2023 年,GDP 增长率有 1/3 概率具备 2.24%～4.83% 的增长率,有 2/3 的概率具备 7.42%～10.01% 的增长率;而 2024—2027 年,最大可能的增长率仍在 7.42%～10.01% 这一区间。

参考文献

[1] 叶秀山. 亚里士多德的工具论[J]. 社会科学战线，1998 (3)：80-98.

[2] 翟志宏. 阿奎那理性方法之认识论意义评析[J]. 武汉大学学报（人文科学版），2010，60(6)：736-741.

[3] 林毅夫. 经济学研究方法与中国经济学科发展[J]. 经济研究，2001(4)：74-81.

[4] 朱梦梦. 论休谟经验论的彻底性和怀疑论的不彻底性[J]. 佳木斯职业学院学报，2015 (5)：54,62.

[5] 廖乐焕. 论斯密的二重方法及其历史影响[J]. 理论与现代化，2008 (3)：62-65.

[6] 胡莹，高路. 马克思对李嘉图经济学研究方法的批判及其启示[J]. 当代经济研究，2022(3)：18-26.

[7] 张云飞. 马克思总体性方法及其学科建设意义[J]. 教学与研究，2008 (7)：57-63.

[8] 杨虎涛. 中国为什么需要李斯特而非简单地回到李斯特：兼评《新李斯特经济学在中国》[J]. 当代经济研究，2016 (2)：59-65.

[9] 王曦，陈淼. 理性预期还是适应性预期：基于同业拆借市场的检验[J]. 学术研究，2013 (1)：75-81,159.

[10] 黄国石. 理性预期学派的经济理论和政策主张[J]. 厦门大学学报（哲学社会科学版），1997(3)：36-40.

[11] 吴易风，朱勇. 新增长理论述评[J]. 经济学动态，1998 (6)：59-64.

[12] 李彬. 实验经济学研究综述[J]. 经济学动态，2002 (9)：77-82.

[13] 袁庆明. 新制度经济学[M]. 北京：中国发展出版社，2005.

[14] 王宏伟. 技术经济学的理论基础述评[J]. 数量经济技术经济研究，2009，26(11)：152-160.

[15] 兰玲. 马克思与李嘉图的地租理论比较研究[J]. 改革与战略, 2010, 26(4): 14-17.

[16] 冯晓民, 江忠尚. 重新解构亚当·斯密的经济自由思想[J]. 许昌师专学报, 2000(1): 13-17.

[17] 张旭昆. 经济波动理论: 哈耶克与凯恩斯的互补[J]. 浙江树人大学学报, 2009, 9(5): 37-43.

[18] 熊焰, 赵铁山, 胡军浩. 乘数-加速数模型的稳定性与宏观调控政策[J]. 系统工程学报, 2005, 20(3): 296-298, 302.

[19] 戴雪红. 自我与他者的永恒辩证: 当代西方女性主义伦理论争探究[J]. 妇女研究论丛, 2013(6): 73-79.

[20] 赫修贵, 孔金平. 经济学大师凯恩斯的成长环境[J]. 中国人才, 2000(12): 32-34.

[21] 贝克尔, 赵思新, 黄德兴. 家庭经济学和宏观行为(上)[J]. 现代外国哲学社会科学文摘, 1994(12): 18-21.

[22] 贝克尔, 丁泉. 家庭经济学和宏观行为(下)[J]. 现代外国哲学社会科学文摘, 1995(1): 10-12.

[23] 许成钢. 经济学、经济学家与经济学教育[J]. 比较, 2002(1).

[24] 吴强. 罗纳德·科斯的"中国研究"评述: 以《变革中国: 市场经济的中国之路》为文本的解读[J]. 公共管理评论, 2014(2): 101-117.

[25] 谢永侠. 科斯《企业的性质》批判[J]. 现代物业(中旬刊), 2011(5): 43-47.

[26] 黄家明, 方卫东. 交易费用理论: 从科斯到威廉姆森[J]. 合肥工业大学学报(社会科学版), 2000(1): 33-36.

[27] 彭真善, 宋德勇. 交易成本理论的现实意义[J]. 财经理论与实践, 2006(4): 15-18.

[28] 杨其静. 从完全合同理论到不完全合同理论[J]. 教学与研究, 2003(7): 27-33.

[29] Stiglitz J E, Weiss A. Credit rationing in markets with imperfect information[J]. The American Economic Review, 1981, 71(3): 393-410.

[30] 骆玉鼎. 海曼·明斯基的金融不稳定假说[J]. 云南财贸学院学报, 1998(5): 8-11, 16.

[31] 赵中奇,李桃. 数量形式的经济学与经管科学[M]. 北京:清华大学出版社,2005.

[32] 李子奈. 计量经济学模型方法论[M]. 北京:清华大学出版社,2011.

[33] Rudebusch G D. Do measures of monetary policy in a VAR make sense?[J]. International Economic Review,1998,39(4):907-931.

[34] 王红梅. 中国环境规制政策工具的比较与选择:基于贝叶斯模型平均(BMA)方法的实证研究[J]. 中国人口·资源与环境,2016,26(9):132-138.

[35] 孟庆芳,彭玉华,曲怀敬,等. 基于信息准则的局域预测法邻近点的选取方法[J]. 物理学报,2008(3):1423-1430.

[36] 庇古. 福利经济学[J]. 社会福利(理论版),2015(6):2-2.

[37] 宋圭武. "帕累托最优"质疑[J]. 甘肃理论学刊,2008(3):67-69.

[38] 刘鸿明. 论消费者剩余的产生对资源配置的影响[J]. 唐都学刊,2006(2):156-160.

[39] 刘钧. 西方福利经济学发展浅探[J]. 中央财经大学学报,2001(3):6-11.

[40] 刘海英. 劳伦斯·萨默斯及其宏观经济理论:1993届约翰·贝茨·克拉克奖获得者评介[J]. 经济学动态,1997(11):68-71.

[41] 世界资源研究所. 国际著名企业管理与环境案例[M]. 北京:清华大学出版社,2003.

[42] 张谊浩. 心理学对经济学的影响[J]. 经济学家,2004(1):71-76.

[43] 王则柯. 经济学家的学问故事[M]. 北京:中信出版社,2003.

[44] 蔡涛. 罗宾斯视角下经济科学的性质和意义:《经济科学的性质和意义》评析[J]. 经济研究参考,2011(44):44-51.

[45] 吉小燕,郑垂勇,周晓平. 循环经济下的产业结构高度化影响要素分析[J]. 科技进步与对策,2006(12):58-60.

[46] 杨俊青. 西方古典与新古典学派的二元经济理论评析:建立适合我国二元经济转换理论的理论扬弃[J]. 山西财经大学学报(高等教育版),2005(1):61-66.

[47] 李黎力,贾根良. 货币国定论:后凯恩斯主义货币理论的新发展[J]. 社会科学战线,2012(8):35-42.

[48] 夏大慰,王步芳. 新奥地利学派:产业组织学的行为流派[J]. 山西财经大学学报,2004(5):71-76.

[49] 习近平. 社会主义市场经济和马克思主义经济学的发展与完善[J]. 经济学动态,1998(7):3-6.

[50] 高柏. 中国经济发展模式转型与经济社会学制度学派[J]. 社会学研究,2008(4):1-31,242.

[51] 陈钊. 现代西方主流经济学实证分析方法剖析[J]. 海派经济学,2004(4):76-83.

[52] 赵英军. 西方经济学[M]. 北京:清华大学出版社,2004.

[53] 穆勒. 政治经济学原理[M]. 金镝,金熠,译. 北京:华夏出版社,2009.

[54] 蔡启明,张庆,庄品. 基础工业工程[M]. 北京:科学出版社,2005.

[55] 晏智杰. 经济学中的边际主义[M]. 北京:商务印书馆,2021.

[56] 张谊浩. 西方主流经济学的范式危机[J]. 经济学家,2009(8):12-18.

[57] 王瑞武. 达尔文主义与非达尔文主义之方法论辨析[J]. 生物多样性,2022,30(9):196-199.

[58] 马涛. 弗里德曼"经济学假设非现实性"论题的辨析[J]. 经济学家,2010(3):20-27.

[59] 方福前. 20世纪西方宏观经济学的发展与成果[J]. 教学与研究,2004(1):43-51.

[60] 陈焰. 基德兰德和普雷斯科特对商业周期理论的贡献[J]. 经济资料译丛,2007(2):1-12.

[61] 王光伟. 货币、利率与汇率经济学[M]. 北京:清华大学出版社,2003.

[62] Friedman M, Schwartz A J. A monetary history of the United States, 1867—1960[M]. Princeton: Princeton University Press, 2008.

[63] Pearl J. Causality: models, reasoning and inference[M]. Cambridge, UK: Cambridge University Press, 2000.

[64] Nagel E. Assumptions in economic theory[J]. The American Economic Review, 1963, 53(2):211-219.

[65] Smith A. Essays on philosophical subjects[M]. Black J, Hutton J, ed. London: T. Cadell and W. Davies, 1975.

［66］ Muth J F. Rational expectations and the theory of price movements[J]. Econometrica,1961,29(3):315-335.

［67］ 弗里德曼. 弗里德曼文萃[M]. 高榕,范恒山,译. 北京:北京经济学院出版社,1991.

［68］ 关永强,张东刚. 英国经济学的演变与经济史学的形成（1870—1940）[J]. 中国社会科学,2014(4):45-65,205.

［69］ 朱富强. 现代经济学为何缺乏方法论的反思？[J]. 经济学家,2009(12):13-15.

［70］ 蒋永穆,刘后平,纪志耿. 经济人假设的复归与社会主义和谐社会的构建[J]. 四川大学学报(哲学社会科学版),2007(4):92-97.

［71］ 李艳平,申先甲. 物理学史教程[M]. 北京:科学出版社,2003.

［72］ 钱树高,夏英齐,续建生. 试论海森伯不确定性原理[J]. 昆明理工大学学报(自然科学版),1996(S1):52-57.

［73］ 颜鹏飞,傅耀. 西方经济学方法论的过去、现在和未来[J]. 海派经济学,2003(2):71-85.

［74］ 夏大慰,王步芳. 新奥地利学派:产业组织学的行为流派[J]. 山西财经大学学报,2004(5):71-76.

［75］ Charnes A, Cooper W W, Rhodes E. Measuring the efficiency of decision making units[J]. European Journal of Operational Research,1978,2(6):429-444.

［76］ Cui Q, Wei Y M, Yu C L, et al. Measuring the energy efficiency for airlines under the pressure of being included into the EU ETS[J]. Journal of Advanced Transportation,2016,50(8):1630-1649.

［77］ Cui Q, Wei Y M, Li Y. Exploring the impacts of the EU ETS emission limits on airline performance via the Dynamic Environmental DEA approach[J]. Applied Energy,2016,183:984-994.

［78］ Chen Y. Measuring super-efficiency in DEA in the presence of infeasibility[J]. European Journal of Operational Research,2005,161(2):545-551.

［79］ Cui Q, Li Y, Yu C L, et al. Evaluating energy efficiency for airlines: An application of Virtual Frontier Dynamic Slacks-Based Measure[J]. Energy, 2016, 113: 1231-1240.

[80] Cui Q, Lei Y L, Lin J L, et al. Airline efficiency measures considering undesirable outputs: An application of a network slack-based measures with double frontiers[J]. Journal of Environmental Planning and Management, 2023, 66(1): 191-220.

[81] Cui Q, Li Y. A cross efficiency distinguishing method to explore the cooperation degree in dynamic airline environmental efficiency[J]. Transport Policy, 2020, 99: 31-43.

[82] Cheng G, Zervopoulos P, Qian Z H. A variant of radial measure capable of dealing with negative inputs and outputs in data envelopment analysis[J]. European Journal of Operational Research, 2013, 225(1): 100-105.

[83] Dakpo K H, Jeanneaux P, Latruffe L. Modelling pollution-generating technologies in performance benchmarking: Recent developments, limits and future prospects in the nonparametric framework[J]. European Journal of Operational Research, 2016, 250(2): 347-359.

[84] Fare R, Grosskopf S, Pasurkajr C. Environmental production functions and environmental directional distance functions[J]. Energy, 2007, 32(7): 1055-1066.

[85] Hailu A, Veeman T S. Non-parametric productivity analysis with undesirable outputs: An application to the Canadian pulp and paper industry[J]. American Journal of Agricultural Economics, 2001, 83(3): 605-616.

[86] Murty S, Russell R R, Levkoff S B. On modeling pollution-generating technologies[J]. Journal of Environmental Economics and Management, 2012, 64(1): 117-135.

[87] Sueyoshi T, Goto M. Weak and strong disposability vs. natural and managerial disposability in DEA environmental assessment: Comparison between Japanese electric power industry and manufacturing industries [J]. Energy Economics, 2012, 34(3): 686-699.

[88] Hampf B, Rødseth K L. Carbon dioxide emission standards for U. S. power plants: An efficiency analysis perspective[J]. Energy Economics,

2015,50:140-153.

[89] Fried H O, Schmidt S S, Yaisawarng S. Incorporating the operating environment into a nonparametric measure of technical efficiency[J]. Journal of Productivity Analysis,1999,12(3):249-267.

[90] Fried H O, Lovell C A K, Schmidt S S, et al. Accounting for environmental effects and statistical noise in data envelopment analysis[J]. Journal of Productivity Analysis,2002,17(1):157-174.

[91] 鲍宏礼.产业经济学[M].北京:中国经济出版社,2018.

[92] 李芳,袁天昂.我国金融业的产业关联和产业波及性分析:基于静态投入产出模型[J].时代金融,2016(15):354-357.

[93] 邹小芃,王焕建.浙江省产业结构升级的金融支持:基于静态投入产出模型[J].统计科学与实践,2014(5):21-23.

[94] 姚保帅,刘贤铤,刘志龙.中国新能源经济产业关联测度的研究:基于投入产出模型的分析[J].统计与咨询,2023(4):6-9.

[95] 董澳康,崔冀娜.基于投入产出模型的青海省农业关联与波及效应分析[J].山西农经,2024(2):24-27,41.

[96] 何东伟,胡晓鹏.中国房地产业关联效应及波及效应研究:基于投入产出表的实证分析[J].产业经济评论,2015(2):17-27.

[97] 王娟秀.基于投入产出分析的金融业波及效应研究:以浙江为例[J].中外企业文化,2020(7):33-34.

[98] 韩永辉,麦靖华,罗瑞霖.中国金融保险业的产业关联和诱发效应研究:来自竞争型投入产出表的证据[J].产业经济评论,2024(1):102-119.

[99] Hillberry R, Hummels D. Trade elasticity parameters for a computable general equilibrium model[M]// Handbook of Computable General Equilibrium Modeling. Amsterdam:Elsevier,2013:1213-1269.

[100] Dixon P B, Parmenter B R. Computable general equilibrium modelling for policy analysis and forecasting[M]// Handbook of Computational Economics. Amsterdam:Elsevier,1996:3-85.

[101] 刘嘉玥,郭泉,汪永生,等.基于CGE模型的海洋生态补偿宏观经济效应[J].资源科学,2022,44(12):2501-2510.

[102] 杜玉明. 福建省 CGE 模型研究[D]. 福州：福州大学，2004.

[103] Lemke A. Technique for order preference by similarity to ideal solution [M]. Kiel：GRIN Verlag，2014.

[104] Flores-Camacho F，Lugo N U，Martínez H C. The concept of entropy, from its origins to teachers[J]. Revista Mexicana De Fisica，2015，61 (2)：69-80.

[105] Yegnanarayana B. Artificial neural networks[M]. Delhi：PHI Learning Pvt. Ltd.，2009.

[106] Fahlman S E. An empirical study of learning speed in back-propagation networks[M]. Pittsburgh：Carnegie Mellon University，Computer Science Department，1988.

[107] Jiang Y，Saito M，Sinha K C. Bridge performance prediction model using the Markov chain[J]. Transportation Research Record，1988：25-32.

[108] 邓聚龙. 灰色控制系统[J]. 华中工学院学报，1982(3)：9-18.

[109] Cui Q，Kuang H B，Wu C Y，et al. Dynamic formation mechanism of airport competitiveness：The case of China[J]. Transportation Research Part A：Policy and Practice，2013，47：10-18.

后记

经济学研究方法在数据收集与分析、统计与计量分析、经济模型的构建与分析、实证研究与政策评估、经济预测与风险评估等方面发挥着重要作用。这些方法的综合运用为经济学家提供了工具和技术，有助于其更好地理解和解释经济现象，评估政策效果，预测经济走势，并为决策者提供科学依据，从而促进经济的发展和改善社会福利。

本书系统地介绍了回归、投入产出方法、可计算一般均衡模型、综合评价、预测、效率评价、系统动力学等经济学研究方法以及MATLAB等常用的工具，并附有相应的算例作为补充，以便于理解。本书的内容既适合作为经济学相关专业本科生的教材，也适合作为工程经济相关人员的自学教材。

本书的完成得到了东南大学教材出版专项经费和国家自然科学基金项目(72374042)的资助，在此表示感谢。特别感谢俞丽婷、雷艺琳、陈斌、贾子可、郭蕾、石晓雪、孙煦杰等博士、硕士研究生在本书的编撰过程中提供的各种帮助。最后，我要感谢我的父母和妻子多年来在学业和生活上对我的支持和关爱，本书的顺利完成离不开他们的辛勤付出和支持。鉴于笔者水平有限，本书难免存在疏漏和不当之处，恳请读者批评指正。

崔强
2024年2月15日